上海：党的诞生地系列研究丛书

# 人物·思想与中共建党

苏智良 / 主　编

姚　霏　张玉菡 / 副主编

教育部人文社科基地上海师范大学都市文化研究中心规划项目

上海市哲社重大项目"中国共产党诞生地历史信息数据库及数字化地图"中期成果

上海师范大学中国史高峰高原学科规划项目成果

# 目 录

序言：追忆建党先贤的上海事迹 ············································ 苏智良/001

江南文化、海派文化的特点及其与红色文化的关联 ························· 熊月之/001
塔拉索夫不是维经斯基 ······················································ 李丹阳/015
毛泽东确定7月1日为中国共产党建立纪念日的历史情境还原 ··········· 吴海勇/020
中国共产党成立时的陈独秀 ················································ 郭绪印/033
从伶仃洋畔到黄浦江边——杨殷与上海的两次交集 ······················· 徐　明/047
走向革命：中共"一大"前王尽美成长研究 ································ 张玉菡/053
陈望道与中共建党 ··························································· 江文君/066
刍议沈雁冰早年的革命活动与中共创建 ···································· 张姚俊/085
杨明斋对中国共产党创建的历史贡献 ······································ 陈安杰/101
上海外国语学社述略 ························································· 邵　雍/112
湖北人与中共建党 ················································ 高红霞、刘盼红/124
四川第一个党组织之创建始末——中共成都独立小组 ···················· 焦敬超/135
丁宝琳：中共发起组里的神秘女性 ········································· 姚　霏/148
上海平民女校与资源动员 ···················································· 丰　箫/158
叙论瞿秋白在上海革命活动轨迹 ············································ 翁长松/169
中共"一大"会议闭幕日期研究述论 ······································· 李云波/180
中共一大南湖会议召开日期再考
　　——评《中共一大嘉兴南湖会议研究》······························· 邵　雍/197
海内外档案的收集、鉴别、翻译与解读
　　——以有关李汉俊的档案为例 ·········································· 李丹阳/202

# 序言：追忆建党先贤的上海事迹

苏智良

人是历史活动的主角，历史研究不能缺失历史人物。同样，对于中国共产党建党史研究来说，参与中共建立的那一批最早的革命者们，是无论如何也绕不开的。上海作为中国共产党的诞生地，与这一批先行者们有着独特的历史渊源，这座城市的许多建筑、里弄、工厂、学校、街道，都是他们革命生涯的见证。但对他们在上海的革命活动，纵使成果已丰，总还有很多问题没有研究通透，总还有很多细节有待挖掘。

2018年6月30日，教育部重点研究基地上海师范大学都市文化研究中心和上海市历史学会在上海师范大学联合举办了第二届"上海：党的诞生地"学术研讨会。会议将主题定为"近代人物与中共建党"，就是希望能以新的史料、视野和方法，来深入挖掘革命人物在上海围绕中国共产党的建立所开展的种种活动，希冀展现出一幅全面而生动的革命历史画卷。

史料仍然是历史的基础。旅英学者李丹阳以非常熟悉的李汉俊相关史料为例，通过详细对比各个版本的中译史料以及外文原档，指出国内有关李汉俊的叙述存在不少错译与错判的问题。结合档案和回忆，她认为，从1920年12月至1921年7月，李汉俊始终主持中共临时中央的工作。此外，对于如何在历史研究中运用史料，李丹阳教授也谈了自己的看法，她认为对于史料搜集工作而言，在明确课题以后，需要缩小对象与范围，不能漫无目的搜集。在翻译的过程中要尤其注意准确性，有时因为表述不同，原档文字难以弄清，此时需要研究者仔细鉴别。对于研究者而言，原始档案也不一定是完全准确的，不能过于迷信，而是要通过多种史料周密分析考证后才能下结论。

基于史料，论文集中的多篇论文对不少原有和新近的观点进行了重点分析。吴海勇指出，7月1日被定为中国共产党的建立纪念日的背后，是毛泽东基于现实的睿智决策和敏锐洞察。毛泽东当时并没有接触到相关历史文献，影响其决策的是复杂的历史情境。李云波梳理了关于中共"一大"闭幕日期的种种说法。邵雍则对新近提出的"中共一大闭幕于8月3日"的说法，提出了自己的质疑。

近十年来，中共党史研究领域颇有一片生机勃勃的态势，其原因之一便是"新革命史"概念的提出与运用。新革命史提倡回归历史学轨道，发扬实事求是精神，尝试使用新的史料、意识和方法，以求对中共革命史进行重新审视。受此风潮带动，一批新的党史研究成果相继出现。在我们这本论文集中，多篇人物研究的文章呈现出了这一新气象。

姚霏的《丁宝琳：中共发起组里的神秘女性》一文将焦点集中于丁宝琳这位中共发起组内的神秘女性。作者通过还原其从最初作为进步女性参加革命活动到最终为情所困出家的曲折经历，为我们展现了早期革命者复杂纠结的内心世界，展现了长久以来被传统革命史学所遮蔽与忽视的"边缘人物"的历史图景。

江文君、张姚俊、张玉菡等学者虽然依旧将陈望道、沈雁冰、王尽美等著名建党人物作为研究对象，但其研究相比过往传统革命人物研究，做到了：在挖掘人物生平之余，注意人物的心态与心理研究；通过文本细读，发现新材料；注意历史的复杂性，特别是早期文人参加革命，其政治心态往往是非常复杂的。如江文君对以往隐去不谈的陈望道脱党一事进行了还原，认为其脱党除去个人理念的原因外，还有党内人事斗争的因素；张姚俊则指出了沈雁冰对中共建党的具体贡献，特别是其翻译的《美国共产党党纲》对"一大"党纲的起草有极大的示范作用；张玉菡则注重勾勒王尽美的出身背景，这与以往的标签化叙述明显不同。

人际关系和地缘关系作为近年来比较热门的概念，也出现在本次论文集中。李珊的《渔阳里时期陈独秀交往述论》，详细讨论了陈独秀在沪期间形成的独特人际关系网对中共建党的影响。高红霞与刘盼红合作的论文《湖北人与中共建党》则从地缘关系的角度，探讨了何以湖北移民人口稀少的近代上海，湖北籍党员的数量却相对较多。

大量建党历史人物活跃于上海这片土地，有着强大的时空逻辑。中国共产党诞生在上海,其早期的主要活动也集中于上海,因此,上海是红色文化的诞生地。从文化的角度来说,上海的主流文化是海派文化,而上海所在的江南地区,则是以江南文化为主流。此前,对于红色文化、海派文化与江南文化的关系,学界的研究相对薄弱。本文集中,熊月之教授的《江南文化、海派文化的特点及其与红色文化的关联》,是相关领域的重大突破。

熊教授在文中探讨了江南文化、海派文化的特点及其与红色文化的关联。他认为,江南文化是海派文化的根基,江南文化中重视人、重视人的价值、重视人性自由发展、重视满足物质与精神需求的特点在海派文化中得到了进一步的发展与升华。红色文化则是在上海特殊的城市环境和历史环境下滋生、发展而来的上海文化基因。据此,熊教授指出,中国共产党领导的近代上海红色文化之所以那么鲜艳、灿烂、繁盛,是与海派文化中的独立、自由、务实、自强、好学、创新、法治、爱国等特点分不开的。因此,上海不仅仅用自身的空间承载了中共大量的革命活动,也用自身独特的海派文化,孕育出了红色文化,是当之无愧的"党的诞生地"。

上海是中国共产党的诞生地,也是中国革命红色基因的发源地,红色基因伴随着这座城市成长的各个历史阶段。其中一个重要的表现就是上海市区内大量存在与革命活动相关的红色纪念地。截至2017年底,上海已经认定650余处革命历史遗址和遗迹。在此基础上,上海师范大学团队近年进行深度学术研究和实地调查,形成更为完整和丰富的上海红色文化基因图谱——1 000处革命纪念地。此次研讨会公布的红色纪念地名单较为完整展现了与革命相关的名人在沪的故居、中共特科和地下党在沪活动点、革命书籍印刷和出版书店、新四军在沪活动地的分布,可以更加全面地反映中国共产党领导的革命活动对上海城市社会各个方面的影响,将原先相对孤立的部分地点连接成完整的红色文化面。除去从文献中挖掘了更多信息,这次红色纪念地名单在内容上也下足了功夫。每处纪念地都经过实地探访和考察确认,广泛征询老上海市民的口述认证,并与史料互证。同时,这些革命纪念地的时空信息准确,可以做到用历史地图和GIS技术精准定位,具备互联网发布的基础。新考订出的红色景观中还加入了历史图片或摄影图片,增加了公交、地铁线路信息,希冀更为直观地展现红色景观的历史和现状,同时尽可能方便公众的参观访问。

未来,我们会将纪念地的图文信息集结成《日出东方——上海红色革命纪念地全纪录》一书。同时,我们也将以成果嘉惠社会。我们建议,对于重要纪念地,有必要继续建设纪念馆、博物馆;在纪念地保护工作中,应丰富完善多姿多彩的纪念性铭牌;对已消失的建筑,可通过二维码+手机APP再现历史信息和场景;此外,还可加大红色纪念地的跨省联动。

(苏智良 上海师范大学教授,教育部人文社科基地上海师范大学都市文化研究中心主任,上海师范大学中国史高峰高原学科负责人,中国城市史研究会副会长,上海文史研究会副会长)

# 江南文化①、海派文化的特点及其与红色文化的关联

熊月之

明清上海本是松江府属一县,一直浸润、成长在江南文化之中。近代上海移民虽说来自全国各地,但绝大部分来自江南。江南文化与海派文化有直接的渊源。近代海派文化是以江南文化为基础,吸纳了众多其他地域文化因素,吸收了欧美文化的某些因素,经由上海这一特大城市的集聚、熔铸、升华而成的都市文化。上海红色文化形成于上海,与江南文化、海派文化的关系,一如树木之于土壤。

## 一、江南文化对海派文化的奠基

六朝以后的江南②,特别明清时期的江南,是中国经济、文化最为发达的地

---

① 江南,泛指长江以南,各时代含义、范围有所不同。本文沿用李伯重、范金民、陈国灿等人的概念,即大体上相当于长江三角洲范围,包括明清时期南直隶的苏州、松江、常州、镇江、应天(江宁)府,浙江省的杭州、嘉兴、湖州,及清代雍正年间从苏州析出的太仓州,凡八府一州。这一地区亦称太湖流域,在地理、水文、自然生态以及经济联系等方面,形成了一个整体。见李伯重:《江南的早期工业化(1550—1850)》,社会科学文献出版社2000年版,第19页;范金民《明清江南商业的发展》,南京大学出版社1998年版,第1—2页;陈国灿《江南城镇通史·总论》,《江南城镇通史》第1卷,上海人民出版社2017年版,第3—4页。当然,文化区域与行政区域、经济区域有联系又有区别。行政区域有明确的地理边界,经济区域受自然禀赋与物产等因素限制,也有相对稳定的边界,文化区域的边界则相对模糊些。研究文化区域,必须考虑到流动中的人的因素。比如,白居易、苏东坡就籍贯而言,都不是狭义的江南人,但是,他们在江南有诸多活动、作品,讲文化江南少不了他们。清代陶澍、林则徐都不是江南人,但是,他们长期在江南为官,有很多重要建树,直接参与、影响了江南文化的发展。唐甄、魏源都不是江南人,但他们长期在江南一带生活,研究江南文化也少不了他们。按照小江南的定义,李渔是浙江兰溪人,算不上江南人,但是,他长期在杭州、金陵生活,研究江南文化也不能忽略他。这些曾经在江南生活的官员、文人,即使离开了江南,江南文化在他们身上依然有所表现与影响。所以,江南文化的边界呈网络状。这个网络以江南地域为核心,以在这一地域活动的人的流动为连线,向外扩展。

② 关于中国历史上经济重心南移的问题,学术界原先一般认为时间在唐朝中后期,现在较新研究成果表明,这一转移在六朝的宋齐之交之际已经实现。见蒋福亚:《魏晋南北朝社会经济史》,天津(转下页)

区,在经济结构、文化风格方面,有鲜明的地域特点。

其一,民性聪慧、灵活而又刚毅、坚韧。

江南气候温润,山川秀美,水域众多,河渠纵横,人民钟灵毓秀、聪慧灵活。六朝以后,中国北方人口持续南移,人民治理水患的能力大为增强,江南资源得到了很好的开发利用,逐渐成为全中国经济重心。江南文人作品,包括诗词、文章、书画,每每表现出秀丽、婉约、轻灵、善变等特点,与齐鲁的儒雅、敦厚,燕赵的刚直、豪爽形成鲜明的对比。与此同时,在长期的与江河湖海搏风击浪的斗争中,江南人养成勇敢、刚毅、坚韧的品性。魏晋以后,尽管江南上层社会普遍崇尚文教,但下层民风还是剽悍刚强。江南诸多文人表现出来的豪迈、旷达、洒脱之风,如东晋王羲之,唐代骆宾王、贺知章、张旭,明代徐光启、杨廷筠、陈继儒、陈子龙等,其实是刚毅、坚韧特性的变形。

其二,崇文尚贤,重视教育。江南自然资源禀赋卓越,其地人民谋生较易,温饱问题解决以后,便特别重视精神生活、重视文化。东晋以后江南士族多以文才相尚。梁武帝萧衍、昭明太子萧统、简文帝萧纲、梁元帝萧绎都才华横溢,能诗能文。唐宋以降,崇文重教,一直是江南文化最鲜明的特征。江南寺庙林立,宗教文化昌盛,是江南人重视精神生活的突出表现。明清时期的江南,是中国文化最为发达的地区。科举考试中,江南人成绩最为优秀,状元、榜眼等多出于这一地域。科举考试之外,凡与文相关的方面,文赋诗词、书法、绘画、音乐、雕刻、园林,江南均很发达。

其三,重视实践理性,发展商品经济。宋代以后,棉、丝、盐、茶在江南经济中占有相当高比例。明清时期的江南,由于人口密度高,不同区域自然资源禀赋有所不同,形成了一个多样化、专业化、精细化、有着充分市场的经济结构,已有粮食、棉花与蚕桑产区的专业分工。粮食产区面积最广,涉及苏州、松江、杭州、嘉兴、湖州、常州、镇江七府,棉花产区以松江为主,蚕桑产区以湖州为主。蚕桑区的中心是苏州、湖州、嘉兴、杭州四府交接地区,尤以湖州的乌程、德清,嘉兴的桐乡、石门和苏州的吴江等地最为发达。茶、麻苎、蓝靛、漆、桐、柏、竹、木、渔、盐等,也都有专业化生产,甚至植桑与养蚕也有分工。乌镇曾有远近闻名桑叶市

---

(接上页)古籍出版社 2004 年,第 109 页。参见李凭:《六朝的历史地位》,载薛峰、储佩成主编:《齐梁故里与文化论集》,上海古籍出版社 2015 年版,第 152 页。

场,有些农户从养蚕产业链中独立出来,专门种植桑树、生产桑叶、运输桑叶、销售桑叶而不养蚕。手工业生产的专业化程度也很高,丝织、棉纺、陶瓷、制糖、酿造、造纸、矿冶、五金等,各有专家。学术界研究成果表明,宋代以后,江南地区士大夫多兼农桑之业,亦农亦商、士商一家的情况相当普遍,商贾地位不断提高,传统的士—农—工—商的顺序,实质上已经是士—商—农—工了①。对于宋代以后商人地位的变化,清代沈垚说:

> 宋太祖乃尽收天下之利权归于官,于是士大夫始必兼农桑之业,方得赡家,一切与古异矣。仕者既与小民争利,未仕者又必先有农桑之业方得给朝夕,以专事进取,于是货殖之事益急,商贾之势益重。非父兄先营事业于前,子弟即无由读书以致身通显。是故古者四民分,后世四民不分。古者士之子恒为士,后世商之子方能为士。此宋、元、明以来变迁之大较也。天下之士多出于商,则纤啬之风益甚,然而睦姻任恤之风往往难见于士大夫,而转见于商贾,何也? 则以天下之势偏重在商,凡豪杰有智略之人多出焉。其业则商贾也,其人则豪杰也。为豪杰则洞悉天下之物情,故能为人所不为,不忍人所忍。是故为士者转益纤啬,为商者转敦古谊。此又世道风俗之大较也。②

与商人地位提高相一致,一些读书人也比较注重治理生计。常州著名绅士赵翼辞官回乡以后,便开设当铺,置办鱼塘,出租土地,很会治理生计。常州的庄家、恽家等缙绅大族,没有一家不讲究实际、不注重生活质量。大学者顾炎武也是理财好手。他四处游走,每到一处,都很注意那里的土地问题,发现什么地方有开发价值,就在那里投资垦地,垦好了,交给朋友或门生去经营,然后再到别的地方寻觅新的发展空间。在江北的淮安、山东的章丘、山西的雁门之北、五台山的东面,他都垦过田。海宁人陈确(1604—1677)明确认为,学者都应该懂得治生,读书、治生是"真学人本事,而治生尤切于读书"③。

---

① 余英时:《士与中国文化》,上海人民出版社1987年版,第531页。
② 沈垚:《费席山先生七十双寿序》,转见余英时:《士与中国文化》,上海人民出版社1987年版,第520页。
③ 陈确:《陈确集》卷3,中华书局1979年版。关于"治生"问题,余英时在《中国近世宗教伦理与商人精神》中有详细讨论(见《士与中国文化》第八章),其中所引论述治生重要性的学人,如沈垚、陈确、唐甄、陆楫,多为江南人,唐甄是四川人,但一生大部分时间生活在苏州。

对于这方面,无锡人钱泳(1759—1844)有两段话,很能反映他们义利兼顾的心态:

> 银钱一物,原不可少,亦不可多,多则难于运用,少则难于进取。盖运用要萦心,进取亦要萦心,从此一生劳碌,日夜不安,而人亦随之衰惫。须要不多不少,又能知足撙节以经理之,则绰绰然有余矣。①

> 商贾宜于富,富则利息益生。僧道宜于贫,贫则淫恶少至。儒者宜不贫不富,不富则无以汩没性灵,不贫则可以专心学问。②

这种财富观,相当实在,既不是唯利是图,也不是耻于言利,而是适可而止,恰到好处。

其四,重视实学,分工细密。重视实践理性的,必然重视实学。这里所说的实学,主要指面向社会、关心现实的经世之学与认识自然、改造自然的科技之学。在面向社会、关心现实的经世之学方面,明清两代江南学者都相当突出。明代东林党人的著名对联"风声雨声读书声声声入耳,家事国事天下事事事关心",是江南读书人关心社会现实的生动写照。顾炎武著《天下郡国利病书》等书,为倡导经世致用之学的杰出代表。长期居住在苏州的唐甄(1630—1704)所著《潜书》,对社会积弊提出多方面的批评,在清代思想史上留下重要一页。

在认识自然、改造自然的科技之学方面,江南学者成就很高。晚明时期,利玛窦等西方传教士来到中国,带来西方自然科学,包括天文、地理等,中国兴起学习西方科学技术的热潮,其最突出的代表是徐光启(1562—1633)、杨廷筠(1557—1627)、李之藻(1566—1630),这三人被称为明末天主教"三大柱石",徐是上海人,杨、李是杭州人。他们没有因为那些学问来自西方,就漠视、轻视甚至仇视,而是认真分析,虚心学习,意志坚定。其中,徐光启与利玛窦等人合作,翻译了《几何原本》等众多西书,编写了《崇祯历书》等书,涉及天文、历算、数学、地理、物理、哲学等方面。他提出的"欲求超胜,必先会通;会通之前,先必翻译"③,是对待西方文化最为大气、理性的态度,代表了当时中国对待西方文化的最好水

---

① 钱泳:《履园丛话·臆论》,中华书局1997年版,第183页。
② 同上。
③ 徐光启:《历书总目表》,载王重民辑:《徐光启集》卷8,中华书局1963年版,第374页。

平。李之藻在引进西学方面的影响,仅次于徐光启。他与传教士合译了《同文算指》《圜容较义》《名理探》《寰有诠》等著作,在西方数学、地理学、逻辑学输入方面,贡献甚大。杨廷筠与艾儒略合译《职方外纪》,为明清之际综合介绍世界地理各书中最为翔实的一部。跟着这一传统下来的江南学人,最著名的是王锡阐(1628—1682),吴江人。西洋历法传入以后,朝廷、学术界聚讼纷纭,几番讨论。王锡阐对其进行深入研究,仔细验证,历时三十年。正因为有此一丝不苟的精神,他发现、纠正了西方历算学的一些错误和不精确之处。笔者对明末以后科技学者的分布情况做了一个统计:阮元等人所编的《畴人传》(包括续编、三编与四编),共收明末以后的各地天文、数学方面的学者 220 人,籍贯确切可考者 201 人,其中江苏 75 人,浙江 44 人,安徽 32 人,江西 12 人,其他省份均不超过 10 人。① 江南人占了一半以上,这充分说明江南地区科技人才众多而密集。

　　江南学者重视实学的一个重要方面,便是注重到社会现实中做调查研究,从调查中获取、验证、修正知识。在这方面,徐霞客(1586—1641)、顾炎武与顾祖禹最为突出。徐霞客历时三十多年,不畏艰辛,不顾危险,到全国各地旅行考察,留下极其丰富的实地考察资料。他以科学精神治地理学,一切以实测为基础,前无古人! 顾炎武之治学,有一半时间在各地旅行,考察、观察。他旅行时,照例用两匹马换着骑,另外用两匹骡子驮着书籍和日用品,所至厄塞,即呼老兵退卒询其曲折,或与平日所闻不合,就到坊肆中将行李打开来,进行对照、修改。他的《天下郡国利病书》和《日知录》等名著,都是这样一边考察一边修改出来的。他在《日知录》中讨论制度、风俗等内容,很多是调查所得。无锡人顾祖禹(1631—1692)著《读史方舆纪要》,历时 21 年,十易其稿,他的方法与顾炎武一样,将考察实践中所得资料,与文献对照,"舟车所经,亦必览城郭,按山川,稽道里,问关津,以及商旅之子,征戍之夫,或与从容谈论,考核异同"。② 这是道道地地的科学精神。这部书被当时学者称为"数千百年绝无仅有之作"。梁启超认为此书在研究方法上是"治地理学之最好模范"③。

　　重视实学,必然重视日用技艺。明清时期,江南读书人特多,但科举考试录

---

① 见拙著《西学东渐与晚清社会》,上海人民出版社 1994 年版,第 79 页。
② 顾祖禹:《读史方舆纪要》,中华书局 2005 年版,总叙二。
③ 梁启超:《中国近三百年学术史》,载朱维铮校注:《梁启超论清学史二种》,复旦大学出版社 1985 年版,第 202 页。

取名额有限,大多数富余读书人将精力投放到日用技艺方面,专精一技,专擅一长。专精一技,不但能获利,也能出名。诚如袁宏道所说:"凡艺到精极处,皆可成名。"①那篇日后收入中学课本的《核舟记》,脍炙人口,生动地描绘了江南精妙绝伦的雕刻艺术。苏绣、顾绣、南京云锦、常州梳篦,各色绣衣、绣鞋、地毯、丝毯、编织、玉器、牙雕、红木雕刻、竹雕、石雕、湖笔、剪纸、灯彩、泥塑、紫砂茶壶、苏式家具,在江南都发展到极致,让人叹为观止。

其五,注重物质生活,讲究物质享受。与经济发达相伴而来的,是江南人讲究物质生活。唐宋以后,江南人相当讲究物质生活。明清江南人讲究排场,追求新奇,已是普遍现象。明洪武年间,朝廷曾对庶人服饰做过很多规定,包括服饰不许用黄,不得僭用金绣、锦绣等,其靴不得裁制花样,首饰不许用金玉珠翠等。但到明代中后期,江南士人的服饰,早已冲破朝廷规定,一改布素而追求绮罗锦绣,颜色趋于华丽鲜艳,质地追求丝绸绫罗,式样追求奇异翻新。

> 厌常喜新,去朴从艳,天下第一不好事,此在富贵人中之家且犹不可,况下此而贱役长年、分止布衣食素者乎! 余乡二三百里内,自丁酉至丁未,若辈皆好穿丝绸、绉纱、湘罗,且色染大类妇人。余每见惊心骇目,必叹曰:此乱象也。②

> 熟闻二十年来,东南郡邑,凡生员读书人家,有力者尽为女人红紫之服,外披内衣,姑不论也。余对湖州太守陈公幼学曰:近日老朽改古诗一首。太守曰愿闻。余曰:昨日到城市,归来泪满襟。遍身女衣者,尽是读书人。③

服饰的纹饰也出现了团龙、立龙等龙形纹饰,逾越名分。妇女的饰物,首饰以金银为美,镯环必珍珠宝石,以贵为美,以多为胜。富裕人家如此,贫苦人家也被卷入这个潮流,"不论贫贱富贵,在乡在城,俱是轻裘,女人俱是锦绣,货愈贵而服饰者愈多"④。范濂曾说:"余最贫,最尚俭朴,年来亦强服色衣,乃知习俗移人,贤者不免。"⑤胥吏、屠贾、倡优等下层人士竞相效尤。时人以布为耻,绫缎绸纱,争

---

① 《袁宏道集笺注》卷5,见夏咸淳:《晚明士风与文学》,中国社会科学出版社1994年版,第124页。
② 李乐:《见闻什记》卷10,见张荷:《吴越文化》,辽宁教育出版社1998年版,第167页。
③ 同上。
④ 钱泳:《履园丛话》卷7,骄奢。
⑤ 范濂:《记风俗》,《云间据目抄》卷2。

新色新样,"间有老成不改布素者,则目指讪笑之"①。

饮食方面,明初还比较俭朴,到明中后期,奢侈成风:"肆筵设席,吴下向来丰盛。缙绅之家,或宴官长,一席之间,水陆珍羞,多至数十品。即庶士及中人之家,新亲严席,有多至二三十品者,若十余品则是寻常之会矣。"②城市流行在戏馆宴客,"居人有宴会,皆入戏园,为待客之便,击牲烹鲜,宾朋满座"③。"吴门之戏馆,当开席时,哗然杂遝,上下千百人,一时齐集,真所谓酒池肉林也,饮食如流者也。尤在五、六、七月内天气蒸热之时,虽山珍海错,倾刻变味,随即弃之,至于豨狗不能食"。④

在这种讲究吃穿、追求享乐的奢侈风气中,上海地区也不例外。自宋以来,上海地区除了个别时期,或因倭患,或因闭关,商业受到影响,风气由奢向俭稍有敛缩,绝大多数时间里,风俗崇素黜华。据记载,在明代中后期,上海风俗由俭入奢。崇祯《松江府志》称:"吾松正德以来,日新月异,自俭入奢。"《云间据目抄》称:

> 吾松素称奢淫黠傲之俗,已无还淳挽朴之机,兼以嘉隆以来,豪门贵室导奢导淫,博带儒冠,长好长傲。日有奇闻叠出,岁多新事百端。牧竖村翁竞为硕鼠,田姑野媪悉恋妖狐。伦教荡然,纲常已矣。⑤

特别是清代康熙以后,海禁开放,贸易兴隆,粤闽晋商帮寓居上海,衣必华鲜,食必精细,日日酒宴,夜夜笙歌,夸富斗豪,愈演愈烈。

在这种讲究物质生活的奢侈风气中,上海地区的人似乎走得更远,想得更深。最典型的是明代上海学者陆楫,他专作奢侈有益论,从个人与社会两方面进行论述。他认为,从一人一家而言,崇俭自是美德,"自一人言之,一人俭则一人或可免于贫;自一家言之,一家俭则一家或可免于贫",但是,就整个社会而言,崇俭则未见得有益。因为,没有繁盛的消费,就不能刺激兴旺的生产,没有兴旺的生产,必然影响大众的生计。他的结论是,传统的崇俭恶奢观念并不完全正确,

---

① 黄卬:《备考上·风俗变迁》,载《锡金识小录》卷1。
② 叶梦珠:《阅世编》卷9,宴会。
③ 顾禄:《清嘉录》卷7,青龙戏。
④ 钱泳:《履园丛话》卷7。
⑤ 范濂:《记风俗》,《云间据目抄》卷2。

禁奢崇俭并不能使民富裕,而奢侈倒能促进经济繁荣,对于社会发展有积极意义。① 这种见解,不但在江南,即使在整个中国古代经济思想史上,也是空谷幽兰,极为罕见、珍贵,有学者认为它与英国古典经济学先驱者曼德维②的观点相似。

其六,勇于挑战传统,张扬个性自由。诚如梁启超所说,中国南方"其气候和,其土地饶,其谋生易,其民族不必惟一身一家之饱暖是忧,故常达观于世界以外。初而轻世,既而玩世,既而厌世,不屑屑于实际,故不重礼法;不拘拘于经验,故不崇先王。又其发达较迟,中原之人,常鄙夷之,谓为蛮野,故其对于北方学派,有吐弃之意,有破坏之心。探玄理,出世界;齐物我,平阶级;轻私爱,厌繁文;明自然,顺本性:此南学之精神也舒"③。明清江南挑战传统纲常名教、反映追求声色货利的小说、传奇、歌谣、戏曲长盛不衰。吴县人冯梦龙创作改编"三言"即《喻世明言》《警世通言》和《醒世恒言》,乌程人凌蒙初整理编写"二拍"即《初刻拍案惊奇》和《二刻拍案惊奇》,浙江兰溪人李渔写《十二楼》等一批言情小说,都是其中的代表。明清时期艳情小说多出在江南,在社会上流传极为广泛,"支言俚说,不足供酱瓿,而翼飞胫走"④。这些小说谈吃穿、谈情色、谈游玩、谈雅好,所表现的思想、情趣、格调,与官方倡导的东西大异其趣,也是对官方倡导的压抑人性的意识形态的反弹。文学史研究的成果表明,江南盛行艳情小说,与这个地方经济发展、社会结构、民情风俗有内在联系,作者主要是江南文人,故事发生的地点也主要在江南,如扬州、苏州、杭州,"这些地方自明代中期以来工商业特别繁荣,是盐业、纺织业、铸造业、图书业的中心,而随着商品经济的活跃,在秦淮河及南运河两岸的歌楼画舫应运而生。这些地方是富商大贾积聚之处,市民力量较大,封建统治相应地薄弱,风俗趋于淫靡,逐渐形成春画与艳情小说的发源地而向全国扩展。清代严禁淫书淫画便是以这一带为重点清查对象的"⑤。

以上六点,综合反映了江南文化中重视人、重视人的价值、重视人性自由发

---

① 陆楫:《蒹葭堂稿》卷6,载《续修四库全书》集部,别集类,第639—641页。
② 曼德维(Bernard de Mandeville, 1670—1733)认为:"在蜜蜂的社会里面,罪恶与奢侈,若是行着的时候,这个社会就非常之繁荣;若是代以道德和简易生活,他们的社会,就不能不衰微了。"见张荷:《吴越文化》,第174页。
③ 梁启超:《论中国学术思想变迁之大势》,上海古籍出版社2006年版,第20页。
④ 凌蒙初:《初刻拍案惊奇序》,见凌濛初原著,即空观主人评点:《二刻拍案惊奇》,天津古籍出版社2010年版,第424页。
⑤ 谢桃坊:《中国市民文学史》,四川人民出版社1997年版,第237页。

展、重视满足普通百姓的物质与精神需求,崇实、重商、重民、精致、开放、灵活,这是中国传统文化中自管子、墨子、商鞅、荀子直到南宋陈亮、叶适等人所主张的重视民生日用、重视实用实效的实学精神的弘扬,是中国文化自身滋长出来的现代性。这些特点到了近代上海,获得进一步的发展与升华,成为近代海派文化中重利性、大众性、世俗性与开放性特点的直接先导。

## 二、海派文化是近代上海城市对于江南文化的熔铸与升华

海派文化的内涵,在不同时代、不同领域甚至不同语境下,各有不同的理解。今日所谓之"海派文化",既不是近代美术界、京剧界之海派,也不是鲁迅、沈从文笔下之海派,而是近代上海城市文化之概称,是一种经过重新诠释后的广义海派。

明清上海本是江苏省下属的一个县,近代上海移民绝大多数来自江南。据统计,1930年,江苏、浙江两省籍人占公共租界人口的88.4%,占华界人口的85.5%;1950年1月,江苏、浙江与上海本地籍人,占上海总人口的88.9%。[①] 由此可见,近代上海人中,江南人占了八成以上。人是文化的创造者,也是最重要的文化载体。在这个意义上,近代上海城市文化显然是以江南文化为底色的。

当然,海派文化并不是江南文化的简单汇拢,而是经过上海这个特大城市的集聚与熔铸,吸收了中国其他地方在沪移民所体现出来的地域文化(包括岭南、八闽等地),特别是吸收经由租界和来沪外侨所体现的西洋文化,才得以形成的。

以移民为主体、以陌生人社会为重要特征的特大城市,对于文化的集聚、熔铸与升华能力,与以本地人为主体、以熟悉人社会为重要特征的乡村城镇对于文化的影响,具有巨大的、甚至是本质的差异。

上海在1843年开埠时,在江南城市中并不占显要地位,人口体量与文化地位均比不上苏州、南京、杭州,也比不上松江。开埠以后,经过多种因素错综复杂的影响,很快跃升为江南地区首位城市,1860年代以后,其经济、文化地位已经超过了苏州、南京、杭州。1900年,上海人口超过100万,为中国最大城市。1935年,上海人口超过370万,为世界第五大城市,仅次于伦敦、纽约、东京与柏

---

① 这两处数据,均见邹依仁:《旧上海人口变迁的研究》,上海人民出版社1980年版,第114—115页。

林。1947年,上海人口竟然相当于北平、南京与天津三大城市人口的总和。

早在1870年代,上海租界就显示出典型的陌生人社会特点。1873年,有个署名"海上看洋十九年客"的文人,归纳上海风尚有七耻:一耻衣服之不华美,二耻不乘轿子,三耻狎身份较低的妓女,四耻吃价钱不贵的饭菜,五耻坐便宜的独轮小车,六耻身无顶戴,七耻看戏坐价格最廉的末座①。七耻归一,就是今人所说的拜金主义、享乐主义,这与传统的重义轻利、崇俭恶奢的道德要求完全相反。这是陌生人社会中个人挣脱传统道德约束、舒展个性的突出表现。其时上海社会风尚之所以如此,在于人们聚集方式、生活特点以及道德约束机制,与内地乡村城镇迥然不同。1883年,《申报》载文论述这点,认为上海居民特点,可分为三:一是高度异质性,五方杂处,品类不齐;二是高频流动性,今日寓东,明日移西,莫知定向;三是极端疏离性,启户而出,闭户而入,人无我扰,我无人知。"竟有同在一弄,甚至同在一门,而彼此姓名不知,见面不识,问以尔之邻何氏而茫然,问以尔之邻何业而又茫然,问以尔之邻共有几人,而无不茫然。问此则此然,问彼则彼亦然"②。这种陌生程度随着上海城市体量的持续膨胀而不断增大。

陌生人社会对于城市居民的素质,至少有五大重要影响。一是个人高度独立,相当自由,既没有传统乡村士绅的道德约束机制,也没有社会基层组织强制管辖。上海妇女自1870年代就开始有在城市工作的机会,1890年代以后则越来越多。妇女经济地位的提升,必然助推其社会地位的提高,增强其要求人格独立、争取男女平等的资本。二是极度务实,理直气壮地经商谋利,坦然自得地享乐。三是自强,淡化家世背景,重视个人能力。在这里,祖上是达官显宦还是寒门贫民,都不重要,重要的是个人能力。因此,上海人特别重视学习,学习文化,学习技术,学习外语,因为那是提升个人能力的重要途径。上海人特别注意穿着,注意谈吐,注意排场,那是显示个人能力的重要指标。诚如鲁迅所说:上海"有些人宁可居斗室,喂臭虫,一条洋服裤子却每晚必须压在枕头下,使两面裤腿上的折痕天天有棱角"③。四是勇于竞争、勇于创新。大城市必然带来行业集聚,行业集聚必然带来行业竞争,行业竞争必然刺激技术创新与能力增强。穆藕初以一个普通的海归,能在不太长的时间里成为棉纺业大王,陈光甫能在金融业

---

① 海上看洋十九年客:《申江陋习》,《申报》1873年4月7日。
② 《论上海办保甲之难》,《申报》1883年7月16日,第1版。
③ 鲁迅:《上海的少女》,载《申报月刊》第2卷第9号,1933年9月15日。

中脱颖而出,商务印书馆能长期执出版业之牛耳,都是勇于竞争、勇于创新的结果。竞争的结果必然有胜有败,这也导致了上海社会上下流动相当频繁。叶澄衷、朱葆三、虞洽卿等,大多是普通学徒起步,逐渐成为著名企业家的,都是由下向上流动的典型。当然,由上而下的移动也极常见。五是法治。移民社会并不是野蛮人集聚的丛林,其自身运行遵循着一定的规则。两租界都实行较为严格的法治。近代上海是中国最早实行律师制度的城市,也是律师比例最高的城市。公共租界里存在近60年的领事公堂,其实质是以工部局为被告的行政法庭,从其有案可稽的55例重要案件的审理结果看,以工部局败诉为多。即使在华人的会馆公所、商会等团体中,也有较为严格的依法行事的规章制度。从晚清时期开始,上海人已形成遇事通过法律解决的传统。重法治、重契约、重信用,是上海人的特征,是他们长期受到法治约束、熏陶的结果。

近代上海移民来自全国各地,内以江苏、浙江为最多,来自广东、安徽、山东、湖北、福建、河南、江西和湖南诸省的移民,亦复不少。各地来沪移民大多与移出地保持着广泛、持久而密切的联系。福建人经营的茶叶、木材大多来自福建,山东人经营的豆饼主要来自山东。虞洽卿发起组织的宁绍轮船公司与三北轮船公司,主要是经营宁波与上海之间的运输业务。上海很多企业优先录用本乡人。广东中山人开办的先施、永安、新新、大新等四大公司,其中层以上管理人员全部来自广东;荣宗敬、荣德生创办的荣家企业,不光是管理人员,普通员工亦多为无锡人;湖南籍的聂缉椝、聂云台父子主持的恒丰纱厂,员工多为湖南人;安徽籍的孙多鑫、孙多森兄弟在上海办的阜丰面粉厂,员工多为安徽人。这类情况在上海极为普遍。这使得上海的市场,犹如全国各地人共同开办的大超市,各占一摊,各销其货,各营其业。这也使得上海与全国各地保持着千丝万缕的联系,使得全国各地发生的事情都与上海有关,也使得上海人对发生在全国各地的事件特别关心,极易将爱乡情怀升华为爱国主义。近代上海人早已习惯于将全国之事视为己事,在赈灾活动、拒俄运动、抵制美货运动、五四运动、五卅运动、抗日救亡运动中一马当先。早在1930年,徐国桢已经清晰地论述过"上海社会确有一种领导其他各地社会的潜势力"的社会根源。①

近代上海"一市三治"的政治格局,对于上海人爱国主义情感的产生,具有强

---

① 徐国桢:《上海生活》,上海世界书局1930年版,第27—28页。

烈刺激作用。一方面，日常生活中，西方人主导的租界市政建设先进、整洁、卫生；中国人集聚的华界落后、逼仄、肮脏，这极易刺激中国人的耻感文化，刺激中国人见贤思齐的爱国情感。上海地方自治运动即由此兴起。租界众多场所禁止华人入内，四大公园（外滩公园、法国公园、虹口公园与兆丰公园）在1928年以前都禁止华人入内。日常生活中，华人备受歧视。比如，马车在道路上行驶，租界明确规定华人车辆不能从后面超越前面的西洋人马车；租界华人长时期只有纳税义务，没有参政权。诸如此类，都强烈刺激华人的爱国主义情感。另一方面，1932年的"一·二八"与1937年的"八一三"两次日本侵沪战争，直接轰炸、破坏的都主要是华界地区，而租界则基本完好。华界与租界，没有天然屏障，只是一路之隔、一河之隔。日本帝国主义的野蛮轰炸、屠杀，就发生在国人眼皮底下。这种被辱、挨打、惨遭屠戮的在场效应，对于爱国情感的刺激，是任何远距离的纸质、广播宣传都无法比拟的。

近代上海与全国各地、世界各地均有广泛而便捷的联系，又有众多而发达的传媒，这使得汇聚到上海的各地精英，较之其移出地的同类人物，视野更为开阔，目光更为宏远，能力更易提升。这使得上海人在学习西方先进思想文化、引进西方先进的科学技术方面，更易走在全国的前列；也使得每当外国入侵或列强侮华事件发生时，上海人更易发动起来，更易走在爱国运动前列。从1931年"九一八"事变以后，直到抗日战争胜利，上海一直是全国性的抗日救亡运动中心。单以那一时期抗日救亡音乐史为例，一个极其突出的现象：上海诞生、创作的抗日救亡音乐、电影、戏剧，数量特别多，影响特别大。最早的抗日救亡音乐，即黄自创作的《抗敌歌》是在上海产生的；影响广远的《九一八小调》并不是产生在"九一八"事变发生的东北，而是产生在上海；激越嘹亮的《大刀进行曲》，也不是产生在宋哲元率领的第二十九军大刀队与日军激战的华北，而是产生在上海；一大批著名的抗日救亡歌曲、话剧，《旗正飘飘》《义勇军进行曲》《毕业歌》《放下你的鞭子》等，都是在上海产生的。

近代上海人所体现的上述独立、自由、务实、自强、好学、创新、法治、爱国等特点，在近代以前的江南文化中，能看到某些特点一定程度的表现。经由近代上海城市集聚、熔铸与升华以后，这些变得更为突出、耀眼，更具近代特性。我们可以说，作为近代上海城市文化概称的海派文化，是以明清江南文化为底蕴，以流动性很大的移民人口为主体，吸纳了众多其他地域文化（包括岭南文化、八闽文化)因素,吸收了近代西方文化某些元素而形成的、代表中国文化前进方向的新文化。

## 三、红色文化与江南文化、海派文化的关联

红色文化是与江南文化、海派文化等在不同分类意义上的另一种文化,但上海红色文化形成于上海,是在江南文化、海派文化的基础上滋生、发展起来的。

红色在中国传统文化中,代表着吉祥、喜气、热烈、奔放、激情等,有驱逐邪恶的功能。五行中的火所对应的颜色是红色,八卦中的离卦也象征红色,古代许多宫殿和庙宇的墙壁都是红色。由此,红色在中国政治上常被用来象征革命,中国共产党领导下的革命文化也就被称为红色文化。

红色文化并非无根而生、横空而来,而是有其先声、前奏与基础的。如果将红色文化作狭义与广义区分的话,那么,中国共产党领导的革命文化可称为狭义红色文化,而自鸦片战争以后一切反对帝国主义侵略、反对封建主义压迫、争取民族独立与人民自由幸福的进步文化,则可视为广义的红色文化。毛泽东起草的人民英雄纪念碑碑文,即写道:"三年以来,在人民解放战争和人民革命中牺牲的人民英雄们永垂不朽!三十年以来,在人民解放战争和人民革命中牺牲的人民英雄们永垂不朽!"最后一句又写道:"由此上溯到一千八百四十年,从那时起,为了反对内外敌人,争取民族独立和人民自由幸福,在历次斗争中牺牲的人民英雄们永垂不朽!"其逻辑亦是由狭义而广义。

人民英雄纪念碑的碑文,为我们理解红色文化的内涵、结构,提供了极好的视角。三句话,三年、三十年、一百年,三个依次递进的历史阶段,三个渐次扩展的人群范围。最后一句,覆盖时间最长,包罗范围最广。对最后一句碑文进行仔细解读,可以认为,广义的红色文化就是近代以来的进步文化,既包括反对帝国主义侵略、反对清朝封建统治的革命文化,也包括更早的追求人民自由幸福的洋务文化与维新文化。毛泽东在回顾中国民主革命艰难曲折的历程时曾说:"自从一八四〇年鸦片战争失败那时起,先进的中国人,经过千辛万苦,向西方寻找真理,洪秀全、康有为、严复和孙中山,代表了在中国共产党出世以前向西方寻找真理的一派人物。"这些先进的中国人所代表的时代和文化,就是碑文最后一句所指称的时段与对象。

循此逻辑，我们可以看到，中国共产党领导的近代上海红色文化之所以那么鲜艳、灿烂、繁盛，是与上述海派文化中的独立、自由、务实、自强、好学、创新、法治、爱国等特点分不开的。先进的中国人之所以接受了马克思主义，选择了社会主义道路，正是由于此前自强运动时期人们所致力的科技救国道路行不通，维新时期通过改良的道路来图存的道路走不通，辛亥时期单靠推翻清朝统治来挽救民族命运的道路也走不通。我们还可以看到，那些参与创建中国共产党、投身革命斗争的志士仁人，其爱国情怀中，每每饱含上面已经述及的中国传统爱国主义的营养。他们在城市暴动失败以后，转而走上"农村包围城市"的正确道路，也是他们务实、自强、创新精神的体现。至于那些具体的革命志士仁人，从瞿秋白、恽代英到黄大能，从周恩来、张闻天到陈云，从鲁迅、茅盾到夏衍，从顾正红、汪寿华到茅丽瑛，无一不是江南文化孕育出来的中华优秀儿女。

（作者单位　上海社会科学院）

# 塔拉索夫不是维经斯基

李丹阳

1920年春,年轻的俄共党员维经斯基(Г. Н. Войтиский)被俄共(布)远东局①符拉迪沃斯托克分局外国处派往中国。这位被学者视为建立中共的"主要建筑师"的人,②原名格里戈里·纳乌莫维奇·扎尔欣(Григорий Наумович Зархин);他到中国后,有了汉名吴廷康。

在近些年出版的一些苏俄、共产国际早期活动的档案集注释和著作中,维经斯基的化名有:格里戈里耶夫、格里戈里和塔拉索夫。③

其中,格里戈里是维经斯基的名。但为什么一些学者会认为格里戈里耶夫和塔拉索夫是维经斯基的化名?原因大概是维经斯基1920年8月17日致俄共(布)中央西伯利亚局东方民族处的信结尾处写了"给我报刊的邮寄地址是:上海,全俄消费合作社中央联社办事处,格里戈里耶夫收,而汇款地址是:上海,全俄消费合作社中央联社办事处,塔拉索夫收"④。

---

① 据 А. И. 卡尔图诺娃《对中国工人阶级的国际援助》(载《共产国际与中国革命:苏联学者论文选译》第4册,四川人民出版社1987年版),俄共(布)远东局成立于1920年3月,是年夏改组为俄共(布)中央远东局。

② A. Dirlik, *The Origins of the Chinese Communism* (Oxford: Oxford University Press, 1989), p. 191.

③ 如俄、德学者根据藏于俄国的档案合编的 ВКП(б), *Коминтерн и национально-революционное движение в Китае, документы*, Т. I. 1920—1925, Москва: РАН,1994,索引第723和754页;见李玉贞译:《联共、共产国际与中国》(1920—1925)第1卷(台北:东大图书公司1997年版)末人名索引,第669、671页。中共中央党史研究室第一研究部译:《联共(布)、共产国际与中国国民革命运动》(1920—1925)第1卷(北京图书馆出版社1997年版)未译索引。В. Н. Усов, *Советская разведка в Китае 20-е годы XX века*, Москва: Олма-Пресс, 2002;赖铭传译:《20世纪20年代苏联情报英国档案和机关在中国》,解放军出版社2007年版,第263页。

④ ВКНРДК,第2号文件。参见北图中译版第35页,东大版此处漏译。

收取邮寄报刊的"格里戈里耶夫"(Григорьев)来自维经斯基的名"Григорий",断定其为维经斯基的化名没有问题;但档案编辑者不加分别地把收取汇款的塔拉索夫(Тарасоф)连同格里戈里耶夫一起当作维经斯基的化名,便缺乏根据。

笔者在英国档案和日本档案及若干书中曾读到关于塔拉索夫的信息,如英国国家档案馆藏英国外交部档案中1921年9月的一则情报记载:塔拉索夫(I. P. Tarasof)是全俄消费合作社中央联社(Centrosoyuz)的 formerly manager(应指Centrosoyuz上海办事处的前经理或前主任——笔者加注),是在上海负责为布尔什维克办理财务交易的主要代理人。其职务不久前才被解除,由廓索拉波夫(M. A. Kosolapof)继任。另一则稍早的情报说,塔拉索夫与《上海俄文生活报》有关系。英情报人员认为全俄消费合作社中央联社和《上海俄文生活报》是在上海为布尔什维克"携手工作"的两个机构。①

英国的档案显示,塔拉索夫在维经斯基1921年初离开上海返回俄国后,仍继续担任全俄消费合作社中央联社上海办事处负责人,而且负责为布尔什维克在上海转款,包括为《上海俄文生活报》接收汇款并转拨经费。

石川祯浩教授提供的若干日本档案(冯爱珠译)也有关于塔拉索夫的一些信息。

日本外务省档案《关于取缔过激派及其他危险主义者的杂件 社会运动状况 中国》第一卷内"上海电第38号:谍报人员(俄国士官)之报告"(大正九年四月二十日)记载:1919年12月从日本来沪的俄国少将波塔波夫在法租界"进行过激主义宣传活动",并屡屡向俄国商业团体"ザクスビット"的支配人タラソフ(塔拉索夫)汇报情况,并获取资助。

日本《外事警察报》第1号(1921年5月)中"在中国的过激派"内说波塔波夫"从表面上伪装成俄国商业团体的购销联盟的过激派主义宣传机关的负责人タラリフ(塔拉利夫)那里领取资金,为来上海的数名不法之朝鲜人在法租界设立宿舍,并将此处作为朝鲜人过激派的宣传总部"。后一情报显然是把"タラソフ"中的"ソ"误写为"リ"了,故所谓"塔拉利夫"仍应指塔拉索夫。

---

① FO 405/233,第107号文件附件(1921年9月);FO228/3214,1921年4月情报。关于《上海俄文生活报》,参见李丹阳、刘建一:《〈上海俄文生活报〉与布尔什维克在华早期活动》,《近代史研究》2003年第2期。在此文中,笔者已根据若干资料,在一个注释(第36页)中写了"塔拉索夫与吴廷康并非一人"。但因未展开写,未引起重视。

然而,1920年6月维经斯基在给上级的信中,说自己"没能同波塔波夫取得联系,因为他已经离去,前往欧洲,或者回俄国了"①,这说明,波塔波夫早些时候见到的塔拉索夫,不是维经斯基,而是另有其人。向1919年底来沪的苏俄情报联络人员波塔波夫将军提供资金并接受汇报的,正是先于维经斯基在上海为布尔什维克工作的塔拉索夫。

若要了解塔拉索夫究竟从事什么工作,须弄清上述日档中写到的"ザクスビット"是什么组织。在日本驻沪总领事馆内务事务官木下义介《关于过激派在上海的概况》(1922年6月)的长篇报告中,"ザクスビット"被用罗马字母拼写为"Zakupsbit",写明其上海办事处在上海博物院路(Museum Road)②21号,经理是Malasof,副经理为Malinovsky,二人"均为在上海的过激派主要人物"。Malasof大概为Talasof之误写,因为手写体俄文字母"T"看起来很像"M"。③

日本档案提供的信息表明,塔拉索夫在担任全俄消费合作社中央联社(Centrosoyuz)上海办事处负责人之前或同时,还担任Zakupsbit的上海办事处经理。

在日本档案中,Centrosoyuz被译为"中央购买会",而Zakupsbit却多用罗马拼音文字或日文片假名"ザクスビット"。可见大多日本情报人员也搞不清楚后者到底是个什么组织。木下义介在1922年6月的报告中,把"Zakupsbit"分拆为Zakup=buy,sbit=sell。由此可知,这是一个从事"买卖"或"购销"的组织。日档偶尔把此译为"购买组合"。

Zakupsbit俄文为Закупсбыт。我请教的一位俄国科学家Татьяна Россина在网上经过长时间辛苦搜索,终于找到一篇俄文文章,里面有关于《Закупсбыт》档案文献集的简介。此文介绍"Закупсбыт"是1916年诞生的西伯利亚第一个消费者合作社性质的联盟(союза),是包含公司、商店、供应站、办事处等机构的混合体,覆盖西伯利亚很多省区,并在伦敦、巴黎、纽约、上海等地有办事处。

综合以上信息,笔者将Zakupsbit暂称为"购销联盟"。

对此机构,木下义介1922年的报告里有些介绍,摘要如下:

---

① ВКНРДК,第1号文件。
② 现名虎丘路。
③ 笔者曾遇到电脑中的俄文字母T在改变字体后,变成像字母M的情形。精通俄语的历史专家李玉贞教授告,俄文字母T的手写体的确像M。日本《外事警察报》(第15号,1922年7月)"中国事情"记载俄国人马利诺夫斯基(Malinovsky)是俄共党员。

购销联盟当初只是一种单纯的贸易公司(实际上是合作社性质的组织——作者注)。俄国革命后,它与已属于苏维埃政府的全俄消费合作社中央联社一样,以物资供给为中心,采取各种手段支援苏维埃政府。因苏维埃政府认为西伯利亚的购销联盟与全俄消费合作社中央联社成立宗旨大致相同,于是命二者合并。两大机构于前年合并了俄国国内的各分支机构,并冠名为全俄消费合作社中央联社。但是购销联盟在伦敦、纽约等处的海外机构没有合并,以伦敦Zakupsbit、美国Zakupsbit的名称继续开展业务。在上海的购销联盟属于美国购销联盟体系,经营布料、杂货、器械类等产品的进出口业务,因此,该上海分部有时被称为"在上海的美国购销联盟"。①

这个购销联盟上海办事处1919年先后为谢麦施科创办俄文《上海新闻》和《上海俄文生活报》提供了资金。

英国档案中的一则情报指出,在上海的主要布尔什维克组织是"Shanghai Life"(一家俄文报纸)、Centrosoyuz(一家俄国人的合作商店)和Zakoubsbit(一家俄国人的合作联盟)。但情报认为Zakoubsbit不像"Shanghai Life"和Centrosoyuz那么重要,它也是一个方便的聚会中心。②

为什么这样说呢？可能是因为,原西伯利亚的购销联盟在俄国国内合并于全俄消费合作社中央联社后,其上海办事处为布尔什维克在中国转款的功能就转移至全俄消费合作社中央联社上海办事处,塔拉索夫也归属于全俄消费合作社中央联社,购销联盟上海办事处就不如从前那么重要了。

尽管在海外,购销联盟上海办事处一度表面上还与位于江西路和九江路路口的全俄消费合作社中央联社上海办事处分立门户,实际上二者的工作目标和内容完全一致。塔拉索夫也就暂时成为全俄消费合作社中央联社上海办事处经理。

塔拉索夫的这个职务不久被布尔什维克更信任的人所取代。在来自符拉迪沃斯托克的廓索拉波夫(M. A. Косолапов)③担任全俄消费合作社中央联社上海

---

① 日本《外事警察报》(第15号,1922年7月)"中国事情"写到"在上海亚米利加购买组合(The Local American Zakupsbit)"。

② FO405/233,第107号文件附件(1921年9月)。大概因Zakoubsbit(此英情报如此拼写)一度成为左翼俄侨聚会之地,Tarasof还被认为是上海左翼俄侨组织"民主俱乐部"的首领。

③ 1920年3月1日,廓索拉波夫以俄报界代表身份出席朝鲜国民会议在符拉迪沃斯托克举办的庆祝"三一"运动周年宴会。《俄人与韩之独立运动》,《救国日报》1920年4月14日。根据藏于嘉兴学院的日本档案,廓索拉波夫曾任达尔塔社符拉迪沃斯托克分社负责人。

办事处经理后,一度被认为是"上海布尔什维克运动的首脑",还曾负责接待越飞。① 转款的具体工作由办事处总会计师维里杰(С. Л. Вильде)担负,而此人曾任共产国际远东书记处管理局局长,在上海的主要秘密工作是共产国际驻上海的联络员。

不再担任全俄消费合作社中央联社上海办事处经理的塔拉索夫,仍留在中国为苏俄、共产国际工作。据一个知道内情的俄国人回忆,在大革命时期,一些苏联、共产国际人员到上海后被安排在塔拉索夫经营管理的房子吃住。② 而此时,维经斯基早已成为共产国际负责东方事务的要员,不会干管房子那样的后勤琐事。

总之,笔者读到的一些原始资料证明:在1920年代,特别是1920—1921年,上海确实有一位叫塔拉索夫的俄国人在为苏维埃政权工作;其角色如英国情报所恰如其分描述的,是"在上海负责为布尔什维克办理财务交易的主要代理人"。而发挥了更重要作用的来华布尔什维克维经斯基是塔拉索夫一度转交经费的对象。

希望中外历史学界今后不要再把这个塔拉索夫与维经斯基混同为一人。

此外,笔者还发现,*ВКП（б）, Коминтерн и национально-революционное движение в Китае, документы*, Т. I. 1920—1925档案集及中译本的注释和索引还有其他若干问题,盼再版和重译时能够更正、补充。

通过此事可以知道,虽然原始档案的解密、编辑和出版可使历史学界能更方便地利用来研究历史,但档案编辑者的某些疏忽会误导读者和研究者,造成以讹传讹。若避免在利用某档案集出现失误的情况,学者需要阅读和参考更多的相关档案来对比、校正。所以,其他国家相关档案的搜集、汇编也应当提到议事日程上来。

(作者单位  中共创建史研究中心)

---

① 《上海公共租界工部局警务日志》1923年1月19日;《上海法租界公董局处警务处警务报告》1923年1月18、22日。
② Eugene Pick, *China in the Grip of the Reds* (Shanghai: North China Daily News and Herald, Ltd., 1927), p.11.达林(С. А. Далин)说皮克(Pick)大尉是英国人搜罗的白俄密探。见达林:《中国回忆录,1921—1927》,中国社会科学出版社1981年版,第278页。乌索夫在《20世纪20年代苏联情报机关在中国》(赖铭传中译本,第158—161页)中详细介绍了化名皮克的热科夫尼科夫-霍万斯基曾加入红军和俄共,以苏联国家政治保卫局人员身份在华工作,后投靠英国间谍机关。

# 毛泽东确定7月1日为中国共产党建立纪念日的历史情境还原

吴海勇

"七一"纪念日,又名中国共产党诞生纪念日、①中国共产党成立纪念日。②追根溯源,起因是毛泽东1938年5月26日至6月3日在延安抗日战争研究会作《论持久战》的演讲时所说那句石破天惊、一锤定音的话:"今年七月一日,是中国共产党建立的十七周年纪念日,这个日子又正当抗战一周年。"③照此言语,7月1日当为中国共产党建立纪念日。在中共"七大"前,毛泽东还曾提道:"会是在七月间开的,我们现在定七月一日为党的周年纪念日。"④强调的也是"纪念日"。因此,有关"建党节"一类的说法不足为论。关于党的纪念日(包括"七一"纪念日)研究,除了基本的史实钩沉,专题论文之外至少已有两本专书著述。⑤不过,既有论述主要重在梳理七一纪念日的经过、历年纪念的史略,以及政治社会意义的阐发,⑥对"七一"源发性的历史情境关注反而不够。这正是本文的重点所在。

---

① 生活杂志社主编:《纪念日资料》,东北书店安东分店1949年5月版,第65页。
② 黄山编:《节日、纪念日参考资料》,春明出版社1953年6月版,第18页。
③ 毛泽东:《论持久战》,《解放》第43、44期合刊,1938年7月,第3页。
④ 毛泽东:《中国共产党第七次全国代表大会的工作方针》(1945年4月21日),见中共中央文献研究室编:《毛泽东在七大的报告和讲话集》(1945年4—6月),中央文献出版社1995年版,第5页。
⑤ 魏建克:《文本话语与历史记忆:1921—1951年中国共产党的"七一"纪念》,人民出版社2012年版。陈金龙:《中国共产党纪念活动史》,社会科学文献出版社2017年版。
⑥ 才华:《节庆日、纪念日中国共产党的重要宣传资源——以新民主主义革命时期为研究中心》,《河北大学学报(哲学社会科学版)》2013年第3期,第69—74页。

## 一、共产国际为中共成立 15 周年举办庆祝活动，从 6 月延至 8 月，虽有"七一"宴庆、"八七"设定，但实未确定纪念日，一时也没触动中国共产党明确开展相关纪念活动

共产国际"七大"对国际共产主义运动作出重大政策调整，提出建立广泛的反法西斯人民统一战线的任务，并促成中共驻共产国际代表团以中华苏维埃中央政府和中共中央的名义起草发布"八一宣言"，进而将中国共产党作为殖民地半殖民地国家建立反对帝国主义侵略的民族统一战线的先锋榜样。中国共产党的不懈奋斗与英勇牺牲确实震撼人心，作为除苏联之外唯一拥有自己的军队，又经历二万五千里长征磨砺考验的共产党，共产国际 1935 年底破天荒地决定翌年为它举办诞辰纪念活动。

中共驻共产国际代表团自然参与此事，3 月米夫和中共驻共产国际代表团建议，为纪念中共成立 15 周年，"6 月中，要在中国境内外开展一场广泛的政治运动"，在国外"各兄弟党都要在 6 月中旬举办声援中国人民日或周"；[1] 不久，又委托共产国际执委会宣传部"精心准备并广泛开展一次纪念中共成立 15 周年（1936 年 7 月）的群众运动"[2]。6 月 23 日，共产国际执委会书记处明确推迟到 8 月 7 日举行。[3] 相关纪念活动在此前后展开，1936 年 7 月 1 日，莫斯科为中共诞生 15 周年举行庆祝宴会，王明成为宴会主角。7 月 25 日，《共产国际》中文版第 4、5 期合刊发表王明署名文章《为独立、自由、幸福的中国而奋斗——为中共成立十五周年纪念和中共新政策实行一周年而作》，[4] 同刊还刊载共产国际书记季米特洛夫的《中国共产党成立十五周年纪念》、陈潭秋的《第一次代表大会的回忆》等重要文章。[5] 相关纪念书籍也于 7 月出版。8 月 7 日，显然没有成为中共诞生纪念日。共产国际执委会给中共中央的贺电是 8 月 23 日发出的。[6]

随长征来到陕北的中共中央，于 1936 年 6 月 26 日开始接续同共产国际的

---

[1] 《共产国际、联共（布）与中国革命档案资料丛书》第 15 卷，中共党史出版社 2007 年版，第 153—154 页。
[2] 同上，第 188 页。
[3] 同上，第 207—208 页。
[4] 郭德宏：《王明年谱》，社会科学文献出版社·近代史编辑室 2015 年版，第 321、324 页。
[5] 《共产国际、联共（布）与中国革命档案资料丛书》第 17 卷，中共党史出版社 2007 年版，第 265 页。
[6] 《共产国际、联共（布）与中国革命档案资料丛书》第 15 卷，中共党史出版社 2007 年版，第 245 页。

通讯联络，7月6日收到王明发去的"第一号电报"，自此双方通讯联络方告恢复。① 以莫斯科为主的中共成立15周年纪念活动当时已经展开，中国共产党在相对寂静中度过自己的15周岁生日。苏联那次意味特殊的纪念活动，包括共产国际的贺电，并没有触动中国共产党翌年举办相关纪念活动。1937年《解放》第一卷第八期发表张闻天以"洛甫"署名的文章《关于十年来的中国共产党》，文章时间系于1937年6月20日，很容易被人解读为迎接中国共产党成立16周年的纪念文章。其实不然，正如题目所示，该文侧重回顾的是中国共产党近十年的奋斗历程，以回应国民党右派的所谓"清党"十周年纪念，特别是批驳在抗日民族统一战线即将形成之际，当时社会上对中国共产党过去整个十年历史的种种否定和攻击，文中虽然也有"共产党在人民中的信仰建筑在它十六年一贯的为中华民族与中国人民的解放事业而艰苦奋斗的历史上"的词句，但不过是一笔带过，这其实是他对一个半月前在中国共产党苏区代表会议上的讲话纰漏（"我们为中华民族的解放事业已经奋斗了十五年"）的自我修正；②从文章结尾来看，"至于对于中国共产党的一切善意的批评，我们是十分欢迎的"云云，③显见这也不是纪念文章的笔调。

相较之下，周恩来1937年7月1日在中共中央召开的党的活动分子会上所作报告更显得具有纪念性质。该报告题为"十六周年的中国共产党"，周恩来在报告中宣称：站在新兴的中国无产阶级和广大农民基础上的中国共产党已锻炼成为共产国际最好的支部之一。报告虽未明确将7月1日作为中国共产党成立纪念日，但在这一天作关于中共党史的报告，确实颇有纪念意蕴。④ 不过，据此仍不足以视此为开展建党纪念活动。

## 二、面对斯诺夫妇的分别询问，毛泽东、董必武有关中共"一大"召开时间的回忆不尽相同，客观上有加以统一的必要

为了打破国民党当局的宣传封锁，扩大中国共产党在国内国际的影响，中共

---

① 梁化奎：《首次中国共产党诞辰纪念活动揭析》，《党的文献》2011年第4期，第42页。
② 张闻天：《中国共产党苏区代表会议的任务》（1937年5月2日），载《张闻天选集》，人民出版社1985年版，第149页。
③ 中央党史研究室张闻天选集传记组编：《张闻天文集》第2卷，中共党史出版社2012年版，第213—214页。
④ 中共中央文献研究编：《周恩来年谱（1898—1949）》，中央文献出版社1998年版，第377页。

中央通过向宋庆龄吁请,终于促成美国记者斯诺1936年6月访问陕甘宁边区。西方记者访问红星照耀下的中国的大门,就此开启。近10个月后,斯诺的夫人海伦·斯诺也来到陕北,采访中共高层领导人,记述延安印象。斯诺夫妇在采访时,先后涉及中共创建与中共"一大"的历史问题,而毛泽东、董必武这两位在陕北仅存的两位中共"一大"代表相关叙述并不一致。为弥合二人的记忆差别,对党的创建历史进行正本清源,势在必行。

斯诺夹叙夹议地记下毛泽东向他讲述的自己革命经历,其中涉及本文论题的主要有以下内容:

> 如果我们没有忘掉在一九三七年中国共产党还是一个十六岁的青少年,那么它的成就实在不能算小了。……

另一个晚上,毛泽东继续往下说:

> 一九二一年五月,我到上海去出席共产党成立大会。在这个大会的组织工作中,起领导作用的是陈独秀和李大钊,这两人都是当时中国知识界最出色的领导人。……①

这里讲的"共产党成立大会",就是中共"一大",不过,毛泽东记的是"五月"。回顾当年农历,似也有道理。那年7月5日是农历六月初一,从6、7月相交来看,确实不妨将进入7月称之为农历"五月"。但是因为等待各地大会代表的到齐,中共"一大"迟至7月23日始正式召开,那天是农历六月十九,说是"五月"就不妥当了。

1937年4月30日,斯诺的夫人海伦·斯诺抵达中国红军在陕北的前线,不久即展开与中共高层领导的访谈工作。大约是觉得斯诺同毛泽东的交谈已解决了这位传奇人物的生平经历问题,加之西安事变后中国形势为之一变,海伦·斯诺采访毛泽东主要谈的是抗日统一战线政策问题,而采访董必武则更多地带有人物探秘的意图。董必武同海伦·斯诺的会谈主要分四个部分:关于武昌起

---

① 毛泽东:《毛泽东1936年同斯诺的谈话 关于自己的革命经历和红军长征等问题》,努尔别克、阿斯力汉译,民族出版社1982年版,第40页。

义、孙中山的军事联盟、创立中国共产党、1925—1927年的武汉。第三部分自然就讲到了董必武参加的中共"一大":

> 中国共产党中心建立于一九二一年五月,那时陈独秀为此目的同李大钊到了上海。我没有出席这次会议,但是我参加了一九二一年七月在上海召开的第一次代表大会。……①

董必武也提到了"五月",从上下文来看,显然用的是公历。不过,董必武所说的1921年"五月",是指"中国共产党中心",应是中国共产党发起组,成立于1920年6月上海,董氏记忆有误。然而,他追述中共"一大"召开于"一九二一年七月",确实大体准确。

据斯诺的记述,毛泽东显然认同将中共"一大"作为中国共产党成立的标志,因此对1936年中国共产党年届十五有清晰的认识(斯诺整理与发表访谈,则分别调整为1937年、16岁)。经过二万五千里长征,同共产国际长时间失去联络,毛泽东即时知晓莫斯科举办中共15周年庆的可能性极小,而依然有此正确认识即以中共"一大"为党的正式成立标志,可见其对党的创建历史有着透彻的理解。他将大会召开时间记成"五月"可能是中共"一大"原定在6月中旬召开的缘故。无论何因,在中共"一大"召开的时间方面,毛泽东的"五月"说有向董必武的"七月"说靠拢的必要。

## 三、与创党人物特别是中共"一大"代表的思行交集,势必强化毛泽东在历史转捩期对创党记忆的闪回

自1936年底到1938年五六月间的一年半时间里,当年创党人物特别是中共"一大"代表与毛泽东的历史交集,于毛泽东深化对创党历史的认识当有积极的推动作用。

毛泽东当时接触的创党人物大体可分为两类。一类是中共发起组成员,主要有陈独秀、陈公培。1936年11月4日,毛泽东致信陈公培(这是毛泽东为促

---

① 董必武:《创立中国共产党》(1937年),见中国人民大学中共党史系资料室:《共产主义小组和党的"一大"资料汇编(校内用书)》,1979年版,第114页。

成抗日民族统一战线,在那时期所作的一批书信之一),书信起笔即称"又数年不见了",①系接续福建事变后陈公培为福建方面与红军方面谈判到中央苏区斡旋的往事,以利下文展开统战的说辞。至于陈公培是中共发起组成员,毛泽东是否掌握其中内情,不得而知。

陈独秀声名赫赫,说他是中共发起组成员反而有"降格"之嫌,事实上他是中国共产党的两大创始人之一,对于毛泽东1920年夏成为一个马克思主义者起了关键的助推作用。对于这位中共早期领导人,毛泽东是相当的熟悉。中共"三大"前后,毛泽东与陈独秀在上海、广州还有共事的机会,其中恩怨纠结。1929年11月,陈独秀因参与托派组织而被开除出党。近三年后,遭国民党当局逮捕,被判刑囚禁,直到抗战全面爆发,始于1937年8月出狱。在特殊的情境下,毛泽东9月10日同张闻天致电林伯渠,要林告知罗汉对待托派分子的原则,明确"在陈独秀等托派分子能够实现下列三条件时,我们亦愿与之联合抗日":其一是"公开放弃并坚决反对托派全部理论与行动,并公开声明同托派组织脱离关系,承认自己过去加入托派的错误";其二是"公开表示拥护抗日民族统一战线政策";其三是"在实际行动中表示这种拥护的诚意"。②显然,中共中央注意到陈独秀的出狱,很快确定在全民族抗日统一战线下争取陈独秀等中国托派分子的政策。然而,归国的王明等人对陈独秀恣意诬陷中伤③,陈独秀愤慨反击,最终没能回归党组织。

另一类是中共"一大"代表,他们不仅是党的创建群体,而且是宣告中国共产党正式成立的历史见证者,在那两年撞击毛泽东心灵的是何叔衡、李达、张国焘这三位。谢觉哉回忆:"在党的十六周年纪念会上,对牺牲同志志哀,主席数到叔衡同志名字,我震惊叔衡同志的死已经证实。"④此纪念会应是1937年5月2日在延安开幕的中国共产党苏区代表会议。张闻天致辞,特别强调十年苏维埃运动所取得的"伟大收获与成绩",并指出"这些收获与成绩,首先是我党同志的努力奋斗、自我牺牲的精神所造成的",接着,便念出一份长长的牺牲烈士名单,"何

---

① 毛泽东:《致陈公培》(1936年11月4日),见中央文献研究室编:《毛泽东书信选集》,中央文献出版社2003年版,第86页。
② 中共中央文献研究室编:《毛泽东年谱(1893—1949)》中卷,中央文献出版社2013年版,第22页。
③ 郭德宏:《王明年谱》,社会科学文献出版社2015年版,第354页。
④ 谢觉哉:《忆叔衡同志》,见中共湖南省委党史资料征集委员会编:《湖南党史人物传记资料选编》第1辑,1984年版,第118页。

叔衡"在列。① 何叔衡当年与毛泽东一起作为长沙共产党早期组织的代表,赴沪参加中共"一大",毛泽东彼时的哀感悲戚绝不会下于旁人。

第二位中共"一大"代表是李达,他继李汉俊后为中共发起组代理书记,与李汉俊同为上海早期共产党组织的"一大"代表。中共"一大"期间,李达寄住在老渔阳里2号,"一大"会场受法租界巡捕冲闯搜查的当夜,毛泽东等绝大多数大会代表就集中于李达住处商议下一步行动。1936年11月至1937年4月,毛泽东阅读苏联的西洛可夫、爱森堡等著《辩证法唯物论教程》(中译本第三版)有三四遍之多,写的批注约有一万二千字。② 该书就是李达与雷仲坚翻译的。李达1923年脱离党组织,专注辩证唯物主义的研究,在白色恐怖下也锲而不舍,这位湖南老乡的精神确实令人钦敬。

第三位中共"一大"代表张国焘,在1938年春却让毛泽东异常伤神。张国焘为中共"一大"的大会主持,在开幕大会上郑重宣告中国共产党正式成立,意气风发。然而,在长征途中,张国焘自恃红四方面军兵强马壮,有意谋求党内最高职位,以致分裂中央。南下军事行动遭受重大挫折后,张国焘被迫取消"第二中央",转而北上。在实现红军三大主力会合后,张国焘仅率少数警卫人员进入陕甘宁边区。西路军遭到彻底失败后,1937年3月23日毛泽东同张闻天要求组织讨论批判张国焘机会主义错误。③ 张国焘分裂行为遭到清算,同年4月张国焘认错④,张闻天在此前召开的政治局扩大会议上特别指出要处理张国焘错误应注意的问题,最后特别强调要慎用组织处理,指出:"国焘同志是老同志,创立党的同志,虽有错误,还有功绩。"⑤一年后的4月4日,张国焘借祭扫黄帝陵之机出逃,之西安、之武汉,⑥公然投靠国民党。周恩来在武汉与其多次协商未果。4月16日,毛泽东等发电报给中央长江局转张国焘,希望对方幡然悔悟,早日归来。经最后努力,张国焘宁选"自动声明脱离党,党宣布开除他的党籍"一途。4

---

① 张闻天:《中国共产党苏区代表会议的任务》,载《张闻天选集》,人民出版社1985年版,第145页。
② 中共中央文献研究室编:《毛泽东年谱(1893—1949)》上卷,中央文献出版社2013年版,第668页。
③ 同上,第725页。
④ 张国焘:《关于我的错误》,见盛仁学编:《张国焘年谱及言论》,解放军出版社1985年版,第454—455页。
⑤ 张闻天:《处理张国焘错误应注意的几个问题》(1937年3月31日),载《张闻天文集》第2集,中共党史出版社2012年版,第157页。
⑥ 《张国焘年谱》,见盛仁学编:《张国焘年谱及言论》,解放军出版社1985年版,第86页。

月18日,中共中央遂作出《关于开除张国焘党籍的决定》。①5月4日,毛泽东在中国人民抗日军事政治大学第四期第一大队成立大会就国共合作问题和开除张国焘党籍问题作讲话;7日,在对陕北公学即将毕业的第二期学员讲话中又讲到张国焘叛党及被开除党籍问题,②时距毛泽东在延安抗日战争研究会的演讲已经不到20天。

相关人物特别是中共"一大"代表与毛泽东的历史交集,远较那时期召开的中国共产党苏区代表会议(时名中国共产党全国代表会议)、国民党临时全国代表大会,以及毛泽东等电贺的美国共产党第十次全国代表大会,更能在毛泽东心底唤起对全国党代会的重视,尤其是对中国共产党第一次全国代表大会的深沉记忆。

## 四、在结成抗日民族统一战线的新形势下,"八一"纪念转型,"七一"纪念亮相,二者形成有意味的历史互动

中国共产党在新民主主义革命前期就十分重视发起组织各类纪念活动,大体可分为对国际共运重要人物、事件、节日的纪念,对近代中国重要人物、事件、节日的纪念,以及对中共自身重大节日、重要事件与革命先烈的纪念三大类。③其中,对"七一"建党纪念起到历史催化作用的,理应是"八一"建军纪念。

1927年"八一"南昌起义后,自1929年6月起"八一"时隐时现地具备双重意义:纪念反帝战争日,兼或纪念南昌起义。1932年8月1日,中央革命军事委员会在瑞金召开中国工农红军诞生5周年纪念大会,将"八一"与建军纪念钩联起来。翌年6月30日,中央军事委员会代主席项英发布《中央革命军事委员会命令——关于决定"八一"为中国工农红军成立纪念日》,明确8月1日为中国工农红军的成立日。不久,临时中央政府通过《关于"八一"纪念运动的决议》,④这就把建军纪念

---

① 《张国焘年谱》,见盛仁学编:《张国焘年谱及言论》,解放军出版社1985年版,第90页。
② 中共中央文献研究室编:《毛泽东年谱(1893—1949)》中卷,中央文献出版社2013年版,第71、74、75页。
③ 陈金龙:《略论民主革命时期中国共产党的纪念活动》,《中共党史研究》2007年第6期,第18—21页。
④ 张宏卿:《"八一"建军节形塑的历史考察(1927~1934)》,《党史研究与教学》2017年第6期,第40—46页。

由党的军队系统推广至苏区上下。1932年至1934年的"八一"纪念活动,与反"围剿"战争的宣传动员密切结合,在红军指战员和革命群众中深入人心。

更具历史意义的是"八一"在1936年后的内涵转变。在长征即将结束的1936年,《红色中华》有"八一"纪念大会筹备委员会成立的报道,以及"八一"纪念的相关宣传。① 三大红军主力在陕北会师后的第二年即1937年,恰逢"八一"10周年,毛泽东、朱德于5月10日发出关于征集红军历史材料的通知,决定大规模地编辑十年来全国的红军战史,以纪念中国工农红军诞生10周年。② 然而,真正到了8月1日的正日子,毛泽东在延安出席的却是陕甘宁边区第一届抗战动员体育运动大会。③ 个中缘由其实并不难理解,稍前"七七"事变爆发,中国共产党鉴于形势危急,及时发表《中共中央为公布国共合作宣言》(1937年7月15日),向全国郑重宣布取消暴动政策及苏维埃运动,取消红军名义及番号,④8月即推进陕北红军改编为国民革命军第八路军之事。为此,延安方面显然不宜再举行工农红军的建军纪念,尽管当年个别地区有例外之举。⑤ 进入1938年,"八一"纪念先出讨论大纲,凸显反帝与抗日的内涵,发掘倡导建立抗日民族统一战线的"八一宣言"历史,强调世界反法西斯战争的当前形势,指明坚持抗日战争、保卫世界和平的任务,⑥赋有鲜明的时代内容。

"八一"转型,"七一"亮相,这二者之间的历史关联值得探究。在军队实现巨大历史任务转变之际,中国共产党的领导作用必须加以凸显。正如毛泽东1938年10月12日至14日在中国共产党扩大的六中全会(《中国共产党在民族战争中的地位》)所指出的那样,"中国共产党在民族战争中处于何种地位的问题"至为关键,"这就是共产党员应该怎样认识自己、加强自己、团结自己,才能领导这次战争达到胜利而不致失败的问题"。建党纪念日的确立,实为党对自身进行正本清源认识的重要步骤,毋庸置疑,历史认知是"认识自己"的有机组成。因"八一"而"七一",这对建党纪念日的确定应具启发性。

---

① 《"八一"筹备委员会成立》,《"八一"纪念》,《红色中华》1936年第286期。
② 中共中央文献研究室编:《毛泽东年谱(1893—1949)》上卷,中央文献出版社2013年版,第734页。
③ 中共中央文献研究室编:《毛泽东年谱(1893—1949)》中卷,中央文献出版社2013年版,第8页。
④ 中共中央文献研究室、中央档案馆编:《建党以来重要文献选编》第14册,中央文献出版社2011年版,第370页。
⑤ 《"八一纪念"大会在蟠龙》,《新中华报》1937年8月6日,第2版。
⑥ 《八一纪念讨论大纲》,《新中华报》1938年7月25日,第4版。

## 五、此前相关文献皆不在历史现场,影响毛泽东决策"七一"纪念日理应是当时复杂的历史情境

在毛泽东提出"七一"纪念日之前,除了董必武对斯诺夫人的回忆,中共"一大"代表的相关忆述以及相关历史文献也大多将中共"一大"锁定于1921年7月,其间的历史关联值得查考。

最早记述中共"一大"的是陈公博的《十日旅行中的春申浦》,发表于《新青年》第九卷第三号。该刊出版时间误标为1921年7月1日,实际出版时间当在中共"一大"之后。"公博"自述7月14日"起程赴沪",以下之事自应发生在7月上海,只是为了安全起见,相关内容作了曲笔表述。①

大体产生于1921年下半年的俄文档案《中国共产党第一次代表大会》,写明:"代表大会定于六月二十日召开,可是来自北京、汉口、广州、长沙、济南和日本的代表,直到七月二十三日才到达上海,于是代表大会开幕了。"②开幕时间与事后考证的若合符契。

1921年10月13日,赤色职工国际驻赤塔代表的信件明确显示:"从7月23日到8月5日,在上海举行了中国共产党的代表大会,或者更确切地说是自称为中国共产主义者的代表大会。这次代表大会为中国共产党奠定了基础。"③该文献所记中共"一大"开幕日期事先得到佐证,而将大会结束时间延展至8月5日,则是此文献提供的仅有一份"孤证"。

陈公博1924年在哥伦比亚大学写的硕士学位论文《共产主义运动在中国》,第三章题为"中国共产党第一次代表大会",开篇第一句就是:"中国共产党第一次全国代表大会于1921年7月20日在上海召开。这是中国共产党的生日。"④当时是用英文撰写。

蔡和森1926年(一说1925年底⑤)在莫斯科代表中共驻共产国际代表团做

---

① 陈公博:《十日旅行中的春申浦》,见中共一大会址纪念馆编:《中共一大代表早期文稿选编(1917.11~1923.7)》,上海人民出版社2011年版,第1294—1305页。
② 中央档案馆编:《中共中央文件选集》第1册,中共中央党校出版社1989年版,第556页。
③ 《共产国际、联共(布)与中国革命档案资料丛书》第1卷,北京图书馆出版社1997年版,第219页。
④ 陈公博著,韦慕庭编:《共产主义运动在中国》,中国社会科学院近代史研究所翻译室译,中国社会科学出版社1982年版,第98页。
⑤ 百度百科"蔡和森",https://baike.baidu.com/item/蔡和森/115578? fr=aladdin,2018/5/25。

了题为"中国共产党史的发展——中国共产党的发展及其使命"的长篇报告,自然也涉及中国共产党的"产生"。不过,蔡和森似有将中共早期党组织的成立作为建党标志的倾向,"中国共产党,谁是他的同盟者呢""第一,无政府主义派""第二,李汉俊和戴季陶主义"云云,①似将党的成立系于1920年6月中共发起组成立后的一个阶段。然而,"党的初期工作,因(为)成立至二次大会时间的事多"一大段后,分述劳动组合书记部、机器工会、反基督教运动、《共产党》月刊等党的出版物、人民出版社、第一次劳动大会,②其中大多又是中共"一大"后的成绩。姑且不纠结于此,蔡和森的报告通篇不见其说清中共"一大"的具体时间,所言"在第一次大会(一九二一年)我们党没有决定什么政策",③仅有年不见月。与"党的第二次大会"相较,后者年月齐全("在一九二二年七月开的"),④大体可以判定蔡和森有关中共"一大"的论述受困于文献阙如。在大革命失败后的1927年9月,蔡和森又作有《党的机会主义史》一书,首节就是"党的产生时期"。不过,仍未明确党的"一大"时间。⑤

几与蔡和森第二种党史报告同时,周佛海匆匆抛出《逃出了赤都武汉》,有意撇清自己与中国共产党的关系。其间回顾中共创建的经过,多少带有交代既往的用意。此文提到中共"一大"召开的时间:"次年,民国十年暑假得到上海通知,定于七月开各地共产党代表大会,讨论党纲,并组织中央干部。我便以留日代表的资格,回国参预。"⑥

张国焘1929年在莫斯科讲党史,留下两份档案材料,侧重讲的就是中国共产党创建过程,其中也讲到那年7月开的中共"一大"。张国焘"第二次讲"开篇即说:"今天讲六个小组到第一次大会。""1921年七月间,计算六个小组共有57同志,有劳动刊物,共产党出版物,有各处的劳动运动。当时到上海开会的有11代表。"⑦

张国焘相关讲稿可能是以瞿秋白为首的中共党史教研室成立后为莫斯科中

---

① 中央档案馆编:《中共党史报告选编》,中共中央党校出版社1982年版,第26—27页。
② 同上,第20、22—23页。
③ 同上,第35页。
④ 同上,第35页。
⑤ 同上,第77页。
⑥ 周佛海:《逃出了赤都武汉——共产党及本党叛徒破坏国民革命之实地写真》,《黄埔周刊》第8期,第51页。
⑦ [俄]K. B. 舍维廖夫提供:《张国焘关于中共成立前后情况的讲稿》,《百年潮》2002年第2期,第55页。

山大学撰写的。极可能是此类讲述引起当时也在莫斯科的中共"一大"代表何叔衡的注意,因事久人老记忆不清,他在1929年底写信给董必武,询问中共"一大"的有关经过。董必武复信,在提到大会召开时间时也不甚自信:"大会在一九二一年七月(?)在上海开会。"这问号是原件就有的。但据董必武在该信中回忆,大会结束后"向国际作了一个中国情形的报告。报告是李汉俊和董必武起的草,经大会通过"。① 所说报告,很可能是俄档《中国共产党第一次代表大会》的中文原本。

作为中共党史教研室的负责人,瞿秋白也是身体力行,他于1929年底至1930年6月写作《中国共产党历史概论》。"概论"专门讲到"中国共产党的形成",大纲将时间区间定为"一九二〇到一九二二年底",而宣讲稿时间区间为"一九二〇五月到一九二二年六月"。② 其中提到"第一次大会"的时间为"一九二一年六(三)?(七)月",③以后又说"一九二一年三月(据秋白的报告)的第一次大会是肃清无政府党的大会",④看来瞿秋白颇倾向于1921年3月说。

李立三1930年2月1日又作有《党史报告》。该报告有同年1月28日油印的《中国党史纲要大纲》为依据,李立三在报告中明确提到"党的组织发生于一九二一年,即民国十年",⑤仍不明确月份。但从后文来看,他显然是将中共发起组的成立误系于1921年五六月("这个发起会就在一九二一年五、六月"),以下紧接一句:"不久就开第一次大会,召集各文化团体中倾向社会主义的分子周佛海、陈公博、施存统、李大钊、张国焘、毛泽东都参加,这一次大会有什么决议和宣言,现在已找不到。"⑥且不论李立三将李大钊误作为中共"一大"代表,文句暗含中共"一大"7月说,但毕竟没有明说。

1934年1月马克思共产主义学校出版张闻天的《中国革命基本问题》,该书对中国共产党的产生写得更为含混,可以忽略不论。以上文献,赤色职工国际驻赤塔代表虽未参加中共"一大",却当与尼克尔斯基有着密切关系,所得开会时间信息非同寻常。蔡和森、瞿秋白、李立三均非中共"一大"代表,蔡和森所说中共"一大"有年无月,瞿秋白、李立三所述皆未确定于7月。

---

① 《关于一大的回忆——董必武给何叔衡的信》(1929年12月31日),见中共中央党史资料征集委员会、中共中央党史研究室编:《中共党史资料》第3辑,中共中央党校出版社1982年版,第1、2页。
② 中央档案馆编:《中共党史报告选编》,中共中央党校出版社1982年版,第151、160页。
③ 同上,第161页。
④ 同上,第161页。
⑤ 同上,第205、452页。
⑥ 同上,第212页。

然后，就是共产国际为中共成立15周年举办庆祝活动，参与其中的陈潭秋撰写发表了《第一次代表大会的回忆》。1936年8月出版的《共产国际》(中文版)第4、5合刊刊载的此文，第一句就是："一九二一年的夏天，在上海法租界蒲柏路，私立博文女学校的楼上，在七月下半月，忽然新来了九个临时寓客。"随后稍作交代即揭开谜底："这些人原来就是各地共产主义小组的代表，为了正式组织共产党，约定到上海来开会的。"①时间仍是7月。

然而，资料可查的俄档、张国焘在莫斯科的宣讲，以及1936年就在莫斯科参与筹办中共15周年之庆的陈潭秋撰写的文章，都没有影响共产国际将此项庆祝活动锁定于7月，而是因故推延到8月。陈公博隐约其词的亲历记述，其在美国所作、没有公开发表的硕士学位论文，还有董必武与何叔衡的私人通信，以及大革命失败白色恐怖下产生的周佛海回忆，在1936年更不可能发挥其历史作用。以此为参照，上述历史文献没能影响到毛泽东也就不足为奇，原因很简单，因为当时延安更是找不到也就看不到这些材料。

那么，又是什么促使毛泽东将"五月"记忆时间拨正为"七月"？董必武是当时延安除毛泽东之外唯一的中共"一大"代表，毛向董商讨有关问题的可能性是有的。有文章称1938年春毛泽东曾为建党纪念日活动面询董必武中共"一大"的时间，②依据不足，想象的可能性更大些。因为——在七七事变后国共第二次合作很快达成，1937年9月董必武即以中共中央代表身份由延安赴武汉，长期在八路军驻武汉办事处工作；1938年春，董必武人在湖北，③与毛泽东没有会面的机会，如有电报就此沟通，应当有案可查。1937年11月29日由苏归国、来到延安的王明，是否将去年"七一"宴庆向中央高层宣扬，亦无证据。

历史情境如此复杂，令后人尤为感佩的是毛泽东仅用有限的历史信息，能果断地扭转记忆偏差，创造性地解决疑难问题，将建党的纪念日定于7月的首日。一年之中、新月之首，既照应中共"一大"开幕的当月，又便于记忆普及，立意高远，其中内含的高明的决策智慧，值得反复体会。

(作者单位　中共上海市委党史研究室)

---

① 中共"一大"会址纪念馆、上海革命历史博物馆筹备处编：《上海革命史资料与研究》第11辑，上海古籍出版社2011年版，第651页。
② 刘明钢：《董必武与中共"一大"》，《党史文苑》2010年第7期，第6页。
③ 《董必武年谱》编纂组：《董必武年谱》，中央文献出版社1991年版，第119—135页。

# 中国共产党成立时的陈独秀

郭绪印

## 一、最早为党的成立做准备者

中国是个传统专制势力十分严重的国度,辛亥革命仅推翻了帝制,却没有扫除传统思想特别是伦理道德,传统思想成为传播新思想的严重障碍。陈独秀从1915年创办《新青年》起,就开始倡导新文化运动,高举起"民主"和"科学"两面大旗,在宣传新思想的同时,猛烈抨击传统思想,特别是儒家的伦理道德。1918年12月,陈独秀和李大钊等创办了《每周评论》,该刊在"五四"爱国运动中起了指导作用。他和李大钊以《新青年》《每周评论》和北京大学为阵地,提倡新思想、新文化、新道德,介绍西方先进的文化思想,对中国人民的思想解放起了作用。他被称为当时思想界的明星、新文化运动的主将。毛泽东曾经说:陈独秀"是五四运动时期的总司令,整个运动实际上是他领导的……五四运动,替中国共产党准备了干部。那个时候有《新青年》杂志,是陈独秀主编的,被这个杂志和五四运动惊醒起来的人,后头有一部分进了共产党。这些人受陈独秀和他周围一群人的影响很大。可以说是由他们集合,这才成立了党"①。还在五四运动前夕,陈独秀即在《每周评论》上指出"巴黎和会"的"分赃会议"性质。五四运动爆发后,陈独秀和李大钊以《每周评论》这一宣传阵地,支持学生的斗争,开辟"山东问题"专栏,指导运动的发展。他在《每周评论》上发表了7篇文章和33篇《随感录》,都对运动起了指导作用。

---

① 《七大工作方针》(1945年4月21日),《人民日报》1981年7月17日。

1919年6月11日晚,陈独秀因散发《北京市民宣言》被捕坐牢三个多月,出狱后,思想觉悟进一步提高,他在《国民》杂志成立周年大会上的讲话中指出:国民不仅在五四运动中具有普遍的"爱国心之觉悟",还应提高到认识政治不良之觉悟以及认识社会组织不良之觉悟。这反映出陈独秀已经开始了必须变革政治与社会组织的宣传。在批评旧文化、旧道德,宣传新文化、新道德的前提下,开始宣传马克思主义为共产党的成立奠定政治思想基础。

1919年,"六三"后,上海工人阶级表现出新的觉悟和巨大的战斗力。于是陈独秀就在上海开始将刚学到的马克思主义向工人队伍启蒙,力图把上海作为全国建党的中心。

陈独秀开始到工人群众中宣传马克思主义,是他从事建党活动最关键的步骤。陈独秀以后回忆组织中国共产党的背景时说:"前半期即'五四'以前的运动,专在知识分子方面,后半期,乃转向工农劳动人民方面。盖以大战后,世界革命大势及国内状况所明示,使予不得不有此转变也。"又说:"工农劳苦人民一般的斗争与中国民族解放的斗争,势已合流并进,而不可分离。此即予于'五四'运动以后开始组织中国共产党之原因也。"[①]这里说明了他从本来联系知识分子到五四后转向了联系工农劳动人民,并反映出他认识到反帝和反封建的斗争是不可分的。

当时,首要的是承担将马克思主义和工人运动相结合的任务。马克思主义是党的思想基础,工人阶级是党的阶级基础,两者结合才能发挥出改造社会的物质力量。但是,工人阶级不会自发地产生马克思主义,必须靠革命知识分子将马克思主义向工人中灌输、传播。陈独秀一面办起《劳动界》《伙友》等工人刊物,向工人宣传马克思主义,一面直接到工人中宣传马克思主义,在启发工人觉悟的基础上着手组织工会。1920年4月,陈独秀住进法租界环龙路老渔阳里2号(今南昌路100弄2号),这里也是《新青年》编辑部所在地,也是中国共产党发起组的诞生地,和中共"一大"之后第一届中央机关办公地点。

陈独秀主办的《新青年》在俄国十月革命后,就刊载了李大钊宣传马克思主义的文章。"五四"前夕,陈独秀在《二十世纪俄罗斯的革命》一文中,即指出了十月革命是"人类社会变动和进化的大关键"[②]。1919年末至1920年初,陈独秀从

---

① 任建树等编:《陈独秀著作选》第3卷,上海人民出版社1993年版,第315、316页。
② 任建树等编:《陈独秀著作选》第1卷,上海人民出版社1984年版,第525页。

爱国的民主主义者转变成为马克思主义者。转变的主要标志是他这时发表的一系列文章中,对阶级斗争,特别是对无产阶级专政有了基本的认识。

五四运动为中国共产党的诞生准备了思想条件和干部条件。五四运动中除了马克思主义思想得以传播、工人阶级走上政治舞台外,所涌现出来的一大批先进的知识分子,为党的成立准备了干部条件,陈独秀在为党的成立准备干部条件方面作用突出。1920年2月,李大钊护送陈独秀由北京到天津时,"途中则计划组织中国共产党事"①。这也正是"南陈北李相约建党"。在共产国际的代表来华之前,陈独秀和李大钊已经酝酿建党问题了。

## 二、向工人宣传马克思主义的最突出者之一

陈独秀到上海后,一方面联络"五四"期间有影响的、宣传社会主义思想的或有志于为共产主义事业献身者;另一方面向工人中宣传马克思主义。陈独秀从1919年底到1920年初开始,宣传主要对象已经由青年知识分子转向了工人群众。他于1920年1月即在《告新文化运动诸同志》一文中,劝告上海的朋友创办工人刊物,指出:"上海工商业都很发达,象《店员周刊》、《劳动周刊》,倒有办的必要。"②

他指出新文化运动将影响到产业上,"应该令劳动者觉悟到他们自己的地位,令资本家把劳动者当作同类的'人'看待,不要当作机器、牛、马、奴隶看待。新文化运动影响到政治上是要创造新的政治理想"③。

陈独秀在上海码头工人发起的"船务栈房工界联合会"成立大会上,发表了"劳动者底觉悟"演说,高度评价工人阶级在社会中的重要地位,称赞"社会上各项人只有做工的是台柱子,……只有做工的人最有用,最贵重"。④ 他指出,劳动运动的第一步要求改善待遇,第二步要求管理权。他主张将自古以来的"劳心者治人,劳力者治于人"的一贯说法倒转过来。⑤ 他除了亲自到工人中调查研究之外,还约请北京大学的进步学生和各地的革命青年到工人中进行调查,了解工人

---

① 高一涵:《李守常先生事略》,《民国日报》1927年5月24日。
② 《陈独秀文集》第1卷,人民出版社2013年版,第558页。
③ 《新青年》第7卷第5号。
④ 任建树等编:《陈独秀著作选》第2卷,上海人民出版社1993年版,第135页。
⑤ 同上,第136页。

的生活、工作状况，这正是培养干部。1920年5月1日，陈独秀发表《上海厚生纱厂湖南女工问题》，揭露了资本家对女工的残酷剥削，他初步认识到马克思的剩余价值论。

陈独秀为了给工人办刊物，首先需要了解工人，陈独秀对中华工业协会、中华总工会等团体的工人群众进行了社会调查。1920年3月，他决定将5月1日出版的《新青年》第七卷第六号编辑成劳动节纪念号。

劳动节纪念号是共产主义知识分子与工人运动初步相结合的刊物，共约400页，有孙中山、蔡元培等16人的题字，其中9人是普通工人，如怡和纱厂绒毯间工人武毓源题"不劳动者人类之公敌也"，植树工人刘朗山题"黜逐强权劳动自治"，张玉堂题"惟亲身劳动者有平等互助精神"，先施大菜间王澄波题"不劳动者口中之道德神圣皆伪也"，怡和纱厂工人周传勋题"不自食其力者社会之绝物也"，刘光典题"不劳动者之衣食住等均属盗窃赃物"等。①

劳动节纪念号刊登了李大钊的文章，大力宣传了世界工人运动史和国内工人阶级的状况。也刊登了陈独秀的文章，揭露国内资本家剥削工人的状况，启发工人阶级的觉悟。《新青年》的劳动节纪念号，发表了28篇文章，反映了各地工人的状况，并介绍了各国劳动组织和工人运动的状况。这个纪念号，体现了马克思主义和工人运动相结合的精神。

陈独秀还参加了庆祝"五一"节的筹备工作，被推举为筹备会顾问。庆祝"五一"节大会，有五千工人前来参加，提出了要求实行"三八制度"等宣言。

《劳动界》周刊和《伙友》，每期文章通俗易懂、深入浅出，宣传劳动创造世界，劳动者谋求解放要靠马克思主义的基本原理。《伙友》由陈独秀、俞秀松、李汉俊与工商友谊会联合创办。②

陈独秀向工人群众宣传的内容有以下要点：宣传工人的重要社会地位；宣传剩余价值学说，揭露资本家剥削工人的实质；宣传工人阶级的历史使命；批判资产阶级言论；揭露假工会，号召工人组织自己的工会。

1920年10月3日，上海机器工会在新渔阳里6号举行发起会。李中在会上提出："工会不要变为资本家利用的工会"，"不要变为政客流氓把弄的工会"，"不要变为只挂招牌的工会"。发起会的宗旨是"谋会员之利益，除会员之痛苦"，

---

① 沈建中：《陈独秀在上海》，中共党史出版社2018年版，第28页。
② 《新青年》第7卷，通讯。

组织真正的工会。陈独秀、杨明斋、李汉俊等人到会,被接纳为名誉会员。陈独秀被推举为工会经募处主任,在会上发表了演说。① 会议讨论了由陈独秀和李中起草的机器工会章程。11月21日,上海机器工会召开成立大会,陈独秀在会上演讲。

## 三、领导建立了中国共产党早期组织

1920年5月,陈独秀在上海成立了马克思主义研究会,学习和研究马克思主义理论,积极准备建立共产党。他联络了周围的共产主义知识分子,形成了群体。

1920年夏,陈独秀、李汉俊、俞秀松、施存统、陈公培五人在环龙路老渔阳里2号(陈独秀寓所)会议,确定成立中国共产党发起组②,以马克思主义为指导,起草了具有党纲、党章性质的若干条文,确定中国共产党通过下列办法,达到社会革命的目的:劳工专政(或劳农专政);生产合作。此外还有党的严密组织等。会议选举陈独秀为书记。这是最早诞生的中国共产党组织,当时命名为"社会共产党"。陈独秀于8月中写信给李大钊征求党的名称意见,李大钊的意见是"共产党",陈独秀完全同意。李大钊的意见其实也是共产国际的精神。③

1920年4月,经共产国际批准,俄共派出全权代表维经斯基一行来华,先到北京见李大钊,经李介绍到上海见陈独秀,要陈独秀建立共产党,后又由陈独秀介绍会见了当时宣传社会主义的《星期评论》编辑戴季陶、李汉俊、沈玄庐,以及《时事新报》的负责人张东荪,举行了多次会谈。参加会谈的还有李达、陈望道、俞秀松等。会谈的目的是商讨发起建立共产党问题。当时中国共产党的早期组织已经建立,但尚未取得维经斯基的认可,他还在努力把各个革命团体联合起来。他到中国来是要和当时中国革命的"所有领袖"都建立联系,不限于陈独秀和李大钊,从而将"各革命团体联合起来组成一个中心组织"。任何宣传过社会主义,从事过工人运动、学生运动的社团,不管它信仰何种社会主义,甚至无政府主义,他都计划先将这些团体统一起来,再建党。他在中国组织共产党的主要依

---

① 《申报》1920年10月22日。
② 《俞秀松日记》1920年7月10日。
③ 沈建中:《陈独秀在上海》,中共党史出版社2018年版,第33页。

靠对象是工人组织,并非陈独秀、李大钊等知识分子。他在上海和学生界、工界团体联系,举行多次座谈会,把无政府主义者作为建党的重要力量,他倡议1920年7月举行社会主义者和无政府主义者联合代表会议。俄共坚信,由俄共的中国支部领导,依靠工人组织和学生组织,在各地代表大会的基础上,将能够立即建立共产党。① 对于俄共主张的同无政府主义者合作,陈独秀是坚决不同意的。为了建立一个马克思列宁主义的中国共产党,陈独秀坚持走自己的路,宁缺毋滥,即使人少一些,也照样成立中国共产党。他强调:"要独立自主地干,不能受制于人"②,"要靠中国人自己组织党,中国革命靠中国人自己干,要一面工作,一面革命"③。

维连斯基·西比利亚科夫于9月1日向共产国际的报告中说:"在北京、上海、天津、广州、汉口、南京等地为共产主义组织打下了基础。最近要为最终成立中国共产党举行代表大会。"④同一天,陈独秀发表《谈政治》⑤,狠批了无政府主义,指出国家的实质和无产阶级专政的必然性。陈独秀的批判宣布了同无政府主义的彻底决裂,使维经斯基不得不转变立场,他承认陈独秀等人已经成立起来的中国共产党早期组织,积极帮助中国共产党的正式成立。独立自主地建党,但并不拒绝共产国际在思想理论和物质等方面的大力帮助。陈独秀坚持独立自主地建党,而且身体力行地实干,使建党过程少走了不少弯路。

## 四、推动各地建党

陈独秀领导下建立的中国共产党发起组(称为"中共上海早期组织"),是各地建立共产党的中枢,它成立后即向全国及海外留学生发动、联络建党工作。1920年春,陈独秀亲赴广州重建了党的组织,使广东党组织摆脱了无政府主义的影响。陈独秀于1920年6月,约请李大钊在北京成立党组织。在陈独秀的联系和发动下,长沙、武汉、济南、北京、广州等地在1920年下半年到1921年初先

---

① 沈建中:《陈独秀在上海》,中共党史出版社2018年版,第34页。
② 《"一大"前后》(二),人民出版社1980年版,第384、389页。
③ 《包惠僧回忆》,载《一大前后》(二),人民出版社1980年版,第389页。
④ 《共产国际、联共(布)与中国革命档案资料丛书》第1卷,北京图书馆出版社1997年版,第40页。
⑤ 《新青年》第8卷第1号。

后建立了共产党的早期组织。①

为了建设党的后备力量,陈独秀等人又发起建立了社会主义青年团组织,由俞秀松任书记。为了输送干部到苏俄留学,在维经斯基支持下,陈独秀等创办了外国语学社,由杨明斋任校长。

中共早期组织在上海成立后,陈独秀提出"上海小组将负责苏、皖、浙等省的组织和发展",希望李大钊"从速在北方发起,先组织北京小组,再向山东、山西、河南等省和天津、唐山等城市发展"。李大钊对于这些意见"略经考虑,即无保留的表示赞成","认为上海所拟议的要点都是切实可行的,在北京可以依照着发动起来"。②陈独秀曾派刘伯垂到武汉建党;曾写信给毛泽东,把上海建党情况、中国共产党宣言的起草情况及时通报给他,委托他在长沙建党,还寄去《共产党》月刊和青年团章程;③还写信约王乐平在济南建党,王乐平向陈独秀推荐了王尽美、邓恩铭二人。④在旅日学生中建党的施存统,是中国共产党早期组织中的五人之一。据包惠僧回忆:"中国共产党是1920年夏秋之交在上海成立的。紧接着……在北京、武汉、长沙、济南连上海共成立了6个支部。上海没有支部之称,各地党支部的成立都是由上海党发动组织起来的,各党员的工作的分配,党纲的拟定,工作方针的决定都由上海党负责,事实上它就形成了中央的作用。"⑤

中国共产党早期组织建立后,将《新青年》作为上海早期组织的机关刊物。因为公开的出版物在帝国主义和军阀的白色恐怖下,难以旗帜鲜明地表白共产党的观点,另外还必须出版党的内部刊物。

在陈独秀主持下,1921年11月,《共产党》月刊出版,作为党的机关刊物,宣传马克思列宁主义建党学说,进行党的基本理论教育,统一了各地党组织的政治思想认识,为创建全国统一的中国共产党奠定了政治思想基础。

1920年11月,陈独秀主持制定了《中国共产党宣言》,供各地共产党早期组织内部学习统一思想。宣言中明确提出要依靠工农群众进行无产阶级革命,要建立无产阶级专政。《宣言》说:"共产主义者的目的是要按照共产主义者的理

---

① 中共中央党史研究室根据史学界新的研究进展,将长期来"共产主义小组"名称改称为"党的早期组织",见该室所编《中国共产党历史》2002年版。
② 张国焘:《我的回忆》第1册,东方出版社1998年版,第98、104页。
③ 中共中央党史资料征集委员会编:《共产主义小组》(下),中共党史资料出版社1987年版,第472页。
④ 同上,第608页。
⑤ 同上,第740页。

想,创造一个新的社会……要铲除资本制度,只有用强力打倒资本家的国家。劳动群众——无产阶级——的势力正在那里发展和团聚起来,这个势力是会使资本主义寿终正寝的。这种势力是在那里继续增长,这正是资本家的国家内部阶级冲突的结果。这个势力表现出来的方式,就是阶级争斗。""要组织一个革命的无产阶级的政党——共产党。共产党将要引导革命的无产阶级去向资本家争斗,并要从资本家手里获得政权——这政权是维持资本家的国家的;并要将这政权放在工人和农民的手里,正如1917年俄国共产党所做的一样。""无产阶级专政的任务是一面继续用强力与资本主义的剩余势力作战,一面要用革命的办法造出许多共产主义的建设法。"宣言表明了中国共产主义者决心走俄国十月革命的道路,为共产主义事业奋斗到底。

中国共产党在上海的早期组织成立时通过的党纲性质的条文,对各地都有启发,通过李汉俊、陈独秀等人的关系,各地很快发起成立共产党的早期组织。

研究党史的革命前辈认为:在建党的作用方面,"陈独秀应居首位"[1]。这在目前已成为多数学者的共识。

## 五、批判反对建立共产党的思想

中国要建立共产党,走社会主义道路,一开始就受到两方面的阻挠和反对:一是代表资产阶级的右的思想,主张把中国引向资本主义道路;另一是来自极"左"的代表小资产阶级思想的无政府主义。以陈独秀为首,在上海的中共早期组织与这两种反马克思主义的思想,展开了激烈的论战。

首先是与右的错误思想的论战。1920年罗素应邀来中国,先后到北京、江苏、湖南等地讲演。张东荪等人借罗素的声望宣传开发实业,走资本主义道路;陈独秀、陈望道等人,发表文章大力反驳。双方文章十多篇,加上"关于社会主义的讨论"的总标题,发表出来,供大家明辨是非。争论开始后,张东荪于12月15日,在《改造》第三卷第四号上发表《现在与将来》一文;次年2月15日,梁启超在《改造》第六号上发表《复张东荪书论社会主义运动》。这两篇文章是当时反社会主义的代表作,其基本观点是主张发展资本主义,支持劳资协作论,反对社会主

---

[1] 萧克:《〈陈独秀诗集〉序》,时代文艺出版社1995年版。

义,否认中国共产党成立的必要性。他们认为增加富力、开发实业是救中国的唯一道路。他们认为世界上没有不经过资本主义,"而能达到社会主义","中国若想社会主义实现,不得不提倡资本主义"。"中国现在没有谈社会主义的资格",中国"缺少真正的劳动者",因而绝不会发生劳农革命。梁启超也认为"今日为改造中国社会计",不是防止资本主义发生,而是"借资本阶级为实行社会主义之预备"。① 这些观点与我们当前所说的"借资本主义的办法发展社会主义"根本不同,其实质是不要社会主义。

针对上述谬论,中共上海早期组织与张东荪、梁启超展开激烈辩论。文章大都发表在《新青年》和《共产党》杂志上。其中影响较大的有《新青年》第八卷第四号上的《独秀复东荪先生的信》、第九卷第三号上陈独秀的《社会主义批评》等。陈独秀的主要观点如下:

(1)资本主义制度不能解决中国人民的贫困,资本主义只能使"少数人免了贫乏,多数人仍然是一般的贫乏",所以必须采取社会主义制度。

(2)劳动者联合起来进行革命,就是为保全中国独立之目的。

(3)坚持社会主义方向。

陈独秀指出,我们现在所讲的社会主义,是科学社会主义在生产方面废除生产资料私有制;在分配方面废除剩余价值,消灭剥削。

其次是与"左"的错误思想的论战。陈独秀为首的中共上海早期组织还发动了对无政府主义者的批判。

无政府主义是一种小资产阶级的社会思潮,它有许多流派,虽然主张反对剥削,废除私有制,但主张无政府、无国家、个人绝对自由;早在20世纪初即传入中国。中国的小资产阶级如汪洋大海,很容易接受无政府主义思想。辛亥革命前后,无政府主义者成立了许多小团体,出版了许多刊物,其中影响较大的有《民声》《自由录》。《自由录》的主要撰稿人是黄凌霜、区声白等,都是北大学生。无政府主义团体内部没有严格的组织纪律,都是自由结合的,忽生忽灭。到"五四"前夕,有民声社、实社、群社和平社合并成为进化社,出版《进化月刊》,大力散布无政府主义思想,成为反对共产党成立的破坏性很大的思潮。

无政府主义竭力攻击马克思主义。黄凌霜在1919年5月出版的《新青年》

---

① 《复张东荪书论社会主义运动》《现在与将来》《关于社会主义的讨论》,《新青年》第8卷第4号,第9、16、11页。

第五卷第五号上发表《马克思学说批评》,胡说苏俄的无产阶级专政"无非建立私权,保护少数特殊幸福的机关",攻击社会主义的按劳分配原则是"强有力的,将享最高幸福;能力微弱的,将至不能生活",而他们无政府主义主张"去除一切强权,而以各个人能享平等幸福为主",否定无产阶级专政的必要性。

陈独秀在《谈政治》一文中,指出了历史上国家的阶级实质:历史上一切剥削阶级的国家,都是压迫人民的工具;被剥削阶级必须利用自己的国家机器,对付剥削阶级。他指出:"我以为强权所以可恶,是因为有人拿他来拥护强者、无道者,压迫弱者与正义。若是倒转过来,拿他来救护弱者与正义,排除强者与无道,就不见得可恶了。"陈独秀在《谈政治》一文中,还批判了修正主义,指出:他们不主张对资产阶级的国家机关进行革命,"他们仍主张议会主义,取竞争选举的手段,加入(就是投降)资产阶级据以作恶的政府、国会,想利用资产阶级据以作恶的政治、法律,来实行社会主义政策;结果不但主义不能施行,而且和资产阶级同化了"。

1920年11月,陈独秀被聘请为广东省教育委员会委员长(相当于省教育厅长),到达广州。陈独秀曾立志大力进行教育革命,他认为改造教育和改造社会是相联系的。但实际是陈独秀到达广州后,一边大力进行教育改革,一边和广州的无政府主义者展开了斗争。他于1921年1月19日,在广州公立法政学校演讲《社会主义批评》,纵论各派社会主义学说。他认为"只有俄国底共产党在名义上,在实质上,都真是马格斯主义"。他指出:无政府主义者所宣扬的个人或小团体的"绝对自由",对社会的政治经济是行不通的,"完全不适用"的。"无政府主义要保护个人的绝对自由,不许少数压多数,也不许多数压少数,九十九人赞成,一人反对也不能执行,试问数千数万人的工厂,事事怎么可以人人同意,岂不糟极了么?……无政府主义者用这种没有强制力的自由联合来应付最复杂的近代经济问题,试问怎能使中国底农业工业成为社会化?"[①]

广州是无政府主义思潮的集中地区,无政府主义的代表人物区声白和陈独秀展开了激烈的辩论。二者争论的焦点是区声白宣扬"绝对自由",陈独秀坚决主张"民主集中制"。区声白主张:"每逢办一件事,都要得人人同意。如果一个团体内,有两派意见,赞成的就可执行,反对的就可退出。赞成的既不能强迫反

---

① 《新青年》第9卷第3号,1921年7月1日。

对的一定做出,反对的也不能阻碍赞成的执行,这岂不是自由吗?"陈独秀反驳说:假定"两派的意见绝对不同而两派都不肯退出",该怎么办?"我们的社会乃由许多生产团体结合而成","社会内意见不同的分子或一团体,有何方法可以自由退出"?① 陈独秀指出:一团体的意见无法一致,而又不能分裂时,"不得已只有少数服从多数的办法"。

这次论战是非常重要的,也是不可避免的。和张东荪等人论战的关键问题是要回答"中国是否需要创立共产党",同无政府主义者论战的关键是"建立什么性质的共产党",是按照民主集中制原则建立共产党,还是建立一个绝对自由的无政府党呢?论战使更多的先进分子认识到,共产党的性质是无产阶级的先锋队,它的目标是夺取政权,建立无产阶级专政,然后建设社会主义,逐步消灭私有制,消灭阶级,最终实现共产主义社会。这为共产党的建立奠定了思想认识基础。

1920年9月间,米诺尔和别斯林这两位俄国人来到广州,一到就被无政府主义者包围了。他们帮助组织起无政府主义的"共产党",在广州建立了俄国通讯社,并为无政府主义者提供经费。1920年10月,创办《劳动者》周刊,宣传无政府主义观点。陈独秀来到广州后,情况马上发生变化。陈独秀要建立真正的共产党,与广州的无政府主义者不得不展开激烈论争。广东一批青年人联合北京的无政府主义者,猛烈攻击陈独秀。陈独秀要求这些年轻人必须放弃无政府主义观点,否则就不能参加共产党,结果他们只能和陈独秀分道扬镳;两位俄国人停止了和无政府主义者的联系和经费供给。1921年春,在陈独秀直接领导下,广东抛弃了无政府主义的共产党,重新成立了马克思主义的中共党组织,这个组织旗帜鲜明地奉行无产阶级专政学说。

## 六、未参加中共"一大"但被推举为书记

1921年7月中共在上海召开"一大",陈独秀因在广东,未能来沪主持,但早在2月间他即把起草的党章草案寄到上海,这个草案"主张党的组织采中央集权制"。李汉俊反对中央集权制,主张地方分权,中央是个有职无权的机关。"陈独

---

① 《广东群报》1921年7月27号。转引自任建树:《陈独秀大传》,上海人民出版社2012年版,第185页。

秀看到李汉俊这个草案大发雷霆"。①他接到李达的信后又提出四点意见,由陈公博带到上海。意见是:"一曰培植党员,二曰民权主义指导,三曰纪纲,四曰慎重进行征服群众政权问题。"②意思是发展教育党员,实行民主集中制的组织原则,重视组织纪律,争取群众夺取政权。可见陈独秀是重视夺取政权的。

中国共产党的"一大"是1921年7月23日至8月1日③,在上海法租界望志路106号(现为兴业路76号)李汉俊之兄李书城的家中举行的。出席大会的代表有:武汉小组的董必武、陈潭秋,长沙小组的毛泽东、何叔衡,上海小组的李达、李汉俊,广州小组的周佛海、陈公博,济南小组的王尽美、邓恩铭,北京小组的张国焘、刘仁静,共有各地代表12名,另有包惠僧,是陈独秀派来的代表,共13人,代表全国50多位党员。此外还有共产国际代表马林、尼克尔斯基。张国焘主持会议。

党的"一大"召开过程中,曾有租界的密探钻了进来,这人是法租界巡捕房密探程子卿。④他因和黄金荣等结拜为帮,被称为"程老三",绰号"黑皮子卿",属于青帮"悟"字辈人物。他为了给自己留后路,也做了些对革命有益的工作。⑤当天是由于共产国际的代表马林引起了法租界当局的注意。当时抽屉内就放着开会的文件,幸亏程子卿没有仔细搜查,向房间中略看一下就走了。但大家感到李公馆不能继续作会场了。当马林下了紧急疏散令之后,代表们不敢回博文女校,怕那里早已被密探监视。于是拐入渔阳里2号,⑥这里是陈独秀和其妻高君曼的住处,李达夫妇也住在陈独秀家。深夜,代表们聚集在陈独秀家中。包惠僧到来,向大家说了他所得知的李公馆的遭遇。马林和尼克尔斯基离开李公馆后,怕甩不掉跟踪的密探,未敢到渔阳里来。李达建议:"我们要换个地方开会。最好是离开上海,躲开法国巡捕。"周佛海与毛泽东也来到渔阳里2号,周佛海提议到杭州西湖去开会。李达夫人王会悟说:"我是浙江桐乡县人,紧挨着嘉兴。……嘉兴有个南湖,离火车站很近,湖上有游船可以租。……在船上开会又安全又方

---

① 《"一大"前后》(二),第9页。
② 张国焘:《我的回忆》第1册,东方出版社1998年版,第136页。
③ 中共"一大"开会日期的另一说法是7月23日至8月5日,见《共产国际联共(布)与中国革命文献资料选辑(1917—1925)》2,北京图书馆出版社1997年版,第219页。
④ 《中共"一大"移师南湖探秘》,《上海老年报》2017年3月11日。
⑤ 同上。
⑥ 同上。

便。游南湖的人比西湖(的人)少得多……。"大家听了王会悟说的情况,都很赞成到嘉兴南湖开会。到嘉兴的火车车次很多,大家决定乘(31日)上午7点35分的快车前往嘉兴南湖。到南湖后租了一艘画舫,荡漾在湖心,继续中共"一大"的会议。① 马林和尼克尔斯基是外国人,容易惹人注意,所以决定不请他们来嘉兴。

大会讨论了《中国共产党第一个纲领》和《中国共产党第一个决议》②选出中央局三位成员:陈独秀任中央局书记,李达任宣传主任,张国焘任组织主任。陈独秀被推举为中央局书记绝非偶然,这是由于他倡导新文化运动,宣传马克思主义,宣传社会主义思想很突出,到工人中进行革命活动,首先成立了上海的早期党组织作为发起组,以及联络发动各地的建党活动,批判各种反马克思主义思想等,从事了多项建党工作。在创立党的工作上陈独秀的成绩是非常显著的。

党的第一次代表大会的党纲,确定以实现社会主义、共产主义为党的根本目的。这是先进的中国人,对中国革命认识上的具有划时代意义的飞跃。党纲中反映的民主集中制原则等问题,发挥了长远作用,也成为毛泽东思想的资料来源之一。

## 七、起草并发表《对时局的主张》

中共"一大"讨论了《中国共产党第一个纲领(草案)》,把社会主义革命作为当前的任务,因此《中国共产党第一个决议(草案)》里也相应地规定中共"只维护无产阶级的利益,不同其他党派建立任何联系"③。在讨论宣言草案时,代表们认为北洋军阀政府固然应当打倒,但少数代表认为南北政府都是"一丘之貉",多数代表认为孙中山的南方国民政府是比较进步的。④ 宣言是否要公开发表,由新任书记决定。陈独秀认为南北政府大有区别,所以他没有将宣言发表。他认为在当时形势下,应当和资产阶级民主派合作。

在确定和孙中山合作之前,共产国际、苏联政府曾经积极争取吴佩孚,并向

---

① 《中共"一大"移师南湖探秘》,《上海老年报》2017年3月11日。
② 中共一大纪念馆:《上海革命史资料与研究》(6),上海古籍出版社2006年版。
③ 《中共中央文件选集》第1册,中共中央党校出版社1989年版,第8页。
④ 《"一大"前后》(二),人民出版社1980年版,第13页。

中国共产党提出了与吴佩孚合作的方针。联共(布)中央政治局曾有决议说:"吴佩孚的行动会造成有利的局面,必须加以利用。有必要同吴佩孚联合,联合的结果应当是成立新的中国政府。"① 当吴佩孚制造了"二七惨案"后,苏联仍然支持吴佩孚。但是陈独秀认为吴佩孚是帝国主义支持下的专制军阀。他认为必须马上提出中国共产党对时局的主张,为全国人民指明方向。中共中央局讨论决定,由陈独秀起草《对于时局的主张》。陈独秀旗帜鲜明地提出了中国共产党对于时局的主张,于1922年6月15日公开发表,这是中国共产党第一次公开向全国人民表明自己的政治观点。陈独秀起草的《对于时局的主张》的要点是:(1)当前中国革命的任务是反帝国主义和封建军阀;(2)顶着共产国际和苏联的压力,揭露了吴佩孚的反动实质;(3)对中国国民党作了实事求是的分析和评价,认为它当前"比较是革命的民主派",同时指出了它的缺点;(4)向"好人政府"主张者提出忠告;(5)指出国民党"希望军阀自己出来废都裁兵,岂不是与虎谋皮";(6)向人民大众指出,我们既反对战争,也讴歌战争,"民主主义的战争,……把人民从痛苦中解放出来的战争,在现在乃是我们不能不讴歌的";(7)宣告"中国共产党是无产阶级的先锋军,为无产阶级奋斗,和为无产阶级革命的党奋斗,但是在无产阶级未能获得政权以前,……还应该联络民主派共同对封建式的军阀革命,以达到军阀覆灭能够建设民主政治为止"。《主张》还提出了11条奋斗的目标,主张建立民主主义联合战线和列强、军阀作斗争。客观形势的发展证明陈独秀撰写的《对于时局的主张》是正确的。

(作者单位 上海师范大学)

---

① 沈建中:《陈独秀在上海》,中共党史出版社2018年版,第64页。

# 从伶仃洋畔到黄浦江边
## ——杨殷与上海的两次交集

徐 明

  杨殷,中国共产党著名工人运动领袖,党的早期军事工作的重要领导者和党的情报保卫工作的重要开拓者之一。1892年8月,他出生于广东香山,名典乐、爽礼,字孟揆。早年,追随乡邻孙中山投身民族革命,参加了同盟会。1922年秋加入中国共产党,同年底被派往苏联参观、学习。1923年回国后在广东从事工人运动。1925年3月起,任全国铁路总工会广州办事处顾问。上海"五卅"惨案发生后,参与组织和领导省港工人大罢工。1927年八七会议后,任中共广东省委常委、工委书记、南方局委员、军事委员会委员等职务。同年12月,参与领导广州起义,负责总指挥部参谋团的工作,任广州苏维埃政府肃反人民委员。张太雷牺牲后,他被任命为广州苏维埃政府代主席。1928年7月,杨殷在中共六届一中全会上当选为中共中央政治局候补委员、候补常委,任中共中央军事部部长。同年11月起任中共中央政治局委员、常委。1929年1月起任中共中央军事部部长、中央军委委员、中央军委主任兼中共江苏省委军事部长。①

  1929年8月30日,他牺牲于上海龙华。在上海,他领导工人运动,参与中央工作,负责军事工作,最终用生命和鲜血实现了"甘愿为党和人民牺牲一切"的壮丽誓言。从伶仃洋畔到黄浦江边,杨殷短暂而英雄的一生,与上海有两次重要交集:一是1924年底至1925年初,在上海出席中共"四大",领导工人运动;二是1928年至1929年,在上海参加中央和江苏省委的工作,直至被捕、遇害。这两次交集,不仅是杨殷革命生涯中极其重要的篇章,也从一个侧面反映并印证了

---

  ① 李雄鹰:《杨殷:用生命捍卫信仰》,《光明日报》2018年6月18日,第2版。

中共建党早期上海与广东的密切联系和两地对中国共产党的建设发展、对中国革命的重要贡献。

## 一、1924—1925：出席中共"四大"与领导工人运动

1925年1月,中国共产党第四次全国代表大会在上海虹口淞沪铁路边的一座石库门房子里召开。在共产国际指导中国共产党与中国国民党建立革命统一战线、实现第一次国共合作的历史背景下,中共"四大"及时总结了国共合作一年来的经验教训,理清了工作思路——既要保持与国民党的合作,帮助孙中山实现"联俄、联共、扶助农工"的"新三民主义",实现反帝反封建的民主革命纲领,也要保持党的独立性,加快发展党的组织,扩大党的队伍,加强党对工农群众运动的领导。由此,中共"四大"第一次明确提出无产阶级领导权问题和工农联盟问题,第一次把"组"改为"支部",第一次确立了"三人以上得成立支部"的重要组织原则,使大批工农群众中的先进分子加入党的队伍。中共"四大"的召开,不仅推动工农群众运动和民族革命运动走向高潮,也极大地促进了党的基层组织建设,推动中国共产党从一个宣传马克思主义的政治小团体转变发展成为真正的群众性政党。在中国革命和中共党史上,"四大"是一个重要的转折点、一座伟大的里程碑。

时任中共广东区委委员、监委委员的杨殷,出席了中共"四大"。陈延年在1925年1月5日致陈乔年、王一飞、罗亦农的信中写道:"第四次全国大会,粤区由谭平山及命葵二人代表出席。"①"命葵",即杨殷。李维汉回忆:"1925年1月,我在上海参加党的四大。记得参加这次大会的有陈独秀、蔡和森、瞿秋白、周恩来、王荷波、邓中夏、彭述之、朱锦棠、杨殷、尹宽、陈潭秋、张太雷、李启汉、何今亮(汪寿华)、李立三等以及国际代表吴廷康。"②担任"四大"会议记录员的郑超麟于1980年回忆,大会代表,已不能全记了,就记得来的说,可以列举以下诸人:湖南代表李维汉,湖北代表陈潭秋,山东代表尹宽,广东代表杨殷,欧洲代表周恩来,莫斯科代表彭述之,海参崴代表何今亮,安源代表朱锦棠,青年团代表张太雷……据此,《中国共产党广东地方史》认定广东党组织出席中共"四大"的代表

---

① 陈以沛等编:《黄埔军校史料(续篇)(1924—1927)》,广东人民出版社1994年版,第255—256页。

② 李维汉:《回忆与研究》(上),中共党史资料出版社1986年版,第49页。

是谭平山、杨殷。①

然而,根据1924年9月15日毛泽东签发的"四大"会议通知,出席"四大"的全国各地和海外党组织代表名额总计14个,包括:广州、上海、南京、济南、北京、唐山、天津、武汉、长沙、安源、旅俄组、旅法组各一名,以及青年团代表、特邀代表各一名。换言之,每个地方党组织的正式代表是一人。尽管李维汉、郑超麟等会议亲历者的回忆都言之凿凿地指认杨殷为广东代表,不过目前国内党史学界一般认为,虽然杨殷出席了"四大",却不是正式代表,广东党组织的正式代表是谭平山。

既然杨殷不是中共"四大"的正式代表,他又为何会身在上海,并出席大会呢?其实,杨殷到沪与当时上海的工人运动,尤其是在国内影响甚大的南洋兄弟烟草公司罢工运动有着直接关联。

1924年,在共产党人向警予等人的领导下,上海南洋兄弟烟草公司工人罢工,共产党组织各界人士募捐接济失业工人。杨殷在广州组织了"南洋兄弟烟草公司罢工后援会",带领工人没收该公司在广州销售的200多箱、价值5万余元的香烟,拍卖后作为上海被开除工人的救济金。当年9月,受时任国民党中央工人部长廖仲恺委派,杨殷从广州来到上海,代表廖向南洋烟草公司送交公函,帮助调解南洋烟厂罢工事件,遭公司董事会拒绝。在调解过程中,杨殷被右派指使的工贼毒打,身受重伤。

从时间上分析,中共中央发出会议通知、确定代表名额分配是1924年9月15日,此时,杨殷可能正在来上海途中,或者已经来到上海。可见,杨殷来上海并非以参加"四大"为目的,而是受命调解和指导南洋烟厂的罢工运动,受伤后,便留在上海治病养伤,并参与中央和上海的部分工作。而在1925年1月26日,瞿秋白致信鲍罗廷通报大会情况时提到广东代表谭平山未准时参会的情况:"不过还是在等我和谭平山,并把国民革命问题推迟到16日讨论。"②把杨殷和谭平山的情况联系在一起,可以推断,正是由于1月11日"四大"开幕时,广东党组织的正式代表谭平山未按时到会,因此,同样来自广东的杨殷便以非正式代表的身

---

① 中共广东省委党史研究室:《中国共产党广东地方史》第1卷,广东人民出版社1999年版,第92页。
② 中共四大史料编撰委员会:《中国共产党第四次全国代表大会》,中共党史出版社2004年版,第153页。

份参加了大会。

在这次重要的会议上,杨殷向来自各地的代表介绍了广东的工人运动情况。在会议形成的 11 份决议案中,《对于职工运动之议决案》是篇幅最长的一份文件,系统阐述了中国职工运动的过去状况和现在趋势、职工运动与民族运动之关系,以及职工运动的策略问题、组织问题等重要问题,明确指出,"中国共产党在职工运动中应当取得指导的地位"[①]。"四大"闭幕后,上海发生"五卅惨案",中共广东临时委员会指派邓中夏、杨殷、杨匏安、苏兆征等组成"党团",组织领导广州、香港两地工人大罢工,声援上海。以五卅运动和省港大罢工为标志,全国的工人运动迅速走向高潮,推动民族革命运动走向胜利。因为资料的局限,我们无从得知杨殷报告的详细内容和会后回到广东开展工作的具体情况,但从"四大"对于工人运动的深入讨论、会议形成的相关决议,以及"四大"召开后沪粤两地工人运动的浩大声势,可以确信,杨殷关于广东工人运动的报告,对党的"四大"确立领导工人运动的正确路线,一定发挥了积极的、重要的作用。

## 二、1928—1929:参与中央工作与领导军事斗争

参与领导广州起义失败后,1928 年 7 月,杨殷在莫斯科出席中共"六大",当选中央委员。在中共六届一中全会上,又当选为中共中央政治局候补委员、候补常委。为加强党的军事工作,中共"六大"决定恢复设立中共中央军事部,作为党的最高军事领导机构,由杨殷任部长,委员有杨殷、周恩来、项英、颜昌颐、彭湃和关向应等人,不久又增加李硕勋、李超时、彭干臣为委员。从此,杨殷跻身中央领导层,并且担负起军事工作的领导责任。上海,成为杨殷参与中央工作、领导军事斗争的舞台。

从苏联回到上海,杨殷于 1929 年 1 月正式担任中共中央军事部部长、中央军委委员、中央军委主任兼江苏省委军事部长。在上海工作期间,他与周恩来、蔡和森、苏兆征、李立三等人,经常一起研究部署各地的武装斗争和红军的领导工作,并曾到苏、鲁、皖等地实地领导武装斗争,为我党的军事工作作出贡献。在第一次国共合作破裂、中国共产党被迫从城市工人运动转向武装斗争的重要关

---

① 中共四大史料编撰委员会:《中国共产党第四次全国代表大会》,中共党史出版社 2004 年版,第 52 页。

头,杨殷再次发挥了重要的作用。

1929年8月24日下午,杨殷与中央农委书记、中央军委委员兼江苏省委军委书记彭湃,中央军委委员兼江苏省委军委委员颜昌颐,江苏省委军委干部邢士贞,上海总工会纠察队副总指挥张际春等五位同志,在公共租界新闸路经远里1015号(今新闸路613弄12号)中央军委秘密办公地点开会,讨论江苏省委、军委的工作。因叛徒白鑫向敌人告密,被国民党反动派勾结租界巡捕抓捕至新闸捕房,并于26日被引渡给国民党公安局。

当晚,中共中央获悉杨殷、彭湃等人被捕消息。中央政治局常委兼组织部长周恩来立即召开紧急会议,同中央特科负责人一起研究营救方法。鉴于杨殷等人身份已经暴露,用合法斗争方法营救已不可能,会议决定调动中央特科的全部力量,在敌人将杨殷等从北门水仙庙侦缉队押往龙华淞沪警备司令部途中武装营救,并确定由陈赓亲自调度、指挥。因敌人戒备森严,营救没有成功。

在狱中,鉴于身份已经被叛徒指认,面对威逼利诱,明知生还无望,杨殷和彭湃等人都毫不屈服,公开承认自己的身份,并慷慨而谈自己的革命经历。"问至杨殷同志,杨殷同志亦公开承认自己的经过。"他还和彭湃积极争取时间,向难友宣传党的政治主张和革命道理,周恩来在《彭杨颜邢四同志被敌人捕杀经过》中曾详细记述了他们在狱中进行斗争和宣传的情形:"彭、杨五同志在看守所中即开始宣传,许多保安队员为之感动。"在8月28日至30日被看押的三天中,他们戴着手铐脚镣,铁链钉铐,却"没放过一刻机会,不断向在狱群众与司令部内的士兵宣传。当彭、杨诸同志与士兵谈至痛切处,士兵中竟有捶胸落泪,痛骂国民党军阀非杀尽不可的。当他们说至激昂处,便齐唱国际歌与少年先锋歌,士兵与狱中群众亦高呼口号和之,于是愁苦惨淡的狱中,一变而为激昂慷慨的沙场。有些因贫穷而走入抢劫的盗犯,他们都感动而觉悟道:只有跟共产党走,才是我们穷人的正当出路!有些因革命嫌疑而下狱的群众乃更加坚决说:我们今后只有革命的一条路了!有些被难的同志则说道:到底是我们的中央领袖,能做我们的表率"①。

在狱中,杨殷和彭湃等人还通过秘密关系,向中央报告被捕的情况。他们入警备司令部后,已知必死,故他们传出的书信多是遗嘱之辞。他们在给党中央的信中大义凛然地指出:"我们已共同决定临死时的宣说词了。我们未死的那一秒

---

① 周恩来:《彭杨颜邢四同志被敌人捕杀经过》(1929年9月14日),《红旗日报》1930年8月30日。

钟以前,我们努力的在这里作党的工作,向士兵宣传,向警士宣传,向狱内群众宣传。"①他和战友们嘱咐党中同志不要因他们被捕而伤痛,要继续努力谋得革命的发展。要从血的教训中总结与敌人开展斗争的对策,嘱咐中央重要负责同志要为党惜身,对于党内犯错误的同志,要多从教育上做功夫,以教育全党。他们对于自己爱人的遗嘱,都是勉励她们为党努力。他们在狱中谈笑自如,杨殷曾笑说"朝闻道,夕死可矣"②,其革命乐观主义精神溢于言表。

1929年8月30日,杨殷、彭湃、颜昌颐、邢士贞等战友高唱《国际歌》,呼喊着口号,走向刑场。杨殷等人遇害后,周恩来以极其悲愤的笔触,写下了《彭杨颜邢四同志被敌人捕杀经过》一文,控诉了反动派屠杀革命领袖的血腥罪行,颂扬了四位烈士的崇高革命精神。周恩来痛惜地写道:"彭、杨、颜、邢四烈士的牺牲是中国革命、中国党之很大的损失!"语重心长地勉励党内同志:"尤其是革命领袖的牺牲,更有他不可磨灭的战绩,照耀在千万群众的心中,熔成伟大革命的推动之力,燃烧着每一个被压迫群众的革命热情,一齐奔向革命的火原!所以我们在死难的烈士前面,不需要流泪的悲哀,而需要更痛切更坚决地继续着死难烈士的遗志,踏看死难烈士的血迹,一直向前努力,一直向前斗争!"③

上海是中国共产党的诞生地,是中共建党早期中央局机关的所在地,也是中国革命许多重要历史事件的发生地。杨殷与上海的两次交集和他在上海的活动足迹,与上海当时特殊的历史、政治、社会背景密不可分。其中最突出的一点,就是上海不仅有租界,也有华界,还有越界筑路区,华洋交错,三界四方,客观上为以杨殷为代表的中国共产党人早期的革命斗争提供了活动的空间和工作的便利。另外,上海和广东,都曾是中国近代先进思想的传播地、进步力量的发源地,两地都有开放多元、兼容并包的文化传统。对杨殷的研究和纪念,不仅有益于继承和发扬他的崇高革命精神,也有助于进一步推动沪粤两地关于中共创建早期和第一次国共合作时期重要历史事件、历史人物的深入研究,从中发现历史的内在关联和发展逻辑。

(作者单位　中共一大会址纪念馆)

---

① 李雄鹰:《杨殷:用生命捍卫信仰》,《光明日报》2018年6月18日,第2版。
② 周恩来:《彭杨颜邢四同志被敌人捕杀经过》(1929年9月14日),《红旗日报》1930年8月30日。
③ 同上。

# 走向革命：中共"一大"前王尽美成长研究

张玉菡

　　王尽美，是中国共产党的创始人之一，中共"一大"代表，是中共山东地方组织的缔造者和早期领导者。1899年4月20日，王尽美出生在枳沟镇大北杏村（今属诸城市）的一个佃农家庭里。这样一个农家出生的孩子如何在19世纪末20世纪初的社会大潮中逐步成长，接受革命思想，成长为一个马克思主义者？他在什么阶段受到了什么影响，来自哪里的影响，接受的什么思想，思想发展到什么程度？本文试图运用整体史观，深入细致地探讨中共"一大"之前王尽美的成长过程。

## 一、北杏村：反抗和斗争

　　山东素称"齐鲁之邦，礼仪之乡"，是儒家文化的发源地。商朝建立之前，山东西部是商部落的活动中心，商王朝建立后，也是其统治的中心区域之一，山东东部则处在东夷人的统治之下，民气强悍勇武，始终不肯臣服于商。秦汉以后，山东渐渐成为最讲传统讲礼仪讲儒学的地区，社会相对稳定，形成了重教育、重义轻利、诚实可靠、服从权威的传统，同时，古代东夷人的讲侠义、好勇武、性坦直的民风也保留下来。近代以来，由于山东既处沿海又近京津，拥有不少天然良港，成为列强觊觎之地。1860年代，李鸿章建设北洋水师，山东威海和辽宁旅顺是两大海军基地。1895年，甲午战争爆发，日军攻占威海，北洋海军全军覆没。1897年，山东发生曹州教案，次年清政府被迫签署《胶澳租借条约》，将青岛和威海分别租借给德国和英国。德国将山东视为自己的势力范围，1905年修筑了从青岛通往济南的胶济铁路，1911年修筑了津浦铁路北段。外国势力步步入侵，西方传教士遍布山东全省,帝国主义的压迫和西方传教士的文化侵略、情报刺探,以及对中国人民的欺压歧视,使民众与教会间矛盾日益激化,导致教案频发。1899年,打着"扶清灭洋"旗帜的义和团运动从山东兴起。所以正如罗章龙所说:"山东为近世纪德日帝国主义角逐的市场,北方民族思想的策源地。"[①]这样的社会背景和时代环境在王尽美的成长中发挥着潜移默化的辐射力,一步步形塑着王尽美的成长。

1899年4月20日,王尽美出生在山东枳沟镇大北杏村(原属莒县,今属诸城市)的一个佃农家庭里。王尽美出生时,父亲已经去世四个月,家中只有祖母和母亲相依为命,种着地主的地,一年忙碌打下的粮食还要大半交给地主,过年过节时祖母和母亲还要到地主家白帮工。这样近乎赤贫的生活让王尽美从小就备尝生活的艰辛。童年的王尽美,最喜欢听母亲讲她亲眼见过的义和团反洋教的故事。这样的故事,让还是孩童的王尽美本能地对英勇斗争的义和团产生敬佩之情,对洋教士产生仇恨情绪。这可以说是对王尽美最早的启蒙教育,在他幼小的心灵中种下了反抗的种子,培养了最为朴素的反抗压迫的意识、反抗帝国主义侵略的民族情感。王尽美还喜欢跟随母亲到离村子12里地的枳沟镇去赶集卖线,因为在那里,他喜欢听说书的老先生说唱《说岳》《杨家将》《水浒》等故事,那些英雄好汉的事迹,深深地吸引着他、感染着他,坚定了他的反抗意识,同时也让他养成了一种侠义气质。

贫穷的家境、日复一日的赤贫生活、地主家的盘剥和压迫,让王尽美自然产生了改变命运的渴望,他渴望能够读书。通过读书而改变农民身份,应该也是王家两位长辈对孩子的期望,因而她们尽了最大努力,为少年王尽美提供了难得的启蒙教育的机会。1905年、1906年,少年王尽美先后到两家地主设的私塾中伴读,学的是《三字经》《千字文》等启蒙课程。这难得的读书识字的机会,为他日后能够进一步自主学习打下了最初的基础,也为日后他走上不平凡的人生道路铺就了第一段路石。但两家地主少爷相继得急病暴卒,在落后迷信的农村里,王尽美背上了"克星""命毒"的罪名,让王尽美失去了到别人家继续伴读的机会。1906年夏到1909年底,王尽美失学在家,帮助母亲劳动,分担家庭生活的重担。1910年到1911年间,休学三年半之后的王尽美终于又得到了受教育的机会,上

---

[①] 《革命战士集》第1册,中华全国铁路总工会1926年版,第20页。

了两年村塾。王尽美的好学善思、出类拔萃深得塾师张玉生的喜欢,张玉生直到晚年还常对人夸奖王尽美。这一阶段,王尽美学习的内容仍是四书五经等儒家经典,继续接受传统文化思想教育。

估计在这一时期,村里的戏班子也成了王尽美所能找到的有限的学习资源。戏班子表演的题材与说书人说讲的故事近似,也多是梁山好汉、尽忠尽孝一类的故事,好学的王尽美被吸引了,他很快学会了笛子、唢呐、二胡等伴奏乐器,还学会了上台表演,在台上演得惟妙惟肖。李又罘曾记述:"正月十四,我到北杏村去看戏,看见尽美在台上吹小笛,腰间系着扎腰带,戴着毡帽头,像个农民的样子。他有时也打锣、敲梆子、吹唢呐……当我看他在戏台上的情形时,心里真对他佩服极了。他就是这样多才多艺!当我踏着夕阳回家时,又看见他在路旁的树林里,背着粪筐捡粪了。"①乡土才艺、戏曲故事,对于赤贫家庭的少年王尽美来说,应该是苦难生活中的精神享受。

这一阶段,从空间上来看,王尽美的活动范围主要是在北杏村,旁及枳沟镇;受到的教育主要是断断续续的四年私塾学习,内容主要为《三字经》、《千字文》、四书五经等科举时代的启蒙教材。这四年私塾是王尽美所接受的最初教育,培养了他初步识文断字、初步写作的能力,成为他跳出传统农民人生的起点。受到的影响主要来自两方面:传统文化和地域文化。说书人的故事、戏班子的戏曲故事,既是传统文化的传承,又结合了地域文化中武勇侠义的英雄故事。义和团之所以从山东发起,是传统文化和地域文化经过上千年的交融互动后沉潜到山东人骨子里的武勇、侠义、反抗精神,在外国侵略的刺激下产生的反应和表现。山东人崇尚的勇武、忠义、反抗精神、斗争精神,以英雄故事、义和团反洋教的故事等形式,经由集市上的说书、戏班子的才艺表演、母亲的叙说,都慢慢地浸润到王尽美的骨子里。尤其是赤贫的家境、艰辛的生活经历,让他更容易接受这些思想,愈益强化了王尽美渴望改变现状的反抗意识和斗争精神,因而愈发激发了他的学习热情,锻造了他刚毅、坚忍的性格。

## 二、枳沟镇:革命和民主

枳沟镇大北杏村地处山东省东南部、泰沂山脉与胶潍平原交界处,正是鲁中

---

① 李又罘:《回忆尽美同志》,《山东党史资料》1983年第2期。

平原和胶东沿海的交界地带。这里距离诸城不远。诸城虽是一个小城,却历史悠久,汉代已经置县,文化底蕴深厚,历史上出过很多名人。近代以来,国家危难,民族危亡,在探索救国良方的征程中,臧汉臣、王凤翯、刘大同、隋理堂、吴大洲、裴鸣宇、王鸣韶等不少诸城人士走在时代潮流的前端,他们在诸城传播维新思想,后来又纷纷加入同盟会,或在外进行革命活动,或回家乡创办新式学堂,宣传新思想,甚至不惜牺牲生命,以求唤起民众的觉醒。正如《诸城名人》所说,自近代以来的百余年中,"诸城的文化与社会融入程度、诸城人的思想活跃程度,都达到其历史的最高峰,……凡中国近现代发生的重大事件,如辛亥起义、讨袁护国、五四运动、北伐战争、抗日救亡等,都有诸城人参与,他们或在战场上横枪跃马,或在后方摇旗呐喊,义无反顾地站在时代大潮前列,在诸城的近、现代史上写下壮丽的篇章"①。经由这些走在时代前沿的诸城人,新文化、新思想很快在诸城传播开来。1911年,辛亥革命爆发,诸城也举起了响应的义旗。1912年,诸城同盟会员在县立高等小学堂内组织学生军,发起了轰轰烈烈的诸城保卫战。不久,清兵攻入诸城,捕杀革命党三百余人,学堂也被清兵焚毁,诸城独立失败。

辛亥革命的爆发和中华民国的建立,带来了社会的大变动。辛亥革命毕竟推翻了绵延中国两千年的帝王统治,建立了中华民国,民主共和的观念已经植根于民众心中,无法被扑灭。"自民军革命获了胜利,国人的精神为之一壮。自共和政体树了模型,国人的耳目为之一新。在此五色旗帜之下的人民,所有言论与态度由是大为改变了。"②新生的中华民国采行新式教育,新式教育采行新的教育宗旨、制度、政策,强调共和时代要以人民为中心,要重在培养国民基础,训练国家有用人才,树立共和政治的真精神。③尽管其后一再历经不断的复古运动,但是新式教育所崇尚的精神生命力却越来越强,终究又为国家培养了新的一代人才。诸城一带也一样,民主革命精神经由革命党人、革命事迹被传播、辐射开来,影响力逐步得以扩散、下沉到乡村,影响了一代年轻学子。

国家政治体制发生了如此巨大变化,也给王尽美带来了前所未有的机遇,使得出身如此贫寒的他也能够有机会继续接受初等和高等小学教育。跟随大潮,1912年,北杏村也成立了初级小学。王尽美转到该小学四年级学习。因为他品

---

① 侯云昌主编:《诸城名人》,齐鲁书社2003年版,第347页。
② 陈青之:《中国教育史》(下),吉林人民出版社2013年版,第664页。
③ 同上,第665页。

学兼优、思想敏锐、为人侠义,在学生中有很高的威信,被学校指定为"大学长"。据当时曾在枳沟镇初级小学读书的李又罘回忆,当年在参加邻村一位教师吊丧的活动中,他初次见到王尽美,此时的王尽美长脸大耳、眉目清秀,神采奕奕,很果敢,有智慧,他用响亮的口令调动和指挥着同学们,①可谓处理得井井有条,体现了王尽美的干练和组织才能。李又罘还记得王尽美在北杏村小学读书时,每逢枳沟镇大集,"辄来赶集,串亲戚,顺便也常到我校来玩,和我们一起研究功课,学习唱歌。他每次来,总是向老师要报纸看,看的又是那样入神。有时也借阅老师的书"②。这说明北杏村小学的教学已经给王尽美的思想成长带来了新的促动。而且,乡村小学的内容已经不能够满足王尽美的求知欲,使得他主动跑到镇里小学的老师那里寻求新的书报,吸收新的信息和知识源。

1913年,王尽美升入枳沟镇高等小学。可贵的是,给他任教的王新甫老师是一位具有资产阶级民主思想的教师。他是济南法政学堂的毕业生,受到近代西方资产阶级科学与民主理念的熏陶,受到孙中山民族主义革命思想的影响。他采用新式教学,讲授近代科学知识,常在课堂上发表一些激进的言论。他推荐和介绍《天演论》《革命军》和《民报》等传播西方现代文明和革命理念的书籍报刊给王尽美等学生看。由于枳沟镇是诸城、莒县、日照三县交界处的大镇,也是潍县、高密、青岛等地通往鲁南临沂、徐州的必经之地,辛亥革命后,一些过往的知识分子经过这里,也往往都要到枳沟镇小学停留几天。他们在学校里相互交流,互通声息,议论国家大事,探求民族救亡之道。作为王新甫喜爱信任的学生,王尽美经常被允许旁听他们的交谈,这些交谈给了王尽美极大的促动,民主革命思想让他耳目一新。

1915年,王尽美从枳沟镇高等小学毕业。此时的王尽美,已进入青年时期。经过一年初等小学和三年高等小学教育,四年的学习,尤其是资产阶级民主主义思想所带来的影响,对青年王尽美来说,是至关重要的,让他初步了解到平等、民主、自由等西方民主思想,他的头脑中初步植入了现代公民意识,使他胸襟大开,有了现代国家、世界等概念,开始关注国家时政风云,关注民族命运,渴望了解世界状况和发展趋向。

王尽美高等小学毕业后,在家劳动三年。经过初等教育的王尽美,此时已经

---

① 李又罘:《回忆尽美同志》,《山东党史资料》1983年第2期。
② 同上。

具有了自学读书的能力。他渴望阅读书报,渴望一切新的信息。那时,学校、社会上还没有现代公益性质的图书馆,王尽美经常到王新甫和城里学校的朋友那里去借阅。临近的相州镇,文化教育气息较为浓厚。1913年,已经受到西方现代文明影响的王翔千回到相州,义务兴办相州国民学校,并自任校长兼教员,采用以白话文为主体的传播进步思想的文章为教材,对青少年进行新文化、新思想教育,注重启迪革命思想,因而闻名于四乡。王尽美欣然步行五六十里路,跑到王翔千那里去借书报来读,了解外界消息。《新青年》等进步书刊也已经传播到了诸城,受到王尽美的特别关注。遗憾的是,1916年,王翔千为封建势力所不容,不得不关闭学校,去了济南。

1917年俄国十月革命发生后的半年里,估计王尽美也经由报纸了解到这一世界大事。在1918年春之前,国内报刊对俄国十月革命态度比较复杂,持恐怖、不安、担忧、悲哀者比比皆是,①此时的王尽美对十月革命的认识可能并不明确,但是他应该由此感觉到时代风云的躁动,使他对社会现实更加不满,更加希望了解更多的信息,学习更多的知识。济南的王翔千等友人应该也与他一直在互通声息,告诉他省府济南在文化教育等方面的诸多优势。这一切促使他终于不顾家境的贫寒,决心走出乡关,到文化发达、消息灵通的大地方去求学,去探求救国救民的真理。

这一阶段可以说是王尽美成长中的第二阶段。时间上大约是1912年到1917年底。空间上,王尽美的活动区域进一步扩大,从村镇一级扩大到镇城一级,以枳沟镇为主,兼及附近的相州镇、诸城、莒县。这一阶段,历经辛亥革命、中华民国成立以及民国后一系列政治演变这一社会大变动,但民国之后几年社会非但没有想象中的进步,反而愈益动荡混乱腐败,老百姓的生活愈益艰难,这样的社会现实压迫着他,使他对社会的不满情绪一再滋长,同时滋长的还有寻求到一种途径来改变现状的渴望。新式教育的推行给了家境贫寒的王尽美继续受教育的机会,主要是受到枳沟镇小学老师王新甫,相州镇王翔千以及过往山东的资产阶级革命者和新文化运动提倡的科学、民主思想的影响。这些思想理念性质上为资产阶级革命派民主主义思想,对于当时的社会来说是先进的,属于先进的资产阶级革命文化。视野由传统的英雄故事、近代义和团反抗外国侵略扩大到

---

① 参见杨奎松、董士伟:《海市蜃楼与大漠绿洲:中国近代社会主义思潮研究》,上海人民出版社1991年版,第114—119页。

推翻封建王朝的统治、反对封建专制、效仿西方建立民主共和国,崇尚西方民主共和、自由平等理念。1915年兴起的新文化运动之"风",经由《新青年》等媒介,在1916年、1917年应该也吹到了王尽美的家乡。其倡导的科学、民主等新思想宛如一颗石子投射到湖心,在王尽美心中已经引发最初的涟漪,这涟漪必将一圈一圈扩大,促使着王尽美要走出家乡,去了解外面的世界,寻求改变现状的路径。

## 三、济南:教育救国—主义和思潮—马克思主义

1918年春末夏初,在和祖母软磨硬泡后,王尽美怀揣着一颗寻找新的生活道路的心,踏上了去省府济南的旅程。同年夏,他顺利考入山东省立第一师范学校,进入预科学习。为什么王尽美会选择考取师范学校?对于青年王尽美来说,这可能是当时既能满足他个人理想又能解决家庭生计问题的最好选择。

1914年8月,王尽美与邻村庙后村人李氏结婚。此时,他不仅要考虑自己的个人理想,还要考虑一家人的生计。省立一师是官费学校,不收学费,免费供给学生食宿和书籍,这样的学校王尽美能够上得起。毕业后回乡做个乡村教师,养活一家人,这应该也是祖母、母亲、妻子共同的希望。

从他的个人理想来看,王尽美艰难的求学经历,以及他所亲历的"腐败黑暗"的乡村教育现状,给王尽美以深深地刺激。王尽美太熟悉乡村贫民孩子的生活遭遇了,"可怜那些贫民的孩子,不到七、八岁的时候,就要帮助他父兄去田地里,操起沉重的工作,日未出即下坡,夜深方回家,终年勤勤恳恳,不敢偷一点闲暇,结果凭血汗所得到的食料、衣料,还要让强有力者尽量掠夺了去,什么赋税、租粒……割肉敲骨,卒致自己还不免冻饿死亡"[①]。出身佃农家庭的王尽美自己本就是其中的一员。能够从这样艰难的生活境遇中跳脱出来,进入省府继续求学,王尽美不可谓不幸运。因而深知其中疾苦的他自然也埋下了要运用自己所学改变现状的理想。他希望自己从师范学成后,回乡做个乡村教师,从事乡村教育,改变原有的乡村教育的腐败现状,从最基层进行启蒙,改变国民性。他曾说:"当我之入师范,对于师范教育本抱有极大的希望、无穷的信仰,因为乡村教育的腐败黑暗是我亲身经历过的。村农野叟那样的昏昧无知,较之人家日耳曼族、斯拉

---

① 王瑞俊:《山东的师范教育与乡村教育》,《励新》山东教育号(一)第1卷第2期,1921年1月1日。

夫族的人类,真似二十世纪的新人和羲皇上人作比,想我汉族怎能不受天然淘汰。"他认为要提高平民的知识,非从教育着手不可,而师范教育则是提高平民知识、进行平民教育的中坚力量,希望"师范里一位学生就是发达教育的一个孢子,将来能把我四万万同胞的腐败脑筋洗刷净尽,更换上光明纯洁的思想"①。此时的他,试图走乡村教育改变社会拯救国家的道路。这应该是他去济南考取官费师范的两个出发点,而且估计早在1918年去济南之时就已经作出了决定。因而他在一师期间学习很用功。杨一辰回忆"在校期间,他学习认真,课外博览群籍,于学无所不窥,尤精通文史,为同学中的佼佼者,他善写文章,为当时师生所共赏。他爱好艺术,精于汉字书法,也善绘画,对于音乐,更为精湛娴熟。他对中国的管乐器如笙、管、笛、箫都能吹奏,更擅长吹笙;他对中国的弦乐器,如琵琶、二胡、月琴、四弦全会弹拉,尤其精于三弦。因为他多才多艺,得到全校师生的敬慕"②。1919年秋,王尽美升入一师本科第十一班。

1919年五四运动爆发后,王尽美以极大的热情投身到这一革命洪流中,他被推选为一师北园分校的代表,后被选为山东大专、中学的学生联合会负责人之一。他号召组织同学罢课游行,示威演讲,揭露日本帝国主义侵略中国的虎狼之心和北京当局丧权辱国的行径,号召各界民众誓死力争,奋起救国。暑假中,他回到家乡,私下运用亲友、师友关系作为联络桥梁,发动诸城各个学校中的活跃分子,联络组织了各界救国联合会,组织印发传单,组成十人团限期禁绝日货、禁运内地物资出口资敌。③ 五四运动中王尽美的行动,尤其是暑假回乡的发动,运用乡缘、亲缘关系作为联络纽带,在家乡培养了一批运动的骨干分子,亲历了五四运动从大城市辐射到落后乡村的巨大威力,锻炼了宣传和组织能力,其中对群众力量的认识和运动中积累的经验都为他下一步的走向埋下了伏笔。罗章龙在1926年曾评价五四运动中的王尽美:"尽美独著论投山东各报,力辟谬论,分析世界政治,条理密察,陈义正雄,确山东舆论界空气为之一变","在山东青年运动中已崭然露头角了"。④

若论五四运动对王尽美的影响,笔者以为更应该考虑后"五四"时期运动结

---

① 王瑞俊:《我对于师范教育根本的怀疑》,《泺源新刊》第10—12号,1920年11月2日、5日、9日。
② 杨一辰:《回忆王尽美事迹片断》,《党史研究资料》1981年第6、7期。
③ 参见王蔚明:《回忆王尽美与邓恩铭》,《青岛文史资料》第4辑。转引自济南师范学校编:《王尽美遗著与研究文集》,中共党史出版2009年版,第113—116页。
④ 《王尽美》,载《革命战士集》,中华全国铁路总工会1926年版,第20—21页。

果对王尽美的触动和影响。虽然从大的层面讲,五四运动迫使中国代表没有在《凡尔赛和约》上签字,但是正如他的家乡枳沟镇发生的事情,查禁的日货,最终被城镇上的乡绅贪污,个别学生被利用承担污名,老师们知道其中真相,但是得罪不起当地乡绅力量,却又过不了自己的良心一关,不肯同流合污,最后采取了愤而辞职这种即保全个人人格又全属无奈的举动。对此,王尽美和亲历其事并为此苦闷不已的王蔚明谈过这种事件对他思想的触动以及影响:"在五四运动中,我跑的地方比你多,了解的情况也多些。各地都有类似的情况发生,所以抵制日货没能坚持下去。各种救国团体也都分裂或夭折了。我也曾为此苦闷好久,但我以后到北京去见过北大教授李大钊,到上海去见过上海大学的教授蔡和森——这些人的文章,我想你也在《新青年》等进步报刊上早读过的了。这是全国进步青年所仰望的有学识的人,我把这个问题向他们请教过。他们以社会发展的观点、阶级分析的方法给我解开了思想疙瘩,指出了光明的前途。简明扼要地说,中国的封建地主阶级,真是头顶上长疮,脚底下出脓,已经坏透气了。城镇商号基本上是地主兼营的企业,他们只能祸国殃民,希望他们救国是不可能的,至于学校的青年大多数是地主子女,我们虽然不能把他们与地主等量齐观,但他们受地主阶级思想污染,封建社会恶劣习惯的影响,也只有少数人投靠革命,大部分是作地主阶级陪葬品,革命只能依靠被压迫的工农劳苦大众。"①从这段谈话中可以看出,五四运动后各地抵制日货运动出现的腐败现象、后"五四"时期学生的分化、救国团体的分裂或夭折,一度让怀揣激情投身运动的王尽美十分苦闷,因此也促使他对运动进行反思,重新思考、寻找改造社会的路径。

从哪里找答案呢?正如上面所指出的,是李大钊等中国马克思主义先驱的指引。首先是《新青年》等进步报刊上发表的李大钊等中国马克思主义先驱的文章。至于这些进步书刊的发行渠道则要提到在山东五四运动中颇负声望的王乐平。王乐平也是诸城人,而且早年参加同盟会,是山东老革命党人。王尽美在五四运动中与王乐平结识,他和邓恩铭一起为王乐平所看重。五四运动后,王乐平将他主办的齐鲁通讯社改组为齐鲁书社,大力推销进步书刊,宣扬新文化,传播新思想。齐鲁书社成为"五四"后山东宣传新文化和马克思主义的核心据点。"当时介绍的新书有《俄国革命史》、《辩证法》、《资本论入门》、《社会科学大纲》

---

① 王蔚明:《回忆王尽美与邓恩铭》,《青岛文史资料》第4辑。转引自济南师范学校编:《王尽美遗著与研究文集》,中共党史出版2009年版,第119页。

等,最盛行的是鲁迅的著作,还有李大钊、瞿秋白翻译的书。对创造社、新青年出版社、新潮社、北京书店的出版物销售极广。进步杂志知名的有《新青年》月刊、《新潮》月刊、《创造》季刊、《奔流》月刊、《小说月报》等,报刊则有《努力》周报、《分限》周报、《莽原》周报、《醒狮》周报等。"①这一时期,王尽美经常出入齐鲁书社,阅读各种进步书刊,和邓恩铭、王翔千、王深林、王志坚等热血青年一起讨论交流探讨,在各种主义和思潮中反复进行比较和推求。

五四运动中后期,北京也是影响王尽美思想转变的重要城市。王尽美作为山东学生会代表曾多次到北京进行联络,就此和北京大学的罗章龙等人建立了联系,并见到了早已在文章中熟悉敬仰的李大钊先生。1920年春,北京马克思学说研究会成立后,王尽美又到北京去,成为该研究会的通讯会员。"他回去之后经常和我通信联系,交换刊物。通过他,还介绍了一些别的通讯会员,名字记不清了。后来,他在济南仿照北京马克思学说研究会的形式组织了山东的马克思学说研究会。"②1919年下半年至1920年,是王尽美思想发展最关键的时期。在这段时间,他努力汲取新思想,试图从纷繁复杂的各种主义中理出个头绪。1919年9月,李大钊在《新青年》上发表《我的马克思主义观》。这是中国第一篇比较系统地介绍马克思主义的文章。此后,进步书刊介绍马克思主义的文章越来越多。加上李大钊当面对他问题的剖析,让王尽美的思想愈来愈明了,吸引着王尽美开始倾向于马克思主义。

1920年秋,王尽美与邓恩铭等人一起发起组织"励新学会",创办《励新》半月刊,积极宣传新思想、新文化。"励新学会是山东最早的一个学运组织,成员有二十几个人","当时成员的结合,都以不满现实为基础。不满学校的读死书以及校方的高压政策,不满专制腐朽的北洋军阀反动统治下的黑暗政治,不满旧社会的不平等无自由"。③ 励新学会不久逐步发生分化,如同是五四运动积极分子、和王尽美在一师时同宿舍的王志坚后来意志逐渐消沉,一度去寺庙出了家。王统照在以"五四"前后在济南活动的诸城人士为原型创作的小说《春花》中,曾描

---

① 成湘舟:《关于齐鲁书社的沿革略记》,《山东党史资料》1982年增刊。成湘舟罗列的这些书刊并不都是"五四"时期发行的,如《努力》周报1922年5月才创刊,《醒狮》周报1924年10月创刊。但以他的印象,以及其他人对齐鲁书社的回忆,该书社的确是五四运动后山东新文化传播的中心。
② 罗章龙:《我对山东建党初期情况的回忆》,《济南工运史料》第2辑。
③ 王景鲁:《回忆励新学会》,见济南师范学校编:《王尽美遗著与研究文集》,中共党史出版2009年版,第135页。

述了黎明学会(原型即励新学会)成员思想的现状、逐步分野及至走向分裂:"受了各种新派杂志的影响,那些活动的,聪明的,富于自觉心的青年学生渐渐注意到思想方面。——一谈到思想,免不了哲学见解与政治趋向的连系。虽然在那个时候就是一般学识更高点的人们也是随手抓来的新思想。一个某某的主义与人生观,简直使许多求知欲的更年轻的青年到处抓寻暂时的立脚场。他们感觉没有讨论,没有批评,不能整齐他们的步调。学会的产生便是借了研究,批评的精神使他们能分外有更坚固的团结,向'新的'路上走。然而也因成立了这个学会,他们思想上的分野由模糊而渐渐明显。由于明显便常常有派别与信仰的争执。到后来已经产生了他们在组织时没曾预计到的分裂。"①小说中对金刚(原型为王尽美)的性格特点有鲜明地描述:"金刚表面上不过是个莽撞孩子,又粗中有细,打先锋是他,讲连络也是他,就是火气重点,动不动只许自己,没把别人看在眼里。"②在黎明学会分裂后,金刚写信给巽甫(原型为王象午),劝他:"要打起钢铁般的营垒,要收拾起明亮的利器,向这古老的社会进攻。我们要有连合的力量,要有远大的企图。为民众造生活。总之……中国到了现在,需要革命,需要青年人的革命的精神与力量!'时乎,时乎!'……我们不能再等待了!……"并隐晦地告诉他,"我们也有我们的团体。——这是你知道的,有时在郊外开会,有时在古庙里开辩论",显示了王尽美在励新学会分裂后,坚定地选择了马克思主义。文中"我们的团体"即指1921年春王尽美和邓恩铭等组织的济南共产党早期组织。

有论者指出:"1920年,在蓬勃的新文化运动和马克思主义广泛传播中,经'五四运动'熏陶的王尽美,思想进一步升华,由激进的民主主义向共产主义转变。这个转变,在他1920年10月至1921年1月发表的《乡村教育大半如此》、《我对于师范教育根本的怀疑》、《山东的师范教育与乡村教育》等三篇论文中,得到了体现。"③笔者也认为这三篇关于乡村教育、师范教育的文章,的确重要。说明王尽美此时已经对乡村教育和师范教育问题进行了非常成熟的思考。反映他

---

① 王统照:《春花》,中国国际广播出版社2013年版,第30—31页。《春花》是中国现代著名作家王统照创作于1936年的长篇小说,以作者熟悉的"五四"前后在济南活动的诸路人士为原型,描写了他们在探索精神出路与社会理想时,历经的苦闷、迷惘、绝望,以至希望。作者在自序中说:"此就上部说:人物与事实十之六七不是出于杜撰。——如果是在我家乡中的人,又与我熟悉,他准会按书上的人物指出某某。"
② 王统照:《春花》,中国国际广播出版社2013年版,第119页。
③ 余世诚、刘明义:《中共山东地方组织创建史》,石油大学出版社1996年版,第97—98页。

此时已经看清了乡村教育的现状,看清了乡村教育存在的弊端,对自己原来试图以乡村教育平民教育来改变社会的想法有了清醒的认识,觉悟到原来教育救国的理想在现实中是行不通的。而开出的药方是什么？文章显示他已经具有了阶级意识,他把诸城教育划分为资本家、乡绅和普通的乡民两个阶级,认识到教育权力把持在资本家和乡绅阶级的手中,认识到若要普及乡村教育,"非先打破贫富阶级不可",体现了他认识论上的根本性转变。1921年春,王尽美和邓恩铭等组织了济南共产党早期组织,这是他在思想上作出抉择之后的组织行动,决心以组织行为献身于共产主义事业。同年7月,王尽美和邓恩铭以济南共产党早期组织代表的名义赶赴上海,参加了中国共产党第一次代表大会。尽管此时他对马克思主义的研究并不深入,但是他的信仰却是坚定地确立了。

这一阶段在王尽美的成长中可以说是最关键的时期。从空间上来说,这一阶段的活动核心是济南,旁及北京、上海这两座思想更加活跃、信息更加丰富的大城市。思想上,从最初试图走乡村教育救国的道路,到积极投身五四运动,[①]但是五四运动在1919年下半年的不了了之让他一度苦闷,因而促使他在各种主义和思潮中进行比较和选择。在李大钊先生的指引下,他最终选择了马克思主义,从此,他坚定地走上了红色革命之路。

## 四、结语

1921年中共"一大"召开时,王尽美22岁。之前,幼年的启蒙教育,更多地体现了传统文化和地域文化以及贫穷的家庭生活对他的影响。少年时期的成长,主要是受了资产阶级革命文化的影响。而青年时期思想的发展转型,则体现了中小知识青年在后"五四"时期从启蒙的文化意识到革命的政治意识的转折,从个性解放的自觉到集团主义的诉求。[②] 中共"一大"前王尽美的成长经历,是19世纪末20世纪初从社会底层出身的中小知识青年走向革命的典型案例,是具有代表性的。王尽美走向革命的成长个案,尤其是思想的发展转型,是19世

---

① 王统照在《春花》中描述了济南学生热烈响应五四运动时的心态:"国难的愤激与自我的觉悟合成一股波涛汹涌的潮流,到处泛滥。他们恨不得把全身的精力与整个的时间都用来,给这个新兴的运动添上一把火。"见王统照:《春花》,中国国际广播出版社2013年版,第30页。
② 唐小兵:《民国时期中小知识青年的聚集与左翼化——以二十世纪二三十年代的上海为中心》,《中共党史研究》2017年第11期。

纪末20世纪初社会剧烈变动在个人身上的投射。

  1921年,王尽美参加中共"一大"会议后,回到山东,积极开展马克思主义宣传和工人运动。年底,他又远赴伊尔库茨克、莫斯科等地,亲眼看到了新生的苏维埃社会主义国家的状况。这一切,更坚定了他对马克思主义的信仰。其后,王尽美主要工作是投身到工人运动中去,到煤矿中、到山海关铁路上,和工人同吃同住,引导、组织他们进行反抗和斗争。按照新民主主义革命理论,出身于赤贫家境的王尽美,可以说正是中国共产党发展党员的最佳对象,但是按照一般的生活常理来推断,正是这样的出身,在考入山东省立一师后,可以说他的生活轨迹脱离了农民的轨道,跃升到了小知识分子的行列,按照正常发展,从一师毕业后,应该可以在某个小学或中学中谋得一份教职,微薄的工资至少可以让家人的生活条件要比佃农时期更好一些,可是,他却没有选择这条道路,而是投身于工人运动,最终积劳成疾,英年早逝。他牺牲了个人、家庭的"小我",没有顾及祖母、母亲、孩子、妻子艰难的现实生活,却选择了为广大民众谋幸福的"大我"之路,他正是把人民放在心中的共产党员,并为之献出了生命。

              (作者单位 中共"一大"会址纪念馆)

# 陈望道与中共建党

江文君

陈望道先生是中国共产党的创始人之一，是《共产党宣言》第一个中文版的译者，也是《新青年》上海编辑部的负责人。作为新文化运动的参与者，受过现代教育的他坚信为了给现代性的发展铺路，为了准备接受、欢迎近代的科学和技术的文明，近代中国必须经过某种社会乃至知识上的变化或革命。在陈望道先生的一生中，他以惊人的道德勇气，努力与大众社会产生联系，他既未躲藏在自己的世界里，也未丢弃自己的原则，他深信知识的功能既是用来改进现实社会，也是为了完善自我。作为"五四"之子，他与他的同志们一道，将自己的一生奉献给了人民大众。

## 一、早期经历

陈望道先生是浙江义乌人。公元1891年1月18日，浙江义乌分水塘陈君元家喜得贵子，取名陈参一，单名陈融，字任重。这个孩子年长懂事之后，自己改名为"望道"。望，向远处看；道，人行之道，衍义为人生观、世界观或思想体系，如《论语·公冶长》中"道不行，乘桴浮于海"。他寄希望于革命之道。他以后把两个弟弟的名字，也改成"伸道""致道"。陈望道在山沟小村中长大。小村不过一百来户人家，陈姓居多。那时，村与村、族与族之间经常发生殴斗。为了护家，作为长子的他，自幼跟人练习武当拳。据云，年轻时他徒手可对付三四个未曾学过武术的人，若再有一根棍子则可对付十来个人。他，立如松，坐如钟，轻轻一跃，便可跳过一两张八仙桌。① 陈望道6岁时即开始读《大学》《中庸》《论语》。他有

---

① 叶永烈：《名人历史现场》，河南文艺出版社2008年版，第4页。

两个舅舅。一个舅舅爱写清新文章,主张文笔简练,要求文句通顺,因而希望他体会四书五经中文笔的简洁通达。另一个舅舅是个秀才,爱写华丽的文章,讲究文字的形色声调之美,并且爱喝酒,一喝酒,华丽的辞藻就会脱口而出,摇头长吟,得意非凡,却讲不出这些辞藻用得为什么好,好在哪里。陈望道小时候深受这两个舅舅的影响,长大之后,学了外国修辞学,才知道两个舅舅所爱好的是两种不同的修辞手法,一种是消极修辞,一种是积极修辞。① 据陈望道先生的公子回忆:

> 父亲虽出生在富裕之家,但祖父并不要求他们兄弟姐妹接替经营这份家产,相反,宁愿变卖田地,将他们一个个送出去求学深造,祖父不仅送三个儿子上大学,而且两个女儿也送到义乌县城女子学校去念书。这一举动曾在乡里惹起一些思想守旧的人的非议,但他对此十分自信,坚持如故。父亲从六岁起一直到十六岁,都在村上的私塾里跟张老先生攻读四书五经等传统书籍,并在课余学习拳术和参加田间的各项劳动。祖父对他们兄妹要求甚严,既督促他发愤读书,又要求他们参加些田间劳动。祖父常说:你们若不参加劳动,就连粮食是从天上掉下来,还是在地里长出来这样一个简单的道理都不懂。十六岁那年,父亲离开农村,来到义乌县城,进了绣湖书院(后改为县立第一高等小学),学习数学和博物。一年后,他又回到分水塘村,邀人兴办村学,招募村童入学。与此同时,他还同村上一些激进的青年,动手砸毁庙宇神像,认为这些封建迷信,是套在民众头上的一条精神枷锁,要使民众觉醒,非起来砸碎这条锁链不可。父亲在村里办学一年后,深感自己知识贫乏,便前往省立金华中学就读。②

清朝末年政治腐败、社会凋敝、民生深深陷于穷困与愚昧中的现实,使少年时代的陈望道就产生了这样一个心愿:一定要用新的科学技术和知识来改变这一切。他16岁就翻山越岭,先后到义乌县城、金华州府、杭州省会求学,眼界也随之拓宽,进而毕业于金华中学。为实现自己"科学救国"的理想,陈望道欲赴欧美留学,于是他先来到上海,补习了一年英语,又到浙江之江大学,进修了英语和数

---

① 朱成良编:《荜路蓝缕启山林》,苏州大学出版社2009年版,第137页。
② 上海鲁迅纪念馆编:《陈望道先生纪念集》,复旦大学出版社2006年版,第210页。

学，为赴欧美留学作准备。然而限于当时种种条件，他没有能去欧美国家，只能就近前往日本。为了资助他出国留学，陈望道的父亲变卖了许多田产。1915年初，陈望道来到日本后，先在东亚预备学校学习了一个时期的日文，然后分别到早稻田大学法科、东洋大学文科、中央大学法科学习，同时还到东京物理夜校攻读。在日本的四年半时间里，他以惊人的毅力，学完了法律、经济、物理、数学以及哲学、文学等多门课程，最后毕业于中央大学法科，获法学士学位。

陈望道留学日本时就读的早稻田大学是日本修辞学的摇篮。当时著名的修辞学家坪内逍遥和他的学生岛村泷太郎（又名岛村抱月）、五十岚力都在该校执教。坪内逍遥的《美辞论稿》、岛村泷太郎的《美辞学》《新美辞学》和五十岚力的《修辞学讲话》均为日本权威性的修辞学著作。早稻田大学校长高田早苗的《美辞学的方法》对学生也有影响。陈望道在早稻田大学虽不是主攻修辞学，但他对修辞学的兴趣和知识很可能是在这时奠定了基础。

在日本求学期间，陈望道结识了著名进步学者、早期的社会主义者河上肇、山川均等，并爱读他们译介的马克思主义著作。五四运动爆发后，他毅然迎着这股时代热流返国，被杭州浙江第一师范学校聘为语文教师。陈望道所在的这所学校，可以说是当时南方新思想新潮流的发源地，鲁迅、沈钧儒、张宗祥、朱自清等著名文化界人士，都先后在此担任过教职。陈望道到这里即以学校为阵地，热情地投入正在蓬勃兴起的反帝反封建的新文化运动，成了促进社会改革的急先锋。当时，浙江封建顽固势力将他与刘大白、李次九等人一起，侮称为"四大金刚"，并蓄谋置他于死地。而直接的正面冲突，终因《浙江新潮》上一篇题为《非孝》的文章引发。浙江当局借此要撤职查办此四人，有名的"一师风潮"就此掀起。这次风潮，使陈望道认识到仅仅宣传文学革命是远远不够的，要真正解决中国问题，必须进行社会改革。而改革社会制度，除了马克思主义，别无选择。正在这时候，他接到了上海《星期评论》杂志约稿函。

## 二、陈望道与上海建党早期工作

1920年陈独秀来到上海后，即着手重组《新青年》杂志。他以陈望道、李汉俊等倾心马克思主义的文化人为基础，组成编辑《新青年》的上海同人群体。在这一过程中，他也渐渐与主编《星期评论》的戴季陶、《民国日报》的主编邵力子等人建立密切联系。① 荷兰学者方德万(Hans J. van de Ven)亦认为,以陈独秀为中心聚起了一个对马克思主义深感兴趣的上海知识分子小圈子,后来的上海发起组即从这个知识分子小群体中产生。② 陈独秀与戴季陶、李汉俊等上海文化人过从甚密,他们组成了一个"研究会"性质的同人圈子。陈独秀曾对戴季陶评价颇高,按张国焘的回忆,陈曾称赞戴季陶"对马克思主义信仰甚笃,而且有过相当的研究"。③ 而且戴季陶的寓所在新渔阳里6号前楼,与陈独秀是近邻,由此可见,两人关系之密切。陈望道亦回忆:"陈独秀也从北京被赶到上海。我们几人是被赶拢来的。……大家住得很近(都在法租界),经常在一起,反复的谈,越谈越觉得有组织中国共产党的必要,便组织了'马克思主义研究会'……参加者有:陈独秀、沈雁冰、李汉俊、陈望道、邵力子等,先由陈独秀负责。"④ 并以之为基础成立同人沙龙性质的马克思主义研究会,频繁开展座谈宣传马克思主义与苏俄经验。陈独秀的寓所兼《新青年》编辑部——环龙路老渔阳里2号(今南昌路100弄2号),也成了革命者的中心场所。胡适在晚年曾自述,陈独秀"在上海失业,我们乃请他专任《新青年》杂志的编辑。这个'编辑'的职务,便是他唯一的职业了。在上海陈氏又碰到了一批搞政治的朋友——那一批后来中国共产党的发起人"。"自1920年1月以后,陈独秀是离开我们北京大学这个社团了。他离开了我们'新青年'团体里的一些老朋友;在上海他又交上了那批有志于搞政治而倾向于马列主义的新朋友。"⑤ 通过这样一个人际网络的构建,以陈独秀主编的《新青年》杂志(包括其他新文化运动的同路人刊物)为中心,初步形成了一个倾心马克思主义的上海知识分子同人群体,从而为共产党的建立奠定了成员基础。

根据陈望道的回忆,当时上海的马克思主义研究会有陈独秀、沈玄庐、邵力子、李汉俊、沈雁冰、陈望道等不出10个人参加,后来施存统等也参加。当时没有一套正规的入会手续,当然因为环境关系,对加入者的社会背景也还注意了解的。⑥ 此外,陈望道关于当时的刊物问题的回忆:五四运动以后,出版刊物很多,《新青年》和《新潮》最出名。1920年上半年,《新青年》搬来上海,专门宣传马克

---

① 参见吴少京编:《亲历者忆——建党风云》,中央文献出版社2001年版,第87页。
② 参见 Hans J. van de Ven, *From Friend to Comrade: The Founding of the Chinese Communist Party, 1920—1927* (Berkeley: University of California Press, 1991), p. 59.
③ 参见《亲历者忆——建党风云》,中央文献出版社2001年版,第87页。
④ 同上,第168—169页。
⑤ 唐德刚注译:《胡适口述自传》,安徽教育出版社2005年版,第201、211页。
⑥ 《新发现的陈望道访问记录》,澎湃新闻2017年12月5日。

思主义。编辑部就在南昌路铭德里2号的楼下厢房里。这是主要的宣传阵地。"游击"阵地在《民国日报》的副刊——《觉悟》。当时李汉俊在上海和戴季陶、沈玄庐搞《星期评论》(杨之华原来是沈玄庐的儿媳妇,也参加过《星期评论》的工作)。那时,这个刊物还是唯物的。陈望道来上海本来就是参加《星期评论》的,结果因故不出了,就参加了《新青年》的编辑工作。①

在陈独秀的领导与策划下,1920年6月中旬,中国共产党上海发起组在《新青年》编辑部正式成立,这是中国大地上出现的第一个共产主义组织。最初发起组只有五名成员,他们是陈独秀、李汉俊、俞秀松、施存统、陈公培。后来陆续参加的有陈望道、沈玄庐、李达、杨明斋、沈雁冰、邵力子、李启汉、沈泽民、袁振英、林伯渠、李中、周佛海等。正如共产国际代表利金所指出的,"上海小组具有领导作用,不仅因为它是中心组,而且也因为有陈独秀同志参加"。② 包惠僧的回忆亦确认,同年夏天"在上海成立临时中央,推陈独秀为临时中央的书记","中央主要的工作是宣传鼓动,编印《新青年》杂志及新青年丛书,并与各地支部或小组取得联系(我记得当时没有小组这个名词,凡经中央组织起来的地方都叫支部)"。③ 李达也认为,"上海的组织事实上成为一个总部,而各地的组织是支部了"。④ 陈望道是发起组的核心成员之一,并一度担任劳工部长。12月陈独秀去广州后,上海共产党早期组织即由陈望道和李汉俊负责。陈望道还担任过一段时间的代理书记。

根据这一办报理念,《劳动界》第二册刊出了陈望道撰写的《平安》一文。在《劳动界》刊出了陈望道撰写的《平安》一文以后,《劳动界》第三册的"读者投稿"栏目即收到了幕凝写的《读陈望道先生"平安"的感想》一文:"我读了陈望道先生那篇'平安',也不晓得发生了多少感想,因为我们的生活,没有一时一刻不在'平安'这两个字的反面进行……我的商店里,越不做事的人,他的出息反而越大;……这究竟是'平'不是'平'?他们穿的衣服,每一件总值我们几个月换米的

---

① 《新发现的陈望道访问记录》,澎湃新闻2017年12月5日。
② 《利金就在华工作情况给共产国际执委会远东部的报告(摘录)》(1922年5月20日),载中共中央党史研究室第一研究室编:《联共(布)共产国际与中国国民革命运动(1920—1925)》,北京图书馆出版社1997年版,第88页。
③ 中国社会科学院现代史研究室、中国革命博物馆党史研究室选编:《"一大"前后:中国共产党第一次代表大会前后资料选编》(二),人民出版社1980年版,第312页。
④ 《李达自传(节录)》,载中国革命博物馆党史研究室编:《党史研究资料》第2辑,四川人民出版社1981年版,第2页。

血汗钱;我们要想一件'衣服蔽体',都觉得不容易。他们总是到'什么馆''什么馆'里去饱餐几顿;我们一年到头,都是吃那碗忍着一肚皮气换来的粗菜饭……这都算'平'吗? 争于说到'安'字,我的意思已经被陈望道先生说尽,而我们所受的痛苦,也简直同陈望道先生所说的一样。"最后幕凝说:"我很希望我们劳动界诸同胞,大家都起来向着'平安'的大路走,不要昏昏幌幌地睡在鼓子里。"作为《劳动界》杂志编委的陈望道在看到这篇读者来稿后非常高兴,他在文末的"附记"中写道:"前期我匆匆忙忙地做了一篇,居然就引出这么一篇写实的鸣苦的文字,足见悲苦已极,解决的时期就在眼前了,我们都很欢喜。"接着他又说:但我那篇结尾,有"我们向那里去找'平安'一句话,其中'那里'两字很重要,还希望大家注意。"陈望道巧妙地通过"附记",再次点明《平安》一文的主题是劳动者要通过斗争能取得所需要的"平安"。①《劳动界》虽然存期仅短短六个月,一共才出了 24 册,却为 1921 年中国共产党成立前发动工人群众、制造舆论,创造了基本的条件。陈望道,作为《劳动界》的编委和主要撰稿人,为建党初期发动工人群众、筹建中国共产党,作出了巨大贡献。

这期间,他又参加上海工人运动,组织了纺织、邮电、印刷等工会。1920 年 5 月 1 日,他参加了在澄衷公学举行的上海首次国际劳动节的庆祝活动。他还亲自到沪西工厂区和其他同志一起开办职工补习夜校和平民女学,并为这些学校上课、演讲,开展马克思主义的宣传。1920 年 8 月,陈望道参加了筹建社会主义青年团的工作。青年团当时以外国语学社的名义,进行较公开的活动。俞秀松任青年团书记,陈望道也是负责人之一。外国语学社为党向国外派遣了一批留学生,培养了许多干部。此外,陈望道还参加过上海共产党早期组织秘密出版的内部刊物——《共产党》月刊的创刊工作。1920 年、1921 年连续两年的"五一"劳动节,上海共产党早期组织都发起组织纪念活动,陈望道作为组织者之一满怀激情地参加了这些活动,积极向广大人民群众宣传马克思主义,使马克思主义深入人心。

陈独秀成为中共上海发起组负责人后,上海发起组成员李汉俊、陈望道、沈雁冰、袁振英等先后加入《新青年》编辑部,组成了《新青年》上海编辑部,替代北京的旧同人成为编撰骨干,《新青年》也解除了与群益书社的关系,成立新青年

---

① 《陈望道与建党初期的工人运动刊物〈劳动界〉》,见陈立民主编:《千秋巨笔 一代宗师:纪念陈望道先生诞辰 120 周年》,复旦大学出版社 2013 年版,第 409 页。

社,独立自办印刷发行。这是因为,共产国际东方局代表维经斯基已经南下与陈独秀"相见甚欢",提供了部分资助,也使《新青年》走出一条重塑之路。陈独秀与群益书社"翻脸"单干,胡适等北京大学同人是不愿意的。《新青年》该如何走下去成为其京沪两个编辑部成员不得不思虑的问题。胡适再度祭起"不谈政治"的戒约,认为问题已到必须解决的关头。1920年12月他致函陈独秀说,尽管你本人也声称并不以为然,但《新青年》"色彩过于鲜明",却是已成之事实,今虽有意抹淡,似亦非易事,况且"北京同人抹淡的工夫决赶不上上海同人染浓的手段之神速"。他向陈提出解决这一问题的三个办法:第一,"听《新青年》流为有特别色彩之杂志,而另创一个哲学文学的杂志";第二,将《新青年》迁回北京出版,由北京同人发表一个新宣言,恢复"不谈政治"的戒约,仍"注重学术思想艺文的改造";第三,《新青年》既被邮局停寄,何不"暂时停办"。①

"五四"时期,《星期评论》《时事新报》《觉悟》等上海报刊,与一度在京的《新青年》南北呼应,可称之为新文化运动的同路人。近代上海发达的媒介为马克思主义的早期传播提供了便利条件。马克思主义的理论文本经由《新青年》和"五四"时期其他刊物(大多在上海)传入中国。而《新青年》杂志复归上海,既标志着新文化运动本身的转向,亦意味着上海成为马克思主义学说在中国引介和传播的主要中心。诚如美国学者格里德尔所评价的,《新青年》"一旦置于陈独秀的独断控制之下,它就成了中国第一个主要的马克思主义杂志。从《新青年》的历史和几个早期撰稿人的思想中,似乎可以看到新文化时期中国知识分子探索的大部分历史"。②

而之后陈独秀在致胡适等人的信函中曾称:"适之、一涵兄:弟今晚即上船赴粤。此间事都已布置了当,《新青年》编辑部事有陈望道君可负责,发行部事有苏新甫君可负责。《新青年》色彩过于鲜明,弟近亦不以为然,陈望道君亦主张稍改内容,以后仍以趋重哲学文学为是;但如此办法,非北京同人多做文章不可。近几册内容稍稍与前不同,京中同人来文太少,也是一个重大的原因,请二兄切实向京中同人催寄文章。"③而陈望道在给周作人的信函中也提道:"独秀先生明

---

① 胡适:《致陈独秀》,见张静庐编:《现代中国出版史料》甲编,中华书局1954年版,第8页。
② 杰罗姆·B.格里德尔:《知识分子与现代中国》,单正平译,南开大学出版社2002年版,第259页。
③ 《致胡适之、高一涵》(1920年12月16日),见陈独秀:《陈独秀文章选编》中册,生活·读书·新知三联书店1984年版,第71页。

天动身往广东去,这里收稿的事,暂由我课余兼任。前两期校对颇欠精审,损了价值不少,此后三校我想自己亲校,或许可以稍为好一点。"①此后,从第八卷第五号(1921年1月1日),直至第九卷第六号(1922年7月1日),陈望道是上海编辑部的主要负责人。

陈望道非常注意坚持《新青年》原有的优良传统,但又着力进行一些适应形势的改革。一项重要举措,就是对稿件采取某种宽松姿态。当时的《新青年》已是宣传马克思主义的党刊,但他认为对本刊原有作者一些不同思想倾向的稿子,可以照登,这可以扩大对他们的影响,使他们跟过来;还可以在舆论高压政策下起掩护作用;同时对迫使迁返北京归其控制的胡适,则坚决反击,使其归于失败,反胡斗争曾得到李大钊和鲁迅的支持。这时,《新青年》还增辟"俄罗斯研究"专栏,着力宣传十月革命后苏维埃俄国不断发展的新成就,鼓舞人民奋勇走俄国革命的道路。

在给周作人的回信中,陈望道代表上海编辑部,道出《新青年》最终选择共产主义的决心:"我是一个北京同人'素不相识的人'(适之给仲甫信中的话),在有'历史的观念'的人,自然格外觉得有所谓'历史的关系'。我也并不想要在《新青年》上占一段时间的历史,并且我是一个不信实验主义的人,对于招牌,无意留恋。不过适之先生底态度,我却敢断定说,不能信任。但这也是个人意见,团体进行自然听团体底意志。"②"胡先生总说内容不对,其实何尝将他们文章撤下不登。他们不做文章,自然觉得别人的文章多;别人的文章多,自然他有些看不入眼了。人们各有意志,各有所学,除非学问诚足以支配一世,如'易卜生',何能有'易卜生主义'足以范围一切。实则,易卜生主义也不曾范围一切。总之,所谓'周氏兄弟'是我们上海广东同人与一般读者所共同感谢的。"③

陈望道主持的《新青年》上海编辑部经济上是颇为捉襟见肘的。李达说得更加明白:"这时候,经费颇感困难,每月虽只二三百元,却无法筹措。陈独秀办的新青年社,不能协助党内经费,并且李汉俊主编《新青年》的编辑费(每月一百元)也不能按时支付。于是我们就和沈雁冰(当时任《小说月报》编辑,也加入了)商

---

① 《与周作人关于〈新青年〉杂志的通信》(1920年12月16日),见陈望道著,池昌海主编:《陈望道全集》,浙江大学出版社2011年版,第176页。
② 同上。
③ 同上,第177页。

酬,大家写稿子,卖给商务印书馆,把稿费充作党的经费。"①《新青年》社在法租界大马路开了一家"新青年书社"(即负责发行的新青年社),生意很好。李汉俊向陈独秀写信提议由"新青年书社"按月支200元作党的经费,陈独秀没有答应,于是李汉俊颇认为陈独秀私心太重。而根据张国焘的说法,在"一大"召开前,"计算(全国)六个小组共有57同志"。而且,"一次大会以前经费是自筹的,上海新青年社原来有2 000元,营业赢利计4 000元,汉俊设法筹措一些,湖南等处,每月由中央津贴二三十元。(广东不在内)北京因与俄同志接近,募了一些捐款。一次大会以后,中央则由国际津贴"。②李达和张国焘的不同说法显然说明,新青年社的生意很好,营业利润不菲,但《新青年》上海编辑部却无法动用这笔财源,究其原因,还是陈独秀将新青年社视为己出,不许他人染指。譬如陈独秀曾在与胡适的通信中指出发行部事交苏新甫负责,而苏新甫与陈独秀有亲戚关系,且有长期合作,显然陈独秀试图将编辑和发行分开,并将主管经济权的出版发行牢牢抓在自己手中。在《新青年》上海编辑部经济最困难的时候,陈独秀主办的新青年社即便盈利富余却不施予援手,显然这也是日后陈望道、李汉俊与陈独秀产生矛盾的主要经济原因。

此外,有一种意见认为新青年社是苏俄经济援助的结果,这种认识也是不准确的。1920年7月2日,正在为新青年社独立发行而招股的陈独秀致函高一涵,言辞恳切地称"兴文社已收到的股款只有一千元,招股的事,请你特别出点力才好"。可见新青年社之原始股本金中,有一半系由招外股所得,尚余1 000元股款之来源因史料缺乏存疑。③然而,共产国际档案则称《新青年》得到了苏俄资助,可见,《新青年》杂志在上海的编辑、印刷和出版得到了苏俄方面的资助。然而,苏俄方面是否提供了《新青年》原始股本2 000元的余下部分即1 000元股款,则不得而知。尤其值得一提的是,陈独秀此时要为区区数千元的股款而到处奔走,这与其1917年的意气风发迥然有异。陈独秀在1917年初曾致信远在美国的胡适:"弟与孟邹兄为书局招股事,于去年十一月底来北京勾留月余,约可得十万余元,南方约可得数万余,有现金二十万元,合之亚东、群益旧有财产约三十

---

① 李达:《李达自传》(节录),《党史研究资料》,1980年第8期。
② 张国焘曾提及"在1920(年)冬汉俊曾写了一本小册卖给商务书馆,得了300元"。参见K. B.舍维廖夫提供:《张国焘关于中共成立前后情况的讲稿》(手稿本),《百年潮》2002年第2期。
③ 参见欧阳哲生:《〈新青年〉编辑演变之历史考辨———以1920—1921年同人书信为中心的探讨》,《历史研究》2009年第3期。

余万,亦可暂时勉强成立,大扩充尚须忍待二三年也。书局成立后,编译之事尚待足下为柱石,月费至少可有二百。蔡孑民先生已接北京总长之任,力约弟为文科学长,弟荐足下以代,此时无人,弟暂充乏。"①上海的出版生意如此诱人,当时的陈独秀颇有投身商海大干一场的气势,以至于蔡元培三顾茅庐把他请进北京大学当文科学长之时,陈独秀起先并不愿意去北大就任文科学长,只答应是做三个月而已。两相比较之下,陈独秀1920年在上海的经济困窘可想而知。

所以,也就不能过分苛责陈独秀的自私贪财。因为,陈当时的个人境遇也是经济上捉襟见肘的。1920年12月,陈独秀赴广州前,特为致函北京同人,言及"弟日内须赴广州,此间编辑事务已请陈望道先生办理,另外新加入编辑部者,为沈雁冰、李达、李汉俊三人。弟在此月用编辑部薪水百元,到粤后如有收入,此款即归望道先生用,因为编辑事很多,望道境遇又不佳,不支薪水似乎不好。望道先生已移住编辑部,以后来稿请寄编辑部陈望道先生收不误。四号报已出版,五号报收稿在即"。② 由此可见,直至1920年底,陈独秀本人在上海仍主要依靠北京同人提供的这份收入支用。陈独秀自己的经济境遇尚且困难,而且其在给胡适的信中是极力维护陈望道的,称"望道境遇又不佳,不支薪水似乎不好"。

与此同时,陈望道在此时期的重要贡献就是翻译《共产党宣言》中译本。而第一个打算把《共产党宣言》译成中文的是戴季陶。他在日本时,曾买到一本日文版《共产党宣言》,亦深知此书的分量,打算译成中文。那时的戴季陶,思想颇为激进。无奈,细细看了一下,便放下了,因为翻译此书绝非易事,译者不仅要谙熟马克思主义理论,而且要有相当高的中文文学修养。后来,戴季陶回到上海,主编《星期评论》,打算在刊物上连载《共产党宣言》,他着手物色译者。邵力子得知此事,向戴季陶推荐陈望道翻译。于是,戴季陶提供了《共产党宣言》日译本,陈独秀提供英译本,供陈望道对照翻译使用。当然关于这一说法,日本学者石川祯浩曾提出质疑,他认为从这个陈译本看,所依据的蓝本很可能是《社会主义研究》创刊号所刊载的幸德秋水和堺利彦合译的《共产党宣言》(日文版),两者的体裁与文体相似(作为翻译用语的未确定用字中,有些地方加上了英文原文)。有

---

① 《陈独秀致胡适》(1917年1月),见中国社会科学院近代史研究所中华民国史研究室编:《胡适来往书信选》上,社会科学文献出版社2013年版,第5页。
② 《陈独秀致李大钊、钱玄同、胡适等》(1920年12月初),见中国社会科学院近代史研究所中华民国史研究室编:《胡适来往书信选》上,社会科学文献出版社2013年版,第85页。

证据证明,当时戴季陶确实拥有这份创刊号,在他主编的《星期评论》第三十一号(1920年1月)上,刊载了戴季陶翻译的《马克斯传》,这篇文章是根据《社会主义研究》创刊号上刊载的李卜克内西原著、志津野又郎翻译的《马克思传》转译的。由此可见,戴季陶当然知道在同一期刊物上还刊出了《共产党宣言》。因此可以基本肯定,陈望道回忆中所说的戴季陶提供的日文本,就是《社会主义研究》创刊号上的《共产党宣言》。① 石川同时也认为不能否定陈望道参考了其他的蓝本(如当时日本秘密流传的手抄本和誊写本)的可能性。当然,删去英文版序言是陈望道自己作出的判断,并且他在翻译时,并没有拘泥于《社会主义研究》创刊号的译语,而是根据当时通行的译语作了改订。

1920年2月下旬,陈望道回到义乌城西分水塘村老家过春节,便着手翻译《共产党宣言》。他为避开来来往往的亲友,躲进老家的柴屋里。这间屋子半间堆着柴禾,墙壁积灰尘一寸多厚,墙角布满蜘蛛网,母亲用扫帚打扫了一下,他自己端来两条长板凳,横放一块铺板,就算书桌,在泥地上铺了几捆稻草,算是凳子。入夜,点上一盏昏黄的油灯。不时翻阅着《日汉辞典》《英汉辞典》,逐字逐句斟酌着。陈望道在极其艰难困苦的条件下,夜以继日,废寝忘食,花了个把月,完成了《共产党宣言》的全文翻译工作。书译成后,陈望道应《星期评论》编辑部的邀请到上海担任编辑。他把《共产党宣言》译文连同日文英文版本委托俞秀松交陈独秀校阅。陈校毕再由李汉俊校,然后陈望道作最后修订。但是《星期评论》来不及刊登《共产党宣言》,就被迫查封停刊。经多方努力,最后决定,所译《共产党宣言》由上海社会主义研究社作为社会主义研究小丛书第一种,于1920年6月正式出版。

该书封面红印马克思半身肖像,肖像下面自右向左横题"马格斯"三字;肖像上面大字横题书名"共党产宣言",还印着几行小字:社会主义研究小丛书第一辑,马格思、安格尔斯合著,陈望道译。书末版权页上还印着:一千九百二十年八月出版;印刷及发行者,社会主义研究社;定价大洋一角。该书为竖排平装本,用五号铅字排印,报纸印造。由于排印疏忽,封面上的"共产党宣言"印成了"共

---

① 石川祯浩:《关于陈望道翻译的〈共产党宣言〉》,《上海党史研究》1995年第2期。最近有学者对照陈望道译本和日译本发现,两个译本出现47处英文标注中,只有"梅特涅""共产党"两处陈望道没有标注,其余标注位置完全与1906年的日译本相同。参见陈红绢:《版本源流与底本甄别:陈望道〈共产党宣言〉文本考辨》,《中共党史研究》2016年第3期。

党产宣言"。全书共56页,32开。现珍藏在国家图书馆内。印数有限的《共产党宣言》首印本很快销售一空。为了满足读者的需求,同时也为了纠正首印本书名将"共产党"印成"共党产"的错误,同年9月,《共产党宣言》重印1 000册。二印本除了将书名更正,封面为蓝印马克思半身肖像以及更改出版时间外,其余均同于首印本。

为了宣传《共产党宣言》中译本的出版,沈玄庐当时就评论道:"凡研究《资本论》这个学说系统的人,不能不看《共产党宣言》。"①1920年6月26日,鲁迅收到陈望道寄来的信和翻译的《共产党宣言》一书,当天就看了一遍,评价道:"这个工作做得很好,现在大家都在议论什么'过激主义'来了,但就没有人切切实实把这个'主义'真正介绍到国内来,其实这倒是当前最要紧的工作。望道在杭州大闹了一阵之后,这次埋头苦干,把这本书翻译出来,对中国做了件好事。我看望道这个人就比北京那些吃五四饭的人要强得多。"②此处引文出处为陈望道的访谈,而有关这段言论的另一处引文则据称是周作人的回忆,③由此可见,这番言论的出处皆出于他人之口,未有从鲁迅生前文字记录中获得印证,但有不少后续研究都直引此文以为确切史实。实事求是而言,鲁迅当时是否有如此言论值得怀疑,此例孤证值得商榷。

毛泽东日后回忆,"有三本书特别深深地铭刻在我的心中,建立起我对马克思主义的信仰。……这三本书是:《共产党宣言》,陈望道译,这是用中文出版的第一本马克思主义的书;《阶级争斗》,考茨基著;《社会主义史》,柯卡普著"。④由此可见陈望道翻译《共产党宣言》中译本的重大意义。

## 三、"一大"之后与《新青年》上海编辑部的结束

1921年初,李达、李汉俊、陈望道与陈独秀、李大钊联系后,决定在上海召开中国共产党第一次全国代表大会,并随即写信通知全国各地党组织派代表出席大会,就此开始了"一大"的筹备工作。1921年7月23日,来自北京、汉口、广

---

① 沈玄庐:《答人问〈共产党宣言〉底发行》,《民国日报·觉悟》1920年9月30日。
② 《我活着一天,就要为党工作一天》——访陈望道教授》,载《中国新闻》第6904期,1973年9月17日。
③ 《鲁迅和〈共产党宣言〉》,《鲁迅研究资料》1976年第1期。
④ 参见斯诺:《西行漫记》,董乐山译,生活·读书·新知三联书店出版社1979年版,第131页。

州、长沙、济南和日本的各地代表13人到达上海,中国共产党第一次全国代表大会正式召开。1921年11月,中共上海地方委员会成立,陈望道被推选为中共上海地方委员会首任书记。到1922年6月为止,上海的党员人数为50人。① 1922年的新年,中共上海地方委员会决定到外面去拜年,给每家每户分发贺年片,陈望道起草了一首鼓动劳苦大众起来反对剥削者的《太平歌》印在贺年片的反面,而正面则写上"恭贺新年"四个大字。人们看到贺年片后惊呼:不得了,共产主义到上海来了。

与之同时,共产主义印刷品的广泛传播,使得租界当局倍感焦虑。根据法租界巡捕房提供的信息,法租界巡捕于(1921年)2月1日搜查了公馆马路283号的一家书房,查获宣传社会主义的书籍和小册子,这些书籍据信是在法租界内印刷的,包括《社会主义史》《到自由之路》《阶级争斗》《工团主义》等。此处被查抄的书房即新青年社。沈雁冰曾证实被查抄的地点还有承印《新青年》的又新印刷所。② 陈望道在随后与周作人的往来信函中提道:"新青年社在阴历年关被法捕房没收去许多书籍,又罚洋五十元,并且勒令迁移。这事究从何方推动,于今还未分明。但事业仍是要进行的。你以为怎样?祝你平安。"③

而《新青年》的被查并非偶然。早在1920年陈独秀与胡适的信函中,胡适阅信时在信纸上写着两句批语:"请阅后在自己名字上打一个圈子,并请转给没有圈子的人,适。昨日知《新青年》已不准邮寄。适。"④可见此时,《新青年》已因过激色彩而已不准邮寄。到了1921年1月,陈独秀又复信北京同人,陈独秀在落款处署名之后,又补写了一段附言:"再启者,前拟用同人名义发起新青年社,此时官厅对新青年社颇忌恶,诸君都在北京,似不便出名,此层如何办法,乞示知。"⑤而钱玄同在1月18日的日记则记载道:"接守常信知仲、适两人意见冲突,盖一则主张介绍劳农,又主张谈政治,一则反对劳农,又主张不谈政治,其实是猪

---

① 《1921年至1927年上海地区党组织发展概况》(上海档案馆),见中共上海市委党史资料征集调查委员会编:《上海党史资料通讯》1982年增刊(1)(内部刊物)。
② 参见吴少京主编:《亲历者忆———建党风云》,中央文献出版社2001年版,第183页。
③ 陈望道著,池昌海主编:《陈望道全集》第10卷,浙江大学出版社2011年版,第176页。
④ 《陈独秀致李大钊、钱玄同、胡适等》(1920年12月初),见中国社会科学院近代史研究所中华民国史研究室编:《胡适来往书信选》上,社会科学文献出版社2013年版,第85页。
⑤ 《陈独秀致北京同人》(1921年1月9日),国家文物局藏。见唐宝林:《陈独秀全传》,社会科学文献出版社2013年版,第287页。

头问题罢了。"①可见,由于《新青年》杂志革命色彩的日益浓烈,已引起北京当局的注意,这也为其日后被查封埋下了伏笔。而陈望道的编辑方针则是要照顾北京同人,陈望道说:"《新青年》既然已经是马克思主义研究会的刊物了,为什么内容还是那样庞杂?为什么还刊登不同思想倾向的文章?这是因为《新青年》原有的作者队伍本来就是庞杂的,要照顾他们,来稿照用。改组后,我们的做法,不是内容完全改,不是把旧的都排出去,而是把新的放进来,把马克思主义的东西放进来,先打出马克思主义的旗帜。这样,原来写稿的人也可以跟过来,色彩也不被人家注意。我们搞点翻译文章,开辟'俄罗斯研究'专栏,就是带有树旗帜的作用。"②因此,在第八卷中,北京同人的文章仍占据一定篇目。第八卷的确还是一个过渡。

而最终,《新青年》上海编辑部的被查封为《新青年》同人的南北分道扬镳画上了句号。陈独秀在1921年2月15日复信胡适,说:"现在《新青年》已被封禁,非移粤不能出版,移京已不成问题了。你们另外办一个报,我十分赞成,因为中国好报太少,你们做出来的东西总不差,但我却没有工夫帮助文章。而且在北京出版,我也不宜做文章。我是一时不能回上海了。你劝我对于朋友不要太多疑,我承认是我应该时常不可忘却的忠告,但我总是时时提心吊胆恐怕我的好朋友书呆子为政客所利用。我仍希望你非候病十分好了,不可上课、做文章,而且很想你来广东一游。"③此后一直到第八卷第六号仍在上海出版,到了1921年4月第六号,"上海新青年社印行在末页刊出了一则,本社特别启事:本社以特种原因已迁移广州城内惠爱中约昌兴马路第二十六号三楼,一切信件,均请寄至此处;所有书报往来办法,仍与在上海时无异,特此奉闻"。而茅盾的回忆则是:"此为故意放烟幕,迷惑法捕房。其实仍在上海印刷,不过换了承印商而已。"④而与之同时,陈独秀到广州后苏新甫也将《新青年》发行处搬到了广州。而据1921年2月13日陈望道致周作人信云"潘君作品,我已在编辑部中搜寻过一番,找不到。当写信去问仲甫先生,如果时间所许,定当编入九卷一号"⑤,表明此时上海

---

① 钱玄同:《钱玄同日记》第4册,福建教育出版社2002年版,第1930页。
② 宁树藩、丁淦林整理:《关于上海马克思主义研究会活动的回忆——陈望道同志生前谈话纪录》,《复旦学报》1980年第3期。
③ 陈独秀:《致胡适》(1921年2月15日),见《陈独秀书信集》,新华出版社1987年版,第308页。
④ 茅盾:《我走过的道路》上册,人民文学出版社1997年版,第196页。
⑤ 欧阳哲生文误作2月23日。

编辑部仍在运作。随后,1921年10月陈独秀被法租界拘捕,最后判决亦不过是罚洋100元,驱逐出法租界了事。于是《新青年》自1921年9月1日出版第九卷第五号后,停刊近十个月,直到1922年7月1日补齐第六号后休刊。

至于休刊的原因,一方面是陈独秀被法租界警务处拘捕,另一方面则是上海编辑部同人与陈独秀的矛盾加剧。陈望道反对陈独秀的家长作风,遂提出脱离组织的请求,并因此没有参加中国共产党的第一次代表大会。实质上这只是他退党事件的一个导火索,根本原因还在于不认同当时党组织的集权制领导方式。邵力子回忆称:"陈望道好静,喜欢搞研究工作,不习惯于经常过组织生活。"① 1927年经时任复旦大学文科主任的陈望道帮助进入复旦中文系学习,后又因参加革命活动被捕入狱得到过陈望道救援的中共早期党人夏征农,当谈及陈望道退党原因时却并不为尊者讳,直陈"因主张不要发动斗争,研究研究"。而张国焘的讲稿中更是特别指出"组织问题。我们主张要有严密的组织,要有中央,指挥各小组,要有纪律,要民主集中制,反对自由联合。当时情形与现在不同,都不愿守什么纪律,听什么命令。特别是陈望道一类的人,说到命令,非特别反对不可"②。而李汉俊也有类似主张:"汉俊说首先要懂得马克思主义。中国工人不大觉悟,费了一年劳力,成绩不好。中国应先有一部分好的知识分子,到工人中去活动,才有把握,主张开办马克思主义的师范大学,设立马克思主义图书馆,翻译书籍。有了这些知识分子作干部,才有办法。共产党的基础不必建立在工人上,可以知识分子为中心。"③

此外,诸如陈望道、李汉俊这样《新青年》上海编辑部的同人,日后离开政治舞台的原因除了理念以外,也和中共党内的人事矛盾相关。李汉俊的女儿李声馥在《我的父亲李汉俊》一文中指出:"父亲生前与张国焘的关系最不好的。在'一大'期间,陈独秀不在上海,我父亲是大会的主要筹备者,加上他当时在上海被公认是马克思主义最有权威的理论家,所以张国焘怀有个人野心,打击我父亲,以致我父亲没有当选为中央执行委员(后当选为候补中央执委),而张国焘不仅选上了中央执委,还当上了中央组织部长。""有一次,张国焘询问我父亲:'你

---

① 朱顺佐:《邵力子传》,浙江大学出版社1988年版,第103页
② 参见К. В. 舍维廖夫提供:《张国焘关于中共成立前后情况的讲稿》(手稿本),《百年潮》2002年第2期。
③ 同上。

怎么尽介绍一些大知识分子进入党内,像沈雁冰、董必武、杨献珍,这样下去,我们这个工人阶级的党岂不要变成知识分子的党吗?'我父亲回答说:'马克思列宁都是大知识分子,你能说他们不能代表工人阶级吗?知识分子一旦信仰了共产主义,会对革命有更大的帮助',张国焘接着毫无道理地指责我父亲'违背了'党的路线,如不改正,就要开除!我父亲也毫不示弱地说:'不是你要开除我,而是我要脱离你的党!'"①可见,在政治理念相左外,还有着复杂的人事矛盾。《新青年》上海编辑部同人日后相继离开纷扰的政治舞台,回到书斋。

从客观上看,陈望道等人的脱党有着更深的意义。当时中共的工作有两条战线:一部分人侧重于从事理论宣传教育工作,如李汉俊、李达、陈望道等,他们更多关心党的组织建设;另一部分人侧重于从事工人运动,如张国焘、蔡和森、邓中夏、高君宇、林育南、许白昊等,他们多是注意劳工运动。而施存统就认为"这两派的见解和行动都有分别,所以第二次大会活动分子被选,自然的党内分了派别的观念,反对'劳动组合书记部'与中央组织发生关系的问题"②。斗争的最后结果则是在中共"二大"选出的五人中央执行委员会里,除陈独秀之外,其余四人,张国焘、蔡和森、高君宇和邓中夏,均是"小组织"的成员。鉴于此,陈独秀感到无法工作,"二大"后不久即向共产国际代表马林写了辞职信,后因马林表态支持他而作罢。这场斗争真实地反映出中共党内当时对中国革命道路基本问题的不同认识,是思想认识上的差异。

陈望道虽然没有出席党的"一大",但当时也没有脱离党的组织。他正式离开党的组织,是在党的"三大"召开以后。陈望道担任中共上海地方委员会书记为时不长,约在1922年下半年正式提出辞呈。1923年,为纪念世界无产阶级革命导师马克思诞生105年,中共上海地方委员会在四五月间,先后举行演讲会和纪念会。陈望道此时虽与陈独秀发生矛盾,要辞去上海地方委员会书记职务,但他仍然积极参与了这些活动。1923年8月5日,上海地方兼区执行委员会召开第六次会议,中央委员毛泽东代表中央出席指导。在会上,毛泽东代表中央建议:对邵力子、沈玄庐、陈望道的态度应缓和,劝他们取消退出党的意思。随后

---

① 李声馥:《我的父亲李汉俊》,见中国人民政治协商会议湖北省武汉市委员会文史资料研究委员会编《武汉文史资料(选辑)》第3辑,1981年版,第35页。

② 施复亮:《中国共产党成立时期的几个问题》,见《"一大"前后》(二),人民出版社1980年版,第37页。

沈雁冰根据毛泽东的意见出面做陈望道等同志工作的,但最终无果。

## 余 论

事实上就建党历程而言,各地共产党早期组织的成员情况相当复杂。根据俄罗斯学者齐赫文斯基征引的档案史料,"共产主义小组的成员主要是青年学生(半数以上的年龄在25岁以下);近70％的人出身地主家庭,10％的人出身官僚家庭"。[①] 陈独秀也认为与共产国际建立关系,"无论在马克思的理论上和这一运动的实际经验上都可以得着莫大的帮助"。[②] 在此引入"沙龙布尔什维克"这一概念来描述"五四"之后各地所出现的诸如"马克思主义研究会"之类的知识分子沙龙组织。在既往的研究,对诸如马克思主义研究会、新民学会之类的"五四"时期的知识分子沙龙团体与早期中共发起组之间的关系论述不多。事实上,"沙龙布尔什维克"性质的"五四"知识分子社团与日后的共产党早期组织之间有着密切的渊源与传承关系,以至张太雷在致共产国际第三次代表大会的报告中必须予以特别澄清,"在此报告中,我们解释了中国这些共产主义小组的组织发展过程何以形同激进知识分子的运动"。[③] 对此历史脉络加以梳理,即可体察中国共产主义运动的起源,这一运动是如何从知识分子的书斋中脱颖而出,通过与工人运动相结合,从而锻造出一个纪律严明、组织严密、集中而富有活力、担负起社会动员使命的中国共产党。剑桥大学学者方德万(Hans J. van de Ven)亦曾对"五四"前后的进步社团与共产主义运动之间的关系作过考察,他认为"研究会"性质的知识分子团体与共产党早期组织有着密切的亲缘关系,有着一个从"朋友"到"同志"的内在逻辑理路,后来的中共发起组即从"五四"前后这些跨地域、跨阶级的彼此互有联系的知识分子小群体中产生。[④] 譬如,1919年之后,各式各样的马克思主义学习社团在全国各地涌现,曾亲身投入"五四"新文化运动的青年学生如毛泽东、周恩来等则是这类社团的领导人。

---

[①] [俄]谢·列·齐赫文斯基著:《周恩来与中国的独立和统一》,何宏江等译,中央文献出版社2000年版,第69页。
[②] 张国焘:《我的回忆》第1册,东方出版社1998年版,第101页。
[③] 参见《俄罗斯新发现的有关中共建党的文件》,《百年潮》2001年第12期。
[④] 参见 Hans J. van de Ven, *From Friend to Comrade: The Founding of the Chinese Communist Party*, 1920—1927 (Berkeley: University of California Press, 1991), p. 55.

沈雁冰则认为,早在陈独秀出走上海前,他已与北大的自由派教授意见分歧,以至"陈独秀一怒之下,说《新青年》本来是他创办的,他要带到上海去"。①可见,陈独秀与北大的自由派友人分道扬镳后,作为一个初步具有马克思主义信仰的知识分子,来到上海寻找革命同人,并着手将新文化运动转化为走向行动的社会革命。但是也要注意,《新青年》杂志社内部的京沪同人的思想分歧绝非后人所以为的水火不容。上海编辑部与北京同人在很大程度上仍然是共享相同的进步主义、启蒙思想,在与过去的决绝程度上,两者是一致的,他们都从西方思想资源中获取学理依据。而且,以是否支持社会革命作为分野的话,也是欠妥当的,如北京同人中的李大钊便是中国最早的马克思主义宣传者。值得注意的是,在"五四"前后最早介绍宣传诸种社会主义思潮(包括马克思主义)的刊物,主要是陈独秀主编的《新青年》、邵力子主编的《民国日报》副刊《觉悟》、张东荪主持的《时事新报》副刊《学灯》、戴季陶主编的《星期评论》。其中,除《新青年》编辑部一度在北京(发行部则在上海)外,其余三种都是上海的刊物。据曹聚仁回忆,"邵力子主编《觉悟》态度最为积极,和《新青年》桴鼓相应,最为青年学生所爱好。那时上海《民国日报》受了政府干涉,邮寄颇成问题,就靠日本邮局在转送,居然一纸风行。经常替《觉悟》写稿的,如陈望道、刘大白、沈定一、杨贤江、张闻天、瞿秋白,后来都是社会革命的激进者","张东荪主持上海《时事新报》,其副刊《学灯》创刊于1918年3月间,研究学术,介绍新知。也是《新青年》的同路人"。② 五四时期,《星期评论》《时事新报》《觉悟》等上海报刊,与一度在京的《新青年》南北呼应,可称之为新文化运动的同路人。

《新青年》上海编辑部与北京同人的分野,不仅意味着自1915年开始的"五四"新文化运动的落幕,也同时意味着在新文化运动的澎湃初心之中所孕育的中国共产党的诞生,由陈望道担任负责人的《新青年》上海编辑部和马克思主义研究会是共产党早期组织的成员基础;嗣后,在此基础上,正式成立了中国第一个共产党组织——上海发起组。但是也要注意到在1921年前后,如陈独秀、陈望道等先进知识分子对马克思主义的了解都还很少,他们缺乏发动共产主义运动的经验,意识形态观念还有着很大的模糊性,而这时组织的作用就非

---

① 参见吴少京主编:《亲历者忆———建党风云》,中央文献出版社2001年版,第176页。
② 曹聚仁:《文坛五十年》,东方出版中心2006年版,第165—166页。

常重要。① 对这一历史过程加以辨析，即可体察新文化运动是如何从上海发端乃至席卷全国，为中国共产党的创建提供了思想上的准备，最终构成中国革命的文化起源的。中国共产党的创建为新文化运动画上了一个完美的句号。就此而论，近代中国的启蒙与革命（救亡）实是一个不可分割的连续统一体；革命乃启蒙之子。同时，也要注意，在某种意义上，恰恰也是革命"制造"了启蒙，而不是相反，因为正是革命赋予"五四"新文化运动先驱性和纲领性的意义，将这一思想运动构建为它的正当性起源。

（作者单位　上海社会科学院）

---

① 事实上各地共产党早期组织的成员情况相当复杂，他们渴望行动，但是缺乏政治经验。陈独秀也认为与共产国际建立关系，"无论在马克思的理论上和这一运动的实际经验上都可以得着莫大的帮助"。见张国焘：《我的回忆》第1册，第101页。

# 刍议沈雁冰早年的革命活动与中共创建

张姚俊

《子夜》《蚀》《虹》《春蚕》《林家铺子》……提起这一连串小说名,人们自然就会联想到现代文学巨匠茅盾。茅盾①(1896—1981),原名沈德鸿,字雁冰,浙江嘉兴桐乡人。作为中国现代进步文化的先驱者、伟大的革命文学家,沈雁冰一生写作和翻译了大量小说、散文、戏剧、诗歌及文学论著,"为我国革命文艺和文化运动奠定了基础","为社会主义文化事业作出了重大的贡献",②受到世人崇敬。事实上,沈雁冰不仅是一代文豪,更是参与创建中国共产党的革命先驱。他"从青年时代起,毕生追求共产主义的伟大理想。早在1921年,他就在上海先后参加共产党早期组织和中国共产党,是党的最早的一批党员之一,并曾积极参加党的筹备工作和早期工作"③。然而,相比卷帙浩繁的茅盾文学成就研究成果,对于沈雁冰在中共创建和党的早期建设中所作贡献的研究,却数量寥寥,鲜有学者关注。④ 本文将循着沈雁冰的思想成长历程和革命足迹,对他在中共创建过程

---

① "茅盾"这一笔名始自1927年。大革命失败后,沈雁冰被迫隐居上海。在思考中国革命道路前进方向的同时,他开始踏上文学创作之路,写就第一部小说《幻灭》。可许多报社却不敢刊登他的文章。于是,沈雁冰在手稿上署名"矛盾",以表达复杂心绪。最后,稿子交到了时任《小说月报》编辑的叶圣陶手里。叶十分欣赏这部小说,但认为"矛盾"是个哲学名词,而非人名,且在当时严酷的环境下,容易引起不必要的麻烦。叶圣陶遂在"矛"字上加了一个草字头,改作"茅盾"。从此"茅盾"成为中国现代文坛最响亮的名字之一。

② 胡耀邦:《在沈雁冰同志追悼大会上的悼词》,《人民日报》1981年4月12日。

③ 同上。

④ 目前所见相关学术成果主要有:李广德:《青年沈雁冰与中国共产党》,《杭州师范学院学报(社会科学版)》1982年第3期;翟同泰:《茅盾在大革命前的社会和革命活动述略——兼答筱佑同志》,《茅盾研究》第3辑,文化艺术出版社1988年版;陈约康:《沈雁冰、沈泽民的入党考证与建党初期的活动》,《上海革命史资料与研究》第6辑,上海古籍出版社2006年版;钟桂松:《沈雁冰在中共建党初期的贡献初探》,《观察与思考》2017年第5期。上述成果较为全面地论述了沈雁冰在中共创建前后的革命活动。(转下页)

中，尤其是党的早期理论建设和组织建设中发挥的积极作用进行论述和分析，以期进一步扩宽中共创建史的研究畛域，更加真确地还原"这位为中国革命事业、中国新兴的革命文学事业奋斗了一生的卓越的无产阶级文化战士"①早年的革命峥嵘岁月。

## 一、加入上海的共产党早期组织，翻译马列主义经典文献，为中共创建提供重要的理论参考

革命的理想信念并非与生俱来，而是在不断的实践与思想交锋中逐渐形成。沈雁冰亦是如此。1916 年，沈雁冰自北大预科第一类毕业后，由表叔卢学溥出面请托商务印书馆北京分馆经理孙伯恒，进入商务印书馆编译所工作。正值弱冠之年的沈雁冰因无家庭负担，谋职于商务印书馆，"不为利不为名，只贪图涵芬楼藏书丰富，中外古今齐全，借此可读点书而已"。② 彼时的中国积贫积弱，战乱频仍，除了革命暴力的方式外，更多人则将目光投向西方，期冀能从各式各样的西方思想中寻找到一套能够一劳永逸地解决中国社会问题的良方。沈雁冰也与那些受新思潮影响的知识分子一样，如饥似渴地学习了解西方传来的各种主义、思想和学说。从 1917 年秋起，他借编审《学生杂志》的工作之便，开始大量翻译和撰文，发表在《学生杂志》《妇女杂志》《学灯》《解放与改造》等诸多刊物上，介绍西方思想理论。《学生杂志》1918 年正月号刊发了沈雁冰撰写的社论《一九一八年之学生》。文中，他大声疾呼青年学子应"翻然觉悟，革心洗肠，投袂以起"，并对学生提出了三点希望，即"革新思想""创造文明"和"奋斗主义"。③ 这篇文章显露出沈雁冰当时爱国主义和民主主义思想的端倪。

总的来说，"五四"之前乃至"五四"以后的一段时期内，影响沈雁冰思想发展的主要是资产阶级民主主义的政治文化思想。正如其本人所言："那时候我主张的新思想只是'个性之解放''人格之独立'等等资产阶级民主主义的东西，还不

---

（接上页）为研究这一时期沈雁冰的革命思想及其在中共创建史上的地位和作用进行了开创性探索，提供了有益启示。此外，也有一些成果着重探讨了沈雁冰在中共创建过程中及在建党早期的理论贡献，如史月廷：《略论沈雁冰早期的政治思想》，《杭州大学学报》1982 年第 2 期；何建华、高华梓：《沈雁冰和〈国家与革命〉的首次汉译——基于早期马列主义传播特点的分析》，《马克思主义研究》2015 年第 9 期。

① 胡耀邦：《在沈雁冰同志追悼大会上的悼词》，《人民日报》1981 年 4 月 12 日。
② 茅盾：《商务印书馆编译所生活之一——回忆录〔一〕》，《新文学史料》1978 年第 1 辑。
③ 《一九一八年之学生》，《学生杂志》1918 年第 5 卷第 1 号。

是马克思主义,因为那时'十月革命'的炮声刚刚响过,马克思主义还没有传播到中国。"①1919年末,沈雁冰开始接触马克思主义,但当时他还未确立起马克思主义的信仰,而是出于"觉得看看这些书也好,知道社会主义还有些什么学派"②的意图。即便是当年对沈雁冰影响最大的《新青年》,"那时还没提到辩证唯物论和历史唯物论的思想方法"。③

正因为发表了一系列宣传新思想的文章,沈雁冰引起了时在北京的陈独秀等人的极大关注,他们认为这个在商务印书馆编书的有志青年是新文化运动中涌现出来的杰出代表。④ 大抵是这个缘由,才有了沈雁冰与陈独秀的第一次晤面。

1920年2月,为躲避反动军阀政府的迫害,陈独秀从北京秘密迁移到上海。在护送陈独秀离京途中,李大钊和他商讨了在中国创建共产党组织的问题。⑤为了筹备在沪出版《新青年》,同年五六月间,陈独秀邀约陈望道、李汉俊、李达和沈雁冰前往他的住处——法租界环龙路老渔阳里2号(今南昌路100弄2号)谈话。⑥ 当第一眼见到陈独秀时,沈雁冰就对这位敬仰已久的"五四"新文化运动主将颇有好感,以至时隔半个多世纪后,那时的情景依然历历在目:"他,中等身材,四十来岁,头顶微秃,举动随便,说话和气,没有一点'大人物'的派头。"⑦囿于史料,目前并不知晓陈独秀与沈雁冰等谈话的具体内容。但就是这次见面促成沈雁冰投身到创建中国共产党的伟大事业之中。1920年9月,移沪出版的《新青年》第一期(即第八卷第一号)开辟了"带有树旗帜的作用"的"俄罗斯研究"专栏,专门刊登苏俄在政治、经济、文化建设等方面的消息。陈独秀将英文《国际

---

① 茅盾:《商务印书馆编译所生活之二——回忆录〔二〕》,《新文学史料》1978年第2辑。
② 同上。
③ 同上。不过,有学者认为沈雁冰在"五四"时期的思想倾向是无政府主义,尤其是对克鲁泡特金的"相互扶助论"产生了强烈的共鸣。参见白水纪子著,顾忠国译,刘初霞校:《沈雁冰在"五四"时期的社会思想》,《湖州师专学报》1991年第3期。
④ 何建华、高华梓:《沈雁冰和〈国家与革命〉的首次汉译——基于早期马列主义传播特点的分析》,《马克思主义研究》2015年第9期。
⑤ 中共中央党史研究室:《中国共产党历史·第一卷(1921—1949)》上卷,中共党史出版社2011年版,第57页。
⑥ 茅盾:《复杂而紧张的生活、学习与斗争〔上〕——回忆录〔四〕》,《新文学史料》1979年第4辑。茅盾在《回忆录》里并未披露此次谈话的日期,这一大致日期是根据李达由日返沪及陈望道自义乌来上海的时间来推算,参见钟桂松:《沈雁冰在中共建党初期的贡献初探》,《观察与思考》2017年第5期。
⑦ 茅盾:《复杂而紧张的生活、学习与斗争〔上〕——回忆录〔四〕》,《新文学史料》1979年第4辑。

通讯》杂志交给沈雁冰，约请他翻译其中介绍苏俄国内情况的文章。① 后来沈雁冰先后在《新青年》第八卷第二号、第三号上发表了译作《游俄感想》《罗素论苏维埃俄罗斯》。

1920年5月，陈独秀、李汉俊、李达等发起成立马克思主义研究会。是年8月，在陈独秀的主持下，上海的共产党早期组织在老渔阳里2号《新青年》编辑部正式成立。当时取名为"共产党"。这是中国的第一个共产党组织，其成员主要是马克思研究会的骨干，陈独秀为书记。② 同年十月间，沈雁冰由李达、李汉俊介绍正式加入上海的共产党早期组织，与他同时加入的还有邵力子。③

1920年12月16日夜，陈独秀离沪赴穗受邀担任广东省教育委员会委员长。临行前，陈独秀把《新青年》编辑事务交给了陈望道。为了工作便利起见，陈望道搬入老渔阳里2号陈独秀原先的住所。就这样，《新青年》在楼上编，马克思主义研究会在楼下开会，陈望道同李汉俊、沈雁冰等天天碰头，研究有关问题。④ 由于"主张《新青年》不谈政治的北京大学的教授们都不给《新青年》写稿，所以写稿的责任便落在李汉俊、陈望道、李达等人身上"，沈雁冰也是撰稿人之一，且他们都不取报酬。⑤

沈雁冰对于《新青年》乃至上海的共产党早期组织的贡献不止于撰稿，在筹集革命经费方面，他也发挥出比较重要的作用。陈望道晚年对此仍印象深刻：马克思主义研究会"活动一搞开来，谣言就来了，说我们拿卢布。我们的钱怎样来的？李汉俊、沈雁冰、李达和我都搞翻译，一夜之间可译万把字，稿子卖给商务印书馆，沈雁冰那时在该馆工作。李汉俊译得最快，但文字并不好。一千字四、五元，大家动手，可以搞到不少钱。在研究会成立之初，商务印书馆就有人私下来说，你们要钱，可以帮助。我们不要，而是卖稿。"⑥ 从陈望道的回忆来分析，当

---

① 参见沈雁冰：《回忆上海共产主义小组》(1957年4月)，中国社科院现代史研究室、中国革命博物馆党史研究室选编："一大"前后：中国共产党第一次代表大会前后资料选编》(二)，人民出版社1980年版，第45—46页。
② 中共中央研究室：《中国共产党历史·第一卷(1921—1949)》上卷，中共党史出版社2011年版，第57页。
③ 茅盾：《我走过的道路》(上)，人民文学出版社1997年版，第196页。
④ 宁树藩、丁淦林整理：《关于上海马克思主义研究会活动的回忆——陈望道同志生前谈话纪录》，《复旦学报(社会科学版)》1980年第3期。
⑤ 茅盾：《复杂而紧张的生活、学习与斗争〔上〕——回忆录〔四〕》，《新文学史料》1979年第4辑。
⑥ 宁树藩、丁淦林整理：《关于上海马克思主义研究会活动的回忆——陈望道同志生前谈话纪录》，《复旦学报(社会科学版)》1980年第3期。

时沈雁冰正是利用其在商务印书馆主编《小说月报》的有利条件,约请陈望道、李汉俊、李达等为《小说月报》供稿,以便通过支付稿费的方式,一方面为组织提供活动资金,另一方面保障他们的基本生活来源。至于给李汉俊千字五元的稿酬,那是商务印书馆列支稿费的最高标准,也是沈雁冰在职权范围内力所能及的。①

为了介绍革命理论和党的基本知识,推动建党工作的开展,1920年11月7日,上海的共产党早期组织创办了《共产党》月刊,秘密发行,主编为李达;在中国历史上第一次公开树起"共产党"的大旗,广泛介绍国际共产主义运动和各国工人运动情况,着重阐明中国共产党人的基本政治主张,围绕着"为什么建党""建党是否可能""建设什么样的党""党的任务是什么"等一系列问题开展宣传,成为中共创建时期传播马克思列宁主义和共产主义的主要阵地,是各地的共产党早期组织成员的必读理论刊物之一。②

应李达之约,沈雁冰成为《共产党》月刊的撰稿者之一。他使用"P.生"的化名,先后翻译了《共产主义是什么意思——美国共产党中央执行委员会宣布》、《美国共产党党纲》、《共产党国际联盟对美国IWW③的恳请》、《美国共产党宣言》④(载《共产党》第二号,1920年12月7日出版)、《共产党的出发点》(载《共产党》第三号,1921年4月7日出版)、《国家与革命》第一章节译、《劳农俄国的教育》(载《共产党》第四号,1921年5月7日出版)等数篇文章。沈雁冰借此"算是初步懂得了共产主义是什么,共产党的党纲和内部组织是怎样的"⑤。另外,他还在《共产党》第三号上发表了《自治运动与社会革命》一文,批判当时的省自治运动者鼓吹的资产阶级民主,指出这实际上是为军阀、帝国主义服务的,中国的前途只有无产阶级革命。⑥

尽管从数量上讲,沈雁冰并非《共产党》月刊最多产的撰文者,但他的上述几篇译文,尤其是《美国共产党党纲》和《国家与革命》第一章节译,为中共创建、中

---

① 参见茅盾:《复杂而紧张的生活、学习与斗争〔上〕——回忆录〔四〕》,《新文学史料》1979年第4辑。
② 李伏清、王向清:《论〈共产党〉月刊与马克思主义中国化》,《马克思主义研究》2013年第10期。
③ 世界工业劳动者同盟的简称。——笔者注
④ 《美国共产党宣言》开篇引用了《共产党宣言》第一章开头的数段话。沈译《美国共产党宣言》刊行时,陈望道的《共产党宣言》中文全译本已问世,但将两者进行对照,沈雁冰在翻译《共产党宣言》的这几段话时,并未参照陈望道的译文,而是独立完成。从这个意义上讲,沈雁冰也是《共产党宣言》汉译传播早期的节译者之一。有关这一史实,以往学界在论述《共产党宣言》汉译传播史时,尚付阙如。
⑤ 茅盾:《文学与政治的交错——回忆录〔六〕》,《新文学史料》1980年第1辑。
⑥ 同上。

共"一大"的成功召开,乃至日后中共领导的革命武装斗争提供了理论借鉴和依据,也有效推动了马列主义在中国的传播。

众所周知,中共"一大"通过了两份重要文件:中国共产党纲领(以下简称"'一大'党纲")和《关于当前实际工作的决议》。"一大"党纲确定了党的名称,明确提出要把工人、农民和士兵组织起来,并确定党的根本政治目的是实行社会革命,其中还包含属于党章性质的一些条文。中共"一大"通过的纲领,表明中国共产党从建党开始就旗帜鲜明地把实现社会主义、共产主义作为自己的奋斗目标。这是中国的先进知识分子对中国革命问题认识的一次具有划时代意义的飞跃。[1]

值得注意的是,"一大"党纲并非无源之水、无本之木。有学者认为,"一大"党纲在起草过程中,直接吸收了马克思、恩格斯、列宁著作中的思想,是以《共产党宣言》、共产国际纲领、俄共(布)党纲为参考的。[2] 但日本历史学家石川祯浩经过考证比较后认为,一大党纲大量借鉴了《美国共产党党纲》的内容,"章程[3]的蓝本是《共产党》月刊第2期翻译发表的《美国共产党党纲》",而且他认为"一大"通过的决议"也分明参考了刊登在同一期《共产党》月刊的《美国共产党宣言》"。[4]

事实胜于雄辩,不妨将"一大"党纲和沈雁冰翻译的《美国共产党党纲》加以对照,便可略知一二。"一大"党纲共15条,《美国共产党党纲》共8章41条。尽管"一大"党纲在体量上较之《美国共产党党纲》简化不少,但在入党资格与程序等诸多方面,与《美国共产党党纲》有着惊人的相似之处,甚至某些表述如出一辙。

在入党资格方面,"一大"党纲规定:"凡承认本党党纲和政策,并愿成为忠实党员的人,经党员一人介绍,不分性别、国籍,均可接收为党员,成为我们的同志。

---

[1] 中共中央党史研究室:《中国共产党历史·第一卷(1921—1949)》上卷,中共党史出版社2011年版,第68页。

[2] 谢荫明:《中共一大党纲研究》,《中共党史研究》2000年第5期。

[3] 即"一大"党纲。——笔者注

[4] [日]石川祯浩:《中国共产党成立史》,袁广泉译,中国社会科学出版社2006年版,第277页。谢荫明在《中共一大党纲研究》一文中也论及"国际共产主义运动的发展、各国共产党的建立,不仅加速了马克思主义在中国的传播进程,而且使中国建党有了直接学习的榜样。1920年12月,中国《共产党》月刊上曾刊载有沈雁冰翻译的《美国共产党纲领》,就是这些国家共产党党纲对中共党纲影响的最好证明"。但谢文并未对沈译《美国共产党纲领》究竟对"一大"党纲有何影响展开论述,且在其结论中亦忽略了这一重要论点。

但在加入我们的队伍之前,必须与企图反对本党纲领的党派和集团断绝一切联系。""一大"党纲还明确了接纳党员须履行的手续:"被介绍人必须接受其所在地的委员会的考察,考察期限至少为两个月。考察期满后,经大多数党员同意,始得成为党员,如果该地区有执行委员会,必须经执行委员会批准。"①《美国共产党党纲》对党员条件的描述是:"不论何人,凡接受国际共产党及本党的原理和方法的,愿意顺从本党的规律并活动本党的事务,就可以入党做个党员,但先须脱离与其他一切政治团体的关系。"其进而规定:"对于请求入党者,必须仔细查察,方能接受,而且须有已为本党党员至少三个月之久者二个人的推举。""每一个自请入党人应先受两个月的试用","自请入党人正式入党,必先经该队党员全体一致的承认"。② 对比两者在入党资格与入党程序上的表述,不难发现,"一大"党纲相关规定的主旨和原则基本脱胎于《美国共产党党纲》,两者相似度颇高。

"一大"党纲还要求"党员除非迫于法律,不经党的特许,不能担任政府官员或国会议员。士兵、警察和职员不受此限。"③这一规定可以在《美国共产党党纲》里找到原始出处:"本党党员没有一个应受公共官吏之职,挂名的或是支薪的。也不应为政府服务,除非是法律强迫着。党员不先经本党的核准,也不应做公共官吏的候补人。"④

此外,《美国共产党党纲》规定:"本党的最高管理机关就是本党的常年大会。在两个常年大会的中间,中央执行委员会就做了最高的管理机关了。这中央执行委员会是由常年大会举出十个人来组织成的。"⑤"一大"党纲中党的最高机构也称作"中央执行委员会",同时规定"委员会所管辖的党员超过五百人或同一地区有五个委员会时,必须成立执行委员会。全国代表会议应委派十人参加该执行委员会,如果这些要求不能实现,必须成立临时中央执行委员会"。⑥ 显然,"一大"党纲在党的领导机构的设置问题上参照了《美国共产党党纲》的有关内容。

不可否认,"一大"党纲的确参考了《共产党宣言》、共产国际纲领、俄共(布)

---

① 《中国共产党第一个纲领》,见中央档案馆编:《中共中央文件选集》第1册,中共中央党校出版社1989年版,第4页。
② P.生译:《美国共产党党纲》,《共产党》第2号。
③ 《中国共产党第一个纲领》,见《中共中央文件选集》第1册,第5页。
④ P.生译:《美国共产党党纲》,《共产党》第2号。
⑤ 同上。
⑥ 《中国共产党第一个纲领》,《中共中央文件选集》第1册,第5页。

党纲,但沈雁冰翻译的《美国共产党党纲》在"一大"党纲的制定过程中发挥至关重要的参照作用亦是毋庸置疑的。该译文为中共创建和党早期的组织建设提供了重要的理论参考。

另须指出的是,根据沈雁冰的回忆,"在嘉兴南湖开会前一两个月,陈独秀叫我翻译《国际通讯》①中很简单的《俄国共产党党章》,作为第一次党代表大会的参考。那时候,我觉得有些字不好译,例如'核心'这个名词,现在对它我们很熟悉了,在当时就不知道用什么字译得易懂明了"②。可见,沈雁冰在中共创建时期所作的理论贡献应当还不限于为《共产党》月刊翻译《美国共产党党纲》等革命文献,关于这一问题值得今后进一步深入探讨。

沈雁冰发表在《共产党》月刊上的另一篇重要译文为《国家与革命》第一章《阶级的社会与国家》中的第一节《国家者阶级冲突不可调和的结果》和第二节《军人囚犯等等的特别团体》③。《国家与革命》是列宁在十月革命前夕撰写的一部系统阐述马克思主义国家学说、无产阶级革命和无产阶级专政理论的经典著作,是马克思主义国家学说发展中的一座重要里程碑。从目前所掌握的史料分析,正是沈雁冰的这篇译文将《国家与革命》第一次介绍到中国。沈雁冰是依据《国家与革命》英文版④转译的,因"对于马克思主义的经典著作没有读过多少",沈雁冰深感"译好《国家与革命》是很困难的",于是节译了第一章开篇的两节后,他"就知难而退,没有继续翻译下去"。⑤ 尽管沈雁冰翻译《国家与革命》"浅尝辄止",尽管在中共创建过程中,这篇专门论述无产阶级专政理论的译文并未如《共产党宣言》、共产国际纲领、《美国共产党党纲》等文献那般发挥直接效用,但它对于早期中国共产党人了解和掌握马列主义的国家和革命学说提供了最重要的文献资料,为在黑暗中探索救亡图存道路的中国人民指明了前进方向和锐利的斗

---

① 为英文刊物。——笔者注
② 沈雁冰:《回忆上海共产主义小组》(1957年4月),《"一大"前后:中国共产党第一次代表大会前后资料选编》(二),第46页。
③ 《国家与革命》的第一章今译《阶级社会与国家》,其第一节今译《国家是阶级矛盾不可调和的产物》,第二节今译《特殊的武装队伍,监狱等等》。
④ 据石川祯浩考证,沈雁冰译文的底本源自美国的社会主义刊物《阶级斗争》(The Class Struggle)1919年2月号。参见石川祯浩:《中国共产党成立史》,袁广泉译,中国社会科学出版社2006年版,第46页。
⑤ 茅盾:《文学与政治的交错——回忆录〔六〕》,《新文学史料》1980年第1辑。

争武器。①

毛泽东在其国家政权理论的形成过程中就深受《国家与革命》之益处,这是毛泽东第一次读到的列宁著作。在这篇文章的影响下,毛泽东接受了列宁关于通过暴力革命夺取国家政权,即革命必须打碎旧的国家机器,建立新的国家政权的观点,初步确立了他的国家观念。1926 年 6 月,在第六届农民运动讲习所讲授"中国农民问题"时,毛泽东首次把《国家与革命》的理论运用于中国革命的实际,分析和说明中国革命问题。② 可以这样说,毛泽东在成为马克思主义者和无产阶级革命家的历史进程中,他最早阅读并受到重要影响的马列主义原著,除汉译《共产党宣言》之外,就是沈雁冰节译的《国家与革命》了。③

## 二、积极投身建党初期的革命活动,开创党的地下交通工作之先河

如果说,"一大"之前,沈雁冰参与中共创建的主要方式是翻译革命文献的话,那么"一大"召开后,沈雁冰更多的则是直接投身到革命实践中,为党的早期建设作出了积极贡献。

1921 年 9 月中旬,被中共"一大"选为中央局书记的陈独秀根据中央的意见,辞去在国民党广东政府内的任职,回到上海,仍居于老渔阳里 2 号。那里不仅是中央局的办公地点,也是沈雁冰所在支部开展活动的场所。当时,"支部会议每星期一次,是在晚八时后开始,直到十一时以后"。沈雁冰晚年依稀记得,出席支部会议的除去他和陈独秀,尚有陈望道、杨明斋、邵力子、张国焘、俞秀松,还有俄共(布)远东局海参崴(今符拉迪沃斯托克)分局外国处派遣的全权代表维经斯基等人④。会议讨论事项"大抵是发展党员、发展工人运动、加强党员的马克思主义的学习"。沈雁冰他们十分注重理论学习,"除了各人自己阅读当时秘密

---

① 何建华、高华梓:《沈雁冰和〈国家与革命〉的首次汉译——基于早期马列主义传播特点的分析》,《马克思主义研究》2015 年第 9 期。
② 《国家与革命》第一个中文全译本发表于 1927 年 1 月 15 日的广东岭东《民国日报》副刊《革命》周刊。从时间上分析,毛泽东在农民运动讲习所授课中运用的无产阶级专政理论应来自沈雁冰的译文。
③ 参见陈方怡:《毛泽东与〈国家与革命〉》,《上海党史研究》1997 年第 6 期;许玲英:《列宁〈国家与革命〉对毛泽东国家政权理论的影响》,《毛泽东思想研究》2002 年第 1 期。
④ 1921 年 3 月,俞秀松前往苏俄出席青年共产国际第二次代表大会。会后在莫斯科东方大学学习。1922 年 3 月回国。中共"一大"召开后的相当长一段时间里,维经斯基在俄工作,直到 1924 年才再度来华。据此推断,沈雁冰对出席者的回忆有误。

出版的《共产党》(李达编)①而外,每星期有一次学习会,时间是下午,从二时到五时乃至六时。学习会采取一人讲解,大家讨论的形式。担任讲解者,李达和杨明斋"。"他们临时编的讲义有三种:马克思主义浅说,阶级斗争,帝国主义。这都是随编随讲,大家笔记。"②

彼时,沈雁冰家住闸北宝山路鸿兴坊,每次支部会议结束后,从老渔阳里2号赶到家中,"早则深夜十二点钟,迟则凌晨一时"。为了避免母亲和妻子起疑心,他干脆将入党之事向母亲和盘托出。沈母深明大义,听闻事情的前后经过,不仅没有丝毫责怪之意,还对儿子说:"何不到我们家来开呢?"沈雁冰答曰:"如果这样,支部里别的同志就也要象我那样很远跑来,夜深回去,这也不好。"所以,沈雁冰依旧如常每周去老渔阳里2号开会一次,深夜回来时都是母亲在等门。③

1921年10月4日,法租界巡捕房以《新青年》宣传赤化为由,查抄了老渔阳里2号,将陈独秀投入监狱,与他一同被捕的还有陈妻高君梅以及适在陈寓的包惠僧、杨明斋、柯庆施等人。经多方营救,陈独秀于10月26日被保释出狱。经过此次风波,老渔阳里2号虽每日仍旧人来客往,但这不过是用来迷惑法捕房包探的,那里已不再适合开展党的活动,中央局另租房子作为秘密办公地点,沈雁冰所在支部的会议亦随时变换地点,有时就在鸿兴坊沈家举行。吸收沈雁冰胞弟沈泽民入党的支部会议,即在鸿兴坊召开的。④

随着各地党组织的次第建立,中央局与各地党组织之间的信件和人员来往日渐频繁。考虑到沈雁冰的职业身份是极好的掩护,中央局遂委派他担任直属联络员,凡是外埠给中央局的信件都寄到商务印书馆编译所。此类信件一般都套有内外两个信封,外封上写沈雁冰的名字,内封则注明"钟英"("中央"的谐音)。沈雁冰每日汇总信件后,送交中央局机关。至于外地党组织派人来沪向中央局请示汇报工作,也是先到商务编译所与沈雁冰接头。核对暗号,问明来人的下榻地址后,沈雁冰就请其回去静候,然后把来人的姓名住址报告中央局。如此

---

① 《共产党》月刊于1921年7月停刊,前后共出6期。因此,沈雁冰所在支部学习所用的《共产党》月刊应为过刊。
② 茅盾:《复杂而紧张的生活、学习与斗争〔上〕——回忆录〔四〕》,《新文学史料》1979年第4辑。
③ 同上。
④ 同上。

一来,沈必须每日都到编译所办公,为的是怕外地有人来找他时两不相值。①

1922年初,沈雁冰与商务编译所新任所长王云五因《小说月报》编辑方针问题产生矛盾,萌生辞职的念头。陈独秀得知此事后,劝他仍留在编译所工作,理由是他若离开商务,"中央要另找联络员,暂时尚无合适的人"②。由此可见,作为中央局唯一的联络员,沈雁冰所担负的地下交通联络工作相当重要,具有不可替代性。就此而论,沈雁冰不仅是中共最早的地下交通员之一,也是当时党内最重要的地下交通员。他和同时期的地下交通员们共同开创了党的地下交通工作的先河。

除了担任中央局联络员,沈雁冰还以兼课、撰文等多种方式投身党领导的妇女运动和青年运动之中。为了推动妇女运动蓬勃开展,1921年8月,党组织以上海《民国日报》副刊的形式创办《妇女评论》,主编为陈望道。在繁忙的政治、社会活动间隙,沈雁冰利用夜晚的时间,为《妇女评论》写了不少短论,范围涉及妇女教育问题以及当时流行的所谓"逃婚"问题。③

1922年2月,上海党组织以中华女界联合会的名义,开办了中共第一所培养妇女干部的学校——平民女校,首任校务主任由李达兼任。开办之初,"全校学生不过二三十人。要学英文的,是王剑虹、王一知和蒋冰之(丁玲)等六人"。沈雁冰专为这六人讲授英语课程。他"一星期去三次,都是在晚上,每次一小时三十分钟。因为她们都学过一点英文,所以不教文法等等,只拿英文的短篇小说来讲解。大约教了半年,因为彼此忙于别事,教英文的事也就停止了"④。

在青年运动方面,沈雁冰不但为中国社会主义青年团机关刊物《中国青年》翻译了高尔基的小说《巨敌》⑤,还撰写多篇文章,与《中国青年》的刊文桴鼓相应。比如,在《文学旬刊》上发表《读代英的〈八股〉》,热烈赞同恽代英在《中国青年》上发表的《八股》中提出的青年文艺家应"从空想的楼阁中跑出来,看看你周围的现实状况"的观点。1923年底,《文学》周报第103期刊载了他写的《"大转变时期"何时来呢》一文,沈雁冰在文中指出:"文学不仅是供给烦闷的人们去解闷,逃避现实的人们去陶醉,文学是有激励人心的积极性的。尤其在我们这时

---

① 茅盾:《复杂而紧张的生活、学习与斗争〔上〕——回忆录〔四〕》,《新文学史料》1979年第4辑。
② 同上。
③ 茅盾:《文学与政治的交错——回忆录〔六〕》,《新文学史料》1980年第1辑。
④ 同上。
⑤ 同上。

代,我们希望文学能够担当唤醒民众而给他们力量的重大责任。"他以此表示对《中国青年》刊登的邓中夏《贡献于新诗人之前》《新诗人的棒喝》、萧楚女《诗的方式与方程式的生活》等文章观点的支持。①

此外,在国共合作开办的上海大学的课堂里也能够见到沈雁冰的身影。他在上海大学中国文学系教小说研究,也在英国文学系讲希腊神话。上海大学原英国文学系主任何世桢辞职后,沈雁冰应校务长邓中夏之请,邀来商务印书馆编译所英文函授学校主任周越然兼任。②

中共创建以后,沈雁冰如此精力充沛地从事党的工作,原因是多方面的。首先,他忠实履行党员义务,严格按照党组织的要求,尽心尽力地当好交通员,做好中央局与各地党组织的信息传递和联络工作,亦为党领导的妇女运动和青年运动贡献力量。其次,沈雁冰通过不断地革命实践,对马克思主义真理有了更加深入的认识和理解。尽管他曾说过:"当时我感到必须多读马克思主义的经典著作,不料社会活动越来越多,竟不能如愿。"③但是,实践出真知。中共创建后,党的各项工作渐次开展起来,且颇有成效,沈雁冰亲历其中,在理想和信念方面得到了升华。1922年,在交通大学上海学校学生会举行的纪念"五四"演讲会上,他敞开心扉说:"近来我已找到了一个路子,把我底终极希望,都放在彼上面,所以,一切的烦闷,都烟消云灭了。这是什么路子?就是我确信了一个马克思底社会主义。"④

还有一个亲缘因素,虽不甚重要,却不容忽视,即李达的夫人王会悟是沈雁冰的表姑母。在乌镇时,王沈两家相邻而居,走动十分热络。沈妻孔德沚就曾在王会悟的极力劝说下,一同前往湖州,就读于美国教会开办的湖郡女塾。⑤李达是党的主要创始人和早期领导人之一,在中共"一大"上当选中央局宣传主任;王会悟是上海社会主义青年团的第一批团员,参加了"一大"的筹备、会务和保卫工作,也是平民女校、《妇女声》的重要创办人。由于与这对革命伉俪有着比较特殊的亲缘关系,沈雁冰在从事革命活动的过程中,或多或少地会受到表姑父李达、表姑母王会悟的影响。至于此种影响究竟程度如何,还有待深入论证。

---

① 茅盾:《文学与政治的交错——回忆录〔六〕》,《新文学史料》1980年第1辑。
② 同上。
③ 同上。
④ 雁冰:《五四运动与青年底思想》,《民国日报·觉悟》1922年5月11日。
⑤ 茅盾:《我走过的道路》(上),人民文学出版社1997年版,第163页。

## 三、参与领导商务印书馆工人运动,为上海地方党组织发展作出重要贡献

建党初期,党的建设的一个迫切任务是迅速在各地建立和健全党的组织机构,发展党员尤其是发展工人党员。① 商务印书馆拥有两千多印刷工人,不仅数量可观,且文化素质较高。因此,"一大"以后,党就将商务印书馆列为发展工人党员、组织发动工人运动的重要基地。沈雁冰在其中发挥了关键作用。

"一九二一年冬,有人拿着党中央的介绍信到商务印书馆编译所来找我。这人是徐梅坤。他从前在杭州做排字工人,现在到上海,使命是组织上海印刷工人的工会。商务印书馆印刷所,是一个重点,徐梅坤要在这里开展工作,找我商量。"② 沈雁冰的这段回忆道出的正是商务印书馆党建工作的序幕。徐梅坤于1922年1月由陈独秀介绍入党,是党的"一大"后上海地区发展的第一位工人党员。由于长期从事印刷工作,熟悉行业特点,入党后不久,徐梅坤即主动向陈独秀提出去商务印书馆进行革命活动。陈独秀欣然同意,并写信介绍他去找沈雁冰。③

沈雁冰在主编《小说月报》期间,"常常因为临时改换版面式样,自己到印刷所去(就在编译所的旁边),因此和排字及拼版的工人熟悉了,也认识了技术工人糜文溶和柳普青,这两位,文化程度相当高"④,于是,当徐梅坤找到沈雁冰后,沈即将糜文溶和柳普青介绍给徐梅坤,沈徐两人还商定先在工人中发展党团员。不久,经他俩介绍,糜文溶入了党,柳普青参加了社会主义青年团。之后,又先后发展编译所的董亦湘、杨贤江加入党组织。1923年,董亦湘又介绍印刷所女工黄玉衡入党。⑤ 当时,在上海地区53名党员中,商务印书馆党员占比就超过十分之一。1923年7月9日,中共上海地方兼区执行委员会根据党章规定,按照住处相近的党员编为一个小组的原则,将上海区域的党员分编为四个小组,直属

---

① 中共中央党史研究室:《中国共产党历史·第一卷(1921—1949)》上卷,中共党史出版社2002年版,第101页。
② 茅盾:《文学与政治的交错——回忆录〔六〕》,《新文学史料》1980年第1辑。
③ 徐梅坤:《九旬忆旧——徐梅坤生平自述》,光明日报出版社1985年版,第15页。
④ 茅盾:《文学与政治的交错——回忆录〔六〕》,《新文学史料》1980年第1辑。
⑤ 《上海印刷工人运动史》编写组:《上海印刷工人运动史》,中共党史出版社1994年版,第28页。

上海地委兼区委领导。第二组即商务印书馆小组,由董亦湘任组长,组员包括沈雁冰、徐梅坤、杨贤江、糜文溶、黄玉衡等13人。①

在发展工人党团员的同时,沈雁冰和徐梅坤等也积极组织开展工人运动。1922年5月1日,沈雁冰、徐梅坤和董亦湘在北四川路(今四川北路)尚贤堂对面空地上,召开纪念"五一"劳动节的群众大会。在场群众约300人,大部分是工人(以商务印书馆印刷工人为最多),小部分是中学生,也有看热闹的过路人。徐梅坤为大会主席,他宣布开会宗旨后,由沈雁冰上台宣讲"五一"劳动节的由来及其意义。孰料,他才开口讲话,公共租界的巡捕就冲入会场干涉。由于是沈雁冰、徐梅坤他们第一次组织大规模的群众集会,缺乏经验,大部分群众在巡捕的冲击下,慌张逃散,这次纪念会就此草草结束。这件事给沈雁冰一个教训,让他认识到工人群众必须事先发动组织好,这样才能确保集会等活动的成功。②

沈雁冰不仅参与领导商务印书馆党组织活动,还担任上海地方党组织重要领导职务,为上海地方党组织的建设与发展作出贡献。1922年7月,中共"二大"以后,中央委托上海地委暂时代行区执行委员会的职权,上海地委即改建为中共上海地方兼区执行委员会,领导与管理沪苏浙党的工作。上海地委兼区委领导层有三名委员组成,徐梅坤为第一任委员长,沈雁冰为宣传委员。上海地委兼区委最初的办公地点设在成都路中段一条弄堂的亭子间里,由于党组织经费拮据,沈雁冰自掏腰包,每月拿出五元钱支付房租,以此资助党的活动。③

至1923年6月,上海地委兼区委一直未设立专门工作机构。直到中共"三大"确定国共合作方针后,上海地委兼区委于1923年7月设立国民运动委员会和劳动运动委员会,作为开展国共合作与领导职工运动的机构。沈雁冰兼任国民运动委员会委员长,委员有林伯渠、张太雷、张国焘、杨贤江、董亦湘等八人。④

此后,上海地委兼区委决定逐步建立江浙两省的地方组织。沈雁冰负责组建苏州和南通的党组织。为此,他数度前往苏州,找到曾在他主编《小说月报》期间,向杂志投稿或与他通过信的作者、读者,在这些人当中发展党团员。南通师范学校学生顾仲起曾向《小说月报》投过诗稿,思想左倾,沈雁冰就与他通信联

---

① 茅盾:《文学与政治的交错——回忆录〔六〕》,《新文学史料》1980年第1辑。
② 同上。
③ 徐梅坤:《九旬忆旧——徐梅坤生平自述》,光明日报出版社1985年版,第18页。
④ 茅盾:《文学与政治的交错——回忆录〔六〕》,《新文学史料》1980年第1辑。

系,慢慢发展他为团员。繁忙的党内事务令沈雁冰日夜忙碌,他自解道:"过去是白天搞文学(指在商务编译所办事),晚上搞政治,现在却连白天都要搞政治了。"①

1923年9月初,上海地委兼区委进行了一次小规模改组。王荷波接替邓中夏担任委员长,沈雁冰改任秘书兼会计。是月底,根据中央指示,上海地委兼区委调整了国民运动委员会的职能与组成。其调整后的职能为统一管理工人、农民、商人、学生、妇女等各方面运动,沈雁冰因为常在《民国日报》副刊《妇女评论》撰文,所以与向警予一起专门负责领导开展妇女运动。②

1924年年中,为了打击工贼,上海地委兼区委决定成立特别支部,专门对付工贼走狗和党内叛徒、奸细,由时任地委兼区委代理委员长徐梅坤兼任书记。特别支部设有特工组,装备的武器除了五把锋利的英制小斧头,还有徐梅坤从意大利军火船上买来的四支意制手枪。为了不暴露目标,这批手枪就藏匿在沈雁冰家里。③

1925年2月,中共上海地方执行委员会根据党的"四大"通过的《中国共产党第二次修正章程》规定,以直辖小组为基础组建支部。商务印书馆党支部随即成立,时有党员11人(沈雁冰、董亦湘、杨贤江、糜文溶、黄玉衡、赵虎廷、沈泽民、张维杰、杨子立、孔德沚、顾庆),负责人为杨贤江。④ 五卅运动后,中共中央决定把上海工运重点放在商务印书馆,不仅于1925年6月21日成立了商务印书馆工会,进而于8月22日组织发动了大罢工。沈雁冰是此次大罢工领导机构——罢工中央执行委员会的成员,他和杨贤江共同起草了《职工会章程》《罢工宣言》等文件,表达了不达目的誓不复工的决心。这些文件成为指导和鼓舞罢工斗争的锐利武器。⑤ 此外,当时的罢工消息由罢工中央执行委员会写定后送各报馆,拒绝各报记者采访,沈雁冰承担了撰稿和发布消息的责任。⑥ 在党的领导下,罢工前后持续六天,最终取得成功。商务印书馆大罢工掀起了上海工人运动的新高潮,中华书局、邮政工人等也随之展开罢工斗争。同年秋,沈雁冰出任商务印书馆党支部书记,⑦直至当年12月赴广州出席国民党"二大"。

---

① 茅盾:《文学与政治的交错——回忆录〔六〕》,《新文学史料》1980年第1辑。
② 同上。
③ 徐梅坤:《九旬忆旧——徐梅坤生平自述》,光明日报出版社1985年版,第32页。
④ 《上海印刷工人运动史》编写组:《上海印刷工人运动史》,中共党史出版社1994年版,第142页。
⑤ 徐梅坤:《九旬忆旧——徐梅坤生平自述》,光明日报出版社1985年版,第38页。
⑥ 茅盾:《五卅运动与商务印书馆罢工——回忆录〔七〕》,《新文学史料》1980年第2辑。
⑦ 《上海印刷工人运动史》编写组:《上海印刷工人运动史》,中共党史出版社1994年版,第143页。

虽然沈雁冰不是上海的共产党早期组织的创建人,也非"一大"代表,更不是党的早期领导人之一,但从已掌握的史料不难得出结论,他"完全是以一个义无反顾的革命家的姿态投入到我们党的早期建设中的,并且在我们党的初期发展成长中贡献了自己的聪明才智",①尤其是刊登在《共产党》月刊上、由他翻译的《美国共产党党纲》《国家与革命》第一章节选等文献为中共创建和理论建设提供了重要的参考与借鉴。

不过,客观而言,在当前的中共创建史研究中,对于沈雁冰在党的早期理论建设和组织建设方面所作的贡献并未予以应有的重视。这需要学界协同努力,不断把包括沈雁冰在内,参与中共创建的共产党人群像还原得更为清晰,研究得更为深入,推动中共创建史不断取得新进展。

(作者单位　上海市档案馆)

---

① 钟桂松:《沈雁冰在中共建党初期的贡献初探》,《观察与思考》2017年第5期。

# 杨明斋对中国共产党创建的历史贡献

陈安杰

中国共产党的成立是 20 世纪最震撼、最有影响的大事之一。在推进伟大政党创建的历史进程中,有一位党的早期创建者被李大钊誉为"万里投荒,一身是胆",周恩来则说他是对党多有贡献的"忠厚长者",他就是共产国际最早派来中国帮助建党的工作组成员、上海共产党早期党团组织创建者之一的杨明斋。他对中国共产党和社会主义青年团的建立、马克思主义在中国的传播、中共党组织骨干力量的培养和教育等诸多方面作出了重要贡献。但与其贡献相比,对他的宣传、报道以及研究都是不够的。从学术研究的角度,全面系统地追述这位为伟大政党的创建作出贡献的早期革命者,颂扬革命先驱的建党功绩,对于中国共产党创建史的研究具有重要的时代意义和现实价值。

## 一、担当红色信使,推动中共建党

杨明斋,原名杨好德,字明斋,好德取自《大学》"在明明德",寄望弘扬光明正大的品德。长大成人后,多用其字,以至字比名更为人所熟知。1882 年 3 月杨明斋出生于山东省平度县马戈庄的一户农家。7 岁进本村私塾读书,15 岁读完四书五经,成为本村"有学问"的人。16 岁辍学务农,叹息"生不逢时,心愿难从"。光绪二十三年(1897)家乡被德国人占据,他常常为国忧虑:国家和民族的出路在何方?

### (一) 万里拓荒干革命

1901 年春,杨明斋被逼无奈,决定出走海参崴,开始了一段"闯天涯"的生活。1908年,杨明斋到了西伯利亚一带,对当地矿工的情况有了比较深入的了解。在帝俄时期,进入俄国的华侨苦力可达二三十万之多,大多从事开矿、搬运等高强度的体力劳动,杨明斋在劳动过程中有了较多的接触,并结识了一些布尔什维克。第一次世界大战期间,杨明斋积极参加了布尔什维克领导的工人运动,并被推选为华侨工人的代表。十月革命前,他光荣地加入了列宁领导的布尔什维克党,被安排在帝俄的外交机关,秘密为布尔什维克党工作。

俄国十月社会主义革命取得胜利,在这期间,杨明斋在动员华工参加红军、支援前线、巩固后方等方面做了大量细致入微的工作。鉴于杨明斋的突出表现,俄共(布)党组织决定保送他到大学深造,系统学习马克思列宁主义,提高马克思主义理论水平。杨明斋顺利完成了学习任务,被俄共(布)党组织又派遣到他曾经工作的地方开展工作,其公开身份是海参崴地区"华侨负责人",在华侨中开展工人运动,宣传俄国十月社会主义革命。

1919年,中国爆发了五四运动,引起了列宁以及俄共(布)党组织的极大关注。次年1月,俄共(布)远东地方委员会领导人库施那利耶夫和赛克海杨诺娃向俄共(布)中央作了汇报,俄共(布)远东海参崴支部领导人也向共产国际作了报告,打算派一个工作小组了解中国情况,并与中国的进步力量建立联系。共产国际很快批准了他们的报告,同意以共产国际工作组的名义到中国开展工作。俄共(布)远东局海参崴分部外国处派出一个共产党小组,该小组装扮成全俄消费合作社中央联社的工作人员秘密来到中国,小组组长是维经斯基,成员包括季托夫、基姆(谢列勃里亚科夫)和翻译杨明斋(施密特)等。他们肩负着双重任务:与中国社会的积极活动分子建立定期联系,帮助他们组织共产党早期组织。①杨明斋之所以被选派为这个小组的重要成员,并非偶然。一方面,他是忠诚的俄共(布)正式党员,得到了共产国际的充分信任和赏识;另一方面,他具有一定的马克思主义理论水平,精通中俄两国语言,更为重要的他还是旅俄华侨,对苏俄和中国的情况都相对比较了解,便于开展革命工作,是难得的从事与中国共产主义者建立联系的合适人选。"这些因素使他能够很好的起到翻译、参谋和向导的作用,成为维经斯基的主要助手"。②

---

① [俄]索特尼克娃:《共产国际与中国共产主义运动的开端》,载《中国共产党创建史研究》,上海人民出版社2011年版,第158—159页。
② 余世诚、张升善:《杨明斋》,中共党史资料出版社1988年版,第6页。

此时中国最早的一批革命先进分子,正积极筹划建党事宜,北方的李大钊和南方的陈独秀相约在北京和上海创建中国共产党。1920年4月,共产国际工作组一行首先到达北京。受维经斯基的委托,杨明斋先拜访了在北京大学任教的俄籍教授柏烈伟(又译鲍立维),随后又拜访了另一位俄籍教员伊凡诺夫,这两位都是"中国通",谈话中都提到"北李南陈"建党问题。杨明斋是从两位外国人那里了解到李大钊的情况,他先和李大钊见面,再安排李大钊与维经斯基会谈。通过这次见面,共产国际工作小组进一步了解到五四运动的精神领袖陈独秀在上海,杨明斋建议维经斯基去上海会见陈独秀。共产国际小组采纳了杨明斋的建议,决定马迈也夫留在北京继续工作,杨明斋陪同维经斯基、库兹涅佐娃等人前往上海会见陈独秀,并带来了李大钊的介绍信。

1920年5月前后,维经斯基和杨明斋到达上海,先会见了陈独秀,后在陈的引荐下会见了《星期评论》杂志的编辑戴季陶、李汉俊和沈玄庐以及《时事新报》的主编张东荪等人。据陈公培回忆,"当时参加座谈的有维经斯基的翻译(杨明斋)、戴季陶、沈玄庐、陈独秀、徐谦(徐是临时碰上我的)和我,谈苏联的情况,并极想和苏联取得联系"[①]。通过与上海的先进分子多次接触和会谈,维经斯基、杨明斋以及陈独秀、李汉俊、陈望道等人取得共识,决定发起建立中国共产党。

(二)参加组织马克思主义研究会

1920年5月,陈独秀邀请《民国日报》副刊《觉悟》的编辑邵力子,《解放与改造》的编辑张东荪以及《星期评论》社的李汉俊、戴季陶、沈玄庐、陈望道、施存统、杨明斋等人商讨成立"马克思主义研究会"。据陈望道回忆,"一九二〇年我到上海后,住在法租界三益里《星期评论》所在处,邵力子也在这里。……大家住得很近(都在法租界),经常在一起,反复谈,越谈越觉得有组织中国共产党的必要,便组织了'马克思主义研究会'。这是一个秘密的组织,没有纲领,会员入会也没有成文的手续,参加者有:陈独秀、沈雁冰、李达、李汉俊、陈望道、邵力子等,先由陈独秀负责"[②]。

在共产国际的推动下,以维经斯基(吴廷康)为代表的共产国际代表团来华

---

① 陈公培:《回忆党的发起组和赴法勤工俭学等情况》,《"一大"前后》,人民出版社1980年版,第564页。
② 《"一大"前后》(二),人民出版社1980年版,第20页。

帮助开展建党工作。1920年五六月间,在老渔阳里2号陈独秀的寓所召开了座谈会,商讨建党事宜。由于研究会成员并非都信仰马克思主义,情况较为复杂,有的后来甚至成了反对马克思主义的急先锋。比如戴季陶就曾表示研究社会主义的真正目的是为了预防中国实现社会主义,他自己承认始终是三民主义的信徒。张东荪也提出了退出的理由,"原以为这个组织是学术研究性质。现在说就是共产党正式成立前的预备组织,那他就不能不退出,因为他是研究系,他不打算脱离研究系"①。对此,李汉俊在一篇文章中写道:"与其与混杂分子组成一个庞大不纯的团体,不若由纯粹分子组成一个虽小而纯的团体。"②杨明斋作为马克思主义研究会的组织者之一,对建党坚定不移,这种信念没有因为一些成员的退出而动摇。

维经斯基在上海给俄共(布)中央远东局海参崴分局的一份工作汇报中这样写道:"我们主要从事的工作是把各革命团体联合起来组成一个中心组织。'益群书店'(指新青年社)可以作为一个核心把这些革命团体团结在它的周围……当地的一位享有很高声望和有很大影响的教授(指陈独秀),现写信给各个城市的革命团体,以确定会议的议题以及会议的地点和时间。因此,这次会议可能在7月举行。我们不仅要参加会议筹备工作(制定日程和决议),而且要参加会议。"③时隔不久,维经斯基在上海召开"最积极的中国同志"会议,陈独秀、李达、李汉俊、沈玄庐、杨明斋等出席了会议,并在会上坚决主张建立中国共产党。这次会议为不久成立共产党早期组织奠定了基础。在上海马克思主义研究会的创立的过程中,"杨明斋参加了研究会的负责工作"。④

(三)参与创建上海共产党早期党团组织

1920年夏,在维经斯基的帮助下,上海开始筹建共产党组织。上海共产党组织于8月下旬正式成立,取名为"中国共产党"。这是中国第一个共产党组织,其成员主要是马克思主义研究会的骨干分子,他们是陈独秀、李汉俊、沈玄庐、陈望道、俞秀松、施存统(时在日本)、杨明斋、李达。此外,其成员还包括邵力子、沈

---

① 茅盾:《复杂而紧张的生活、学习和斗争》,《新文学史料》1979年第2期。
② 《自由批判与社会问题》,《民国日报·觉悟》1920年5月30日。
③ 黄修荣主编:《共产国际、联共(布)与中国革命档案资料丛书》第1卷,北京图书馆出版社1997年版,第28页。
④ 余世诚、张升善:《杨明斋》,中共党史资料出版社1988年版,第8页。

雁冰、李启汉、林祖涵、李中、沈泽民、周拂海、袁振英、李季等。开会地点在陈独秀的寓所——老渔阳里2号。会议推举陈独秀担任书记,并函约各地社会主义分子组织支部。其后,在北京、广州、武汉、长沙、济南先后建立共产党组织。此外,在日本和法国也成立了共产党组织。"上海的共产党早期组织通过写信联系、派人指导或具体组织等方式,积极推动各地共产党早期组织的建立,实际上起着共产党发起组的作用。"①各地共产党早期组织都与上海党的早期组织有关联。

作为共产国际代表的工作人员和党的上海发起组的重要成员,杨明斋的活动不仅仅局限于上海。据包惠僧回忆,从1920年春至1921年初,维经斯基"常来往于北京和上海之间",而担任维经斯基翻译的杨明斋常伴随其左右。他们不仅在上海、北京帮助建党,还去过杨明斋的家乡山东,与济南共产党组织的发起人王尽美、邓恩铭、王翔千会晤。山东早期党员丁君羊也谈到维经斯基和杨明斋路过济南时,与山东省立第一师范的王尽美和山东省立第一中学的邓恩铭等人会过面,帮助山东的早期先进分子筹备创建党组织。

上海党的早期组织建立后,为培养更多的革命青年投身革命活动,于1920年8月22日,在陈独秀和杨明斋的指导下,在上海霞飞路渔阳里6号创立社会主义青年团,选派时年21岁的俞秀松任书记。青年团的主要任务是"接近劳动群众和研究共产主义和社会主义"②。据魏以新的回忆,"1920年暑假期间我先认识李汉俊,后来认识杨明斋。秋天李汉俊和杨明斋叫我到渔阳里6号去参加社会主义青年团。参加会议的有俞秀松、罗亦农、董锄平、李启汉等十余人"。③陈望道的回忆,"社会主义青年团如果说有发起人的话,那也只是个对外的形式。青年团当时并不是一个独立的组织,对内对外不同,就看怎样说方便一点。主持青年团的是从俄国回来的杨明斋和一青年俞秀松,另外还有几个青年。杨明斋年纪比较大,是替党作翻译、教育工作的"④,足见杨明斋对党团组织的创建作出

---

① 中共中央党史研究室:《中国共产党历史·第一卷(1921—1949)》上卷,中共党史出版社2002年版,第52页。
② 《中国社会主义青年团代表在青年共产国际第二次代表大会上的报告》,《青运史研究》,1984年第3期。
③ 中共上海市委党史研究室、中国社会主义青年团中央机关旧址纪念馆编:《觉悟渔阳里:上海社会主义青年团创建史料选辑》,上海人民出版社2017年版,第1384页。
④ 中国社会科学院青少年研究所青运史研究室:《青运史资料与研究》第1集,1982年版,第137—138页。

了重要贡献。

1922年7月,中国共产党第二次全国代表大会在上海举行,杨明斋作为上海代表出席了这次会议,成为12名正式代表之一,代表全党195名党员。杨明斋在这次会议上对党制定反帝反封建的革命纲领发表了积极的意见。

## 二、创办革命学校,培养有志青年

1920年3月,经共产国际批准,俄共(布)中央给远东局海参崴分局发去电报,要求派遣一个代表团前往中国,这个代表团的重要使命就是"同中国的革命组织建立联系"。列宁对这个代表团下达三项任务,其中有一项就是要求代表团物色一些中国的进步青年到莫斯科东方大学学习。很快组成了以维经斯基为负责人、杨明斋作为翻译的五人代表团。

### (一) 负责创办党的革命学校

1920年9月,在共产国际的帮助下,上海共产党早期组织创办了外国语学社,社址选在霞飞路新渔阳里6号。据彭述之回忆,创办东方大学的决定一作出,陈独秀就从维经斯基那里得知了这个消息,他立即委托杨明斋在渔阳里6号筹办中国共产主义中央小组外国语学社,并以最紧急的方式当面或者写信给杭州最有声望的共产主义者陈望道、任职芜湖国立中学校长的朋友高语罕、长沙共产主义者召集人贺民范、北京共产主义者领导人李大钊,可能还有其他若干他认识的、多少受其影响的接近马克思主义者,要求他们以最快的速度让尽可能多的社会主义青年团员们停止一切工作到上海来,为留学莫斯科作准备。①

据当时在校学习的学生回忆:"外国语学社的牌子就挂在6号门墙上,是黑底白字还是白底黑字记不起了。字是魏碑体书写的。""弄堂口是有灯的,式样如何不详细了。记得弄堂口有一个烟纸店,包打听曾在店里监视我们。弄堂底的小铁门是不通行的,进出都从淮海路(当时叫霞飞路)走,我们多数从后门进出。"②外国语学社专门招收那些抱有社会主义态度,希望到莫斯科东方共产主

---

① 中共上海市委党史研究室、中国社会主义青年团中央机关旧址纪念馆编:《觉悟渔阳里:上海社会主义青年团创建史料选辑》,上海人民出版社2017年版,第1396—1397页。
② 共青团上海市委员会编:《渔阳里的故事》,上海教育出版社,2004年版,第11页。

义劳动者大学学习的青年。①

外国语学社是党组织创办的第一所旨在培养革命青年的学校,由杨明斋任校长、俞秀松任秘书。教师多是上海共产党早期组织成员,如讲授日语的李达、讲授法语的李汉俊、讲授英语的沈雁冰、袁振英等。此外,还有维经斯基的夫人库兹涅佐娃和王元龄讲授俄语,杨明斋也承担讲授俄语的授课任务。

学社在成立后,就在《民国日报》上连续公开刊登招生启事:"本学社拟分设英法德俄日本各班,现已成立英俄日本语三班。除星期日外每日每班授课一小时,文法读本由华人教授,读音会话由外国人教授,除英文外各班皆从初步教起。每人选习一班者月纳学费银二元。日内即行开课,名额无多,有志学习外语者请速向法界霞飞路新渔阳里六号本社报名。此白。"②尽管外国语学社公开刊登了招生启事,但学生大多是通过各地共产党早期组织推荐进来的,也有一些是经人介绍的,学员来自全国各地。

(二) 培养大批青年人才

学员的学习目标明确,就是在学社学好外语,到苏俄学习先进的革命理论,改造积贫积弱的旧中国。据当年外国语学社的学员萧劲光讲,"我们的学习目的很明确,就是要到俄国去,学习革命道理,回来搞革命,改变落后黑暗的旧中国。所以,我们学习俄文,都很用功,很刻苦"③。从1921年4月柯庆施从外国语学社寄出的家书中也能了解到学员的目标和志向,其中,有一封家书谈道:"出国问题,儿终究想要做到。因为这种事情,与儿一生有绝大关系。"④

学员除了学习外语,还要求学习马克思主义理论知识。更重要的是学社特别重视学生的社会斗争实践,安排学生到工厂调查,参加工人罢工,到民众中散发传单,到工人夜校教书等多种形式宣传革命理论。据柯庆施讲,学院除学俄文外,还帮做些工作,比如帮助编辑《劳动界》和参加机器工会的工作。学员最多时达到五六十人,这些学员包括刘少奇、任弼时、李启汉、李中、罗亦农、许之帧、萧劲光、柯庆施、蒋光慈、曹靖华等。

---

① [俄]索特尼克娃:《共产国际与中国共产主义运动的开端》,《中国共产党创建史研究》,上海人民出版社2011年版,第161页。
② 叶累、邱作健:《外国语学社》,《党史资料丛刊》第1辑,上海人民出版社1980年版,第174页。
③ 余世诚、张升善:《杨明斋》,中共党史资料出版社1988年版,第131页。
④ 柯六六:《柯庆施就读上海外国语学社前后》,《江淮文史》2008年第6期。

为加强对进步青年的教育和管理,上海早期党组织于1921年初在新渔阳里6号成立教育委员会,包惠僧担任这个委员会的主任,他后来回忆:"我们到上海后,李汉俊在临时中央成立了一个教育委员会指定我负责,杨明斋任副教育委员,主要的任务是选择青年团的优秀分子去莫斯科留学。"①在这期间,青年团从外国语学社中选派了30多名学生分三批被送到苏俄学习,多数进入苏联莫斯科东方大学,这些学员中很多人后来成为革命和建设的卓越领导者。

1925年10月,为纪念伟大的革命先行者孙中山先生,苏共中央决定在莫斯科创办一所大学,帮助国共两党培养革命干部,这所大学就是中国劳动者孙逸仙大学,即莫斯科中山大学。杨明斋受党中央的委托,负责在上海选派学员并护送从全国招收的第二批学员去莫斯科中山大学学习。到校后,他被留下负责学校的总务工作。选派的学员共有百余人,包括张闻天、王稼祥、伍修权等,杨明斋对学生的关爱给他们留下了深刻的印象。

## 三、传播马列主义,开展革命活动

俄国十月革命后,马克思主义在中国得到广泛传播。正如报章所说,"一年以来,社会主义的思潮在中国可以算风起云涌了,报纸杂志的上面,东也是研究马克思主义,西也是讨论鲍尔希维主义,这里是阐明社会主义底理论,那里是叙述劳动运动的历史,蓬蓬勃勃,一唱百和,社会主义在今日中国,仿佛有雄鸡一唱天下晓的情景"。②在推动马克思主义的宣传过程中,杨明斋做了大量的工作。

### (一) 创办中俄通讯社

中俄通讯社(1921年1月起称华俄通讯社)是由共产国际工作组建立的一个公开活动机构。通讯社设于上海霞飞路(今淮海中路)渔阳里6号。该社由杨明斋负责。通讯社的主要任务是沟通中俄两国人民的相互了解,推动马克思主义在中国的传播,宣传俄国十月社会主义革命的经验。其工作主要有两项:翻译和报道有关苏俄、共产国际方面的资料;把中国报刊上的重要信息译成俄文发往莫斯科。稿件量非常大,主要来自海参崴、赤塔以及莫斯科,也有一些译自英、

---

① 包惠僧:《包惠僧回忆录》,人民出版社1982年版,第32页。
② 《近代社会主义及其批评》,《东方杂志》第18卷第4号,1921年2月25日。

美、法的杂志报纸,而且种类繁多,包括政治、经济、文教、战事、工运、妇运等。中国军阀政府为了维护其统治,极力封锁十月革命的消息,歪曲苏俄的革命形象,资本主义国家的通讯社也对列宁领导的俄国革命进行恶意攻击,并作歪曲报道,在这样的情况下,作为通讯社社长的杨明斋旗帜鲜明、真实高效地报道了苏俄的革命情况,为此做了大量的工作。比如,在《民国日报》上,通讯社连续发表《布尔什维克沿革史》《列宁小史》《列宁关于劳动底演辞》以及《列宁答英记者质问》等文章,用事实抨击对俄国革命的不实报道,向中国人民介绍真实的俄国革命。通讯社在推进马克思主义的宣传,扩大中国民众对苏俄革命斗争的了解方面,发挥了重要的教育宣传作用。上海早期党组织建立后,通讯社便由党组织领导,杨明斋继续主持通讯社的工作。

为扩大信息宣传,中俄通讯社还在北京设立了分社。据曾在通讯社工作过的刘仁静回忆,"一九二〇年,我找到了一个工作,就是在北京的'华俄通讯社'(也称中俄通讯社)里,把北京报纸上的消息译成英文,再有人把他译成俄文,通过电报发回莫斯科"[1]。维经斯基也有一段回忆,情报处组建了"华俄通讯社",该处目前已向31家中国报纸供给资料;希望将其扩大,北京已经建立一个分部。资料来源主要是俄国远东的报纸,以及《先驱论坛报》《曼彻斯特卫报》《国家报》《新共和报》《纽约之声》《俄罗斯报》和他们一行人提供的文章。苏维埃日历上的文章如《俄国无产阶级的十月革命》也已全文发表。[2]

在中国共产党创建的过程中,由杨明斋负责的中俄通讯社,为传播马克思主义和党的成立做了舆论的准备。据不完全统计,从1920年7月到1921年7月间,在上海的报刊上发表的文章就达140余篇。[3] 中俄通讯社是中国共产党最早创立的通讯社,为马克思主义在中国的传播,为中国共产党的创建做了大量的前期舆论准备。

(二) 开展工运活动

上海共产党早期组织开地方党组织之先河,创建了国内第一个早期党组织。

---

[1] 《关于杨明斋生平事迹的调查》,《齐鲁学刊》1983年第4期。
[2] 中共上海市委党史研究室、中国社会主义青年团中央机关旧址纪念馆编:《觉悟渔阳里:上海社会主义青年团创建史料选辑》,上海人民出版社2017年版,第1434页。
[3] 余世诚、张升善:《杨明斋》,中共党史资料出版社1988年版,第12页。

党组织成立后，开展了一系列革命工作，一方面通过各种途径宣传马克思主义，另一方面也积极开展工人运动，唤醒工人阶级的觉悟。杨明斋不仅在宣传马克思主义方面做了大量卓有成效的工作，而且由于自身具有深厚的社会实践基础，曾当过农民，做过工人，深知工人的疾苦。他常常深入工人中间，引导工人组织革命运动，争取工人的合法权益。

在陈独秀和杨明斋等上海早期党组织的指导下，最先组织起来的是上海的机器工人，成立了新型的上海机器工会组织，该会的发起人是江南造船厂的锻工李中和杨树浦电灯厂的钳工陈文焕。李中是湖南人，曾和蔡和森、毛泽东是同学，受《新青年》《劳动界》周刊等影响，认识了陈独秀、杨明斋、俞秀松等上海党的早期组织成员，后来成为上海社会主义青年团的团员。1920年10月3日，在霞飞路渔阳里6号召开了上海机器工会发起会，陈独秀、杨明斋等人以嘉宾的身份出席了会议，陈独秀被邀请为暂设经募处的主任，李中等五人被推选为办事员。杨明斋在会上发表了热情洋溢的讲话，运用所掌握的马克思主义理论知识向工人讲述了受剥削的真正原因，"工人要解放就得推翻这种剥削制度，而要推翻这种剥削制度，工人就得联合起来"，成立工会的目的，就是让大家团结起来，以"减轻自己的苦痛，救济自己的生活"。①

在早期共产党组织的帮助下，上海机器工会于11月21日在白克路上海公学正式成立。前来参加成立大会的嘉宾有近千人，孙中山、陈独秀、杨明斋等都到会祝贺。上海机器工会成为中国共产党领导下的第一个产业工人的新型工会组织，在我国工运史上具有重要的地位。此后，在上海早期党组织的关怀和领导下，又相继成立了上海印刷、纺织等工会组织。为更好地开展工作，机器工会和印刷工会还分别创办了他们的期刊《机器工人》等。《共产党》月刊发表评论，认为这两个工会"办理得有精神有色彩"②。这说明党的早期组织高度重视工会在引导和推动工人运动中的作用。

陈独秀、杨明斋等上海党的早期组织成员在指导成立各行业工会的同时，也积极推动建立跨行业的工人大联合。1920年12月20日，上海党的早期组织在上海公学召开各行业工人的联合组织——工人游艺会成立大会，杨明斋、李启汉、邵力子等参加了成立大会并发表了演讲，他们在演讲中号召工人破除迷信、

---

① 《民国日报》1920年10月6日。
② 《共产党》月刊第6号，1921年7月7日。

振作精神、团结起来,改变"金钱万能,劳工无能"的旧观念。① 实际上,工人游艺会和党后来领导建立的工人俱乐部一样,都成为向工人宣传马克思主义的重要活动场所,为各行业工人的团结进步创造了条件。

(三) 批判复古文化

杨明斋具有深厚的马克思主义理论素养和实践积淀,他在党的创建时期就特别关注社会上反对马克思主义在中国传播的复古主义思潮。这股复古主义思潮的代表人物有梁漱溟、梁启超和章士钊等人,其代表作为《东西方文化及其哲学》《先秦政治思想史》和《农国辩》。他们提出抵制包括马克思主义在内的一切西方文化,反对学习西方的社会主义学说,并从经济的视角鼓吹"农村立国主义",极力从理论上证明马克思主义不适合中国的现实国情。杨明斋尖锐地批判了这种复古倒退主义的思潮,"证明了中国只有打破闭关自守,吸收马克思主义这样的西方文化的精华,走社会主义道路,才有希望,才能振兴"②。

杨明斋参加了这场东西方文化的论战,并在繁忙的革命工作之余,先后完成了《评中西文化观》《中国社会改造原理》两部著作。在写作的过程中,克服疾病、经济拮据等重重困难,承受巨大的艰辛,过着清简的生活。杨明斋主张从认识中国传统文化入手,以西方文化的精华取代中国传统文化中过时的部分,以马克思主义原理作为指导,改造现实之中国。他认为科学社会主义,从西方向东方,尤其是在中国的传播已形成势不可当之势,任何阻挠都是徒劳的。在风雨飘摇的1920年代,特别是在白色恐怖的环境下,杨明斋敢于表达自己的见解和主张,体现了坚定的马克思主义信念和大无畏的革命主义精神。不过应该指出的是,著作也存在一些不足和瑕疵,甚至有些观点不明确。但从总体上来看,杨明斋的著作具有较高的学术价值,闪耀着马克思主义的理论光辉。

(作者单位 中共上海市松江区委党校)

---

① 《民国日报》1920年12月20日。
② 余世诚、张升善:《杨明斋》,中共党史资料出版社1988年版,第22页。

# 上海外国语学社述略

邵 雍

上海外国语学社的筹建、创办乃至派遣四批学生去苏俄留学均早于中共"一大",中共早期组织领导人陈独秀在这当中起了至关重要的作用。因此研究上海外国语学社是研究中共创建史的题中应有之义。中共中央党史研究室著《中国共产党历史·第一卷》(中共党史出版社2002年版)对上海外国语学社有明文记载,但限于篇幅,只讲了两句话(详后)。至于学术界对于上海外国语学社的研究还是很不够的,最新的相关成果是张秋实、汪洪的《中共创建与中共留俄干部教育之开启》[①],该文仅有一小节提及该学社选派第一批留俄培训干部到莫斯科东方大学学习,还不是研究上海外国语学社的专论。

一

上海自1843年开埠后与外国发生了越来越多千丝万缕的联系,通事(翻译)热门紧缺。洋务运动开始后,江苏巡抚李鸿章奏请朝廷同意在上海设立广方言馆,招收少年学习英文、法文(后来又增添了俄文)以应科技、外事交往之急需。由于上海很快成为近代中国的经济中心、金融中心与航运中心,不少人为了争取进入外资企业谋生,挣得更多的劳务报酬,不惜花大价钱通过各种渠道学习外语。在这种背景下,各语种时间长短不一的培训机构或家教应运而生,生意红火,长盛不衰。因此,1920年代初出现的上海外国语学社在当时众多的外语教

---

① 《中共创建史研究》第2辑,上海人民出版社2017年版,第23—29页。

学点中并无抢眼之处,法租界当局开始也没有特别关注,这有利于革命活动的展开。

1920年8月上旬中国共产党早期组织在上海法租界环龙路渔阳里2号《新青年》编辑部(即陈独秀寓所,今南昌路100弄2号)成立。发起人有陈独秀、李汉俊、俞秀松、施存统(在日本)、陈望道、沈玄庐、杨明斋、李达等,陈独秀任书记。它实际上是中国共产党的发起组织,是各地共产主义进行建党活动的联络中心。8月22日,在中国共产党早期组织领导下,上海社会主义青年团成立。俞秀松、施存统、叶天底、袁振英、金家凤等为发起人,书记俞秀松。团址设在上海霞飞路新渔阳里6号(后改为新铭德里6号,今淮海中路576弄6号)。也就在8月底,上海外国语学社的牌子就挂在新渔阳里6号的乌黑大门上了。

新渔阳里6号的房子原来是戴季陶承租的,后来由杨明斋出面续租。1954年3月包惠僧回忆说,1920年春杨明斋同吴廷康到上海找陈独秀商量建党之初,即租定这个房子。是哪一个月起租不详。是杨明斋经手租的,华俄通讯社就在这里发稿。接着办了一个"外国语学社"。社会主义青年团即在此处。①

杨明斋(1882—1938),山东平度人。1901年去符拉迪沃斯托克谋生,1908年到西伯利亚矿区做工。十月革命前加入俄共(布),动员华工参加红军。1919年奉命来华,次年4月与来华的吴廷康(即维经斯基)汇合,推动和帮助各地共产主义组织的建立。同年夏,主持成立中俄通讯社。他未赶上出席共产国际第三次代表大会,在伊尔库茨克滞留至1921年9月中旬,之后返回中国,主要从事理论宣传工作。1922年7月参加中共"二大"。

经过共产国际批准来华活动的吴廷康是俄共远东局代表,杨明斋时任其翻译兼秘书,随行的还有马马耶夫和吴廷康的夫人库兹涅佐娃。据说列宁给吴廷康三大任务:(1)同中国社会主义团体联系,组织正式的中国共产党及青年团;(2)指导中国工人运动,成立各种工会;(3)物色一些中国的进步青年至莫斯科东方大学学习。②根据彭述之回忆,当陈独秀从吴廷康那里得知苏俄、共产国际将创办东方大学的决定后,"他立即委托杨明斋在渔阳里6号筹办中国共产主义

---

① 中共上海市委党史研究室、中国社会主义青年团中央机关旧址纪念馆编:《觉悟渔阳里:上海社会主义青年团创建史料选辑》,上海人民出版社2017年版,第1348页。其中"华俄通讯社"应为中俄通讯社。

② 参见《维经斯基在中国的有关资料》,中国社会科学出版社1982年版,第460页注释4。

中央小组外国语学社，并以最紧急的方式当面或者写信给杭州最有声望的共产主义者陈望道、任职芜湖国立中学校长的朋友高语罕、长沙共产主义者召集人贺民范、北京共产主义者领导人李大钊，可能还有其他若干他认识的、多少受其影响的接近马克思主义者，要求他们以最快的速度让尽可能多的社会主义青年团员们停止一切工作到上海来，为留学莫斯科做准备"①。从现有资料来看，推荐、介绍学员最多的是湖南船山学社贺民范（中共湖南党组织的发起人之一）、社会主义青年团负责人俞秀松以及安庆社会主义青年团负责人蔡晓舟。陈独秀本人亲自推荐时在上海湖南青年罗亦农、袁达时、李启汉等进学社学习。②

当时上海法租界当局"对革命党的行动极为注意，上海的流氓暗探等也常常有勒诈的行为。便由张继和柏文蔚二人出头，与法界有关系的出为相助，即以戴季陶住宅为团址，并筹办一个外国语学校，挂起一个招牌，以避法帝和中国反动政府的耳目"③。还有人提供了关于牌子的细节："六号的大门口挂着一块'外国语学社'的木牌子，有三尺来长，一尺光景阔。写的北魏字体，漆成黑底白字。"④

因此，1954年3月包惠僧回忆早期青年团在上海新渔阳里6号活动情况时说外国语学社"因为没有立案，也没挂招牌，为我党初期的联络接洽与一些半公开活动的机关"⑤，恐有误。

## 二

"外国语学社是上海党组织创办的一所培养干部的学校"⑥，旨在选派青年赴俄学习，造就革命人才。1920年9月28日至10月2日《民国日报》第一版连续刊载了《外国语学社招生广告》，称"本学社拟分设英、法、德、俄、日本语各班，现已成立英、俄、日本语三班。除星期日外每班每日授课一小时，文法读本由华人教授，读音会话由外国人教授，除英文外，各班皆从初步教起。每人选习一班

---

① 中共上海市委党史研究室、中国社会主义青年团中央机关旧址纪念馆编：《觉悟渔阳里：上海社会主义青年团创建史料选辑》，上海人民出版社2017年版，第1397页。
② 参见《中共创建史研究》第2辑，上海人民出版社2017年版，第26页。
③ 《觉悟渔阳里：上海社会主义青年团创建史料选辑》，上海人民出版社2017年版，第1334页。
④ 同上，第1361页。
⑤ 同上，第1348页。
⑥ 中共中央党史研究室：《中国共产党历史·第一卷(1921—1949)》，中共党史出版社2002年版，第83页。

者月纳学费银二元。日内即行开课,名额无多,有志学习外国语者请速向法界霞飞路新渔阳里六号本社报名"。俄语是该学社教学的重点,法、德、日语(后来还有世界语)也有教学,为的是分散社会上的注意力。

关于该学社最初的开办经费,金家凤1956年10月14日有段回忆说,1919年他接连被交通大学、南洋路矿学校开除学籍后即迁入霞飞路铭德里(新渔阳里6号)居住,其时仍准备去法国。陈独秀至沪后,金与上海学生会欢迎他,并参与筹备上海外国语专门学校。"陈独秀筹组马克思主义研究会及社会主义青年团,我也参加。见到陈独秀生活无着,贫苦之至,连活动费、招待费都没有。各地来人渐多(各省通缉的学生,尤其湖南人)。我捐出准备留法的费用6 000银元,作为基本费用。"①如果金的回忆无误,那么至少上海外国语学社的早期启动、运作经费主要来自这笔捐款。因此据学员回忆,在新渔阳里6号,"家具都是租来用的,所以也相当考究,并不很坏的,但没有沙发";"许多传单印刷品也都在这里印,所以当时有两三架油印机,写蜡纸用的铜板等等都齐全的,不过都是日本掘井誊写堂的货色"②;该校还有一个图书室,"书本很少,开办时还是靠沈雁冰捐了八十元的稿费才成立的",到后来经费无着,连兼职图书管理员的6元钱的生活费也发不出了。③

学社内教员分工如下:库兹涅佐娃、王元龄讲授俄文,李达教日文、李汉俊教法文,袁振英教英文。学员许之桢回忆:"当时教的也不止俄文一种,英、法、日文都教,李达教日文,李汉俊教法文,袁震英教英文。"④本来新渔阳里6号楼下厢房是教俄文的,也有教法文的。"法文是由李汉俊教。后来因发展了,楼下客堂也做了教室,请王元玲教俄文。"⑤《维经斯基在中国的有关资料》(中国社会科学出版社1982年版)第463页说,"李震瀛教英文",是错将袁振英当作李震瀛了。

库兹涅佐娃是俄国人,她虽然上课的时间不多,但她通过与学员们的交谈和会话,迅速地提高了学员听说俄语的能力。担任俄语主要教学任务的王元龄回

---

① 中共上海市委党史研究室、中国社会主义青年团中央机关旧址纪念馆编:《觉悟渔阳里:上海社会主义青年团创建史资料选辑》,上海人民出版社2017年版,第1339页。
② 同上,第1361页。
③ 同上,第1390页。
④ 同上,第1360页。
⑤ 同上,第1363页。

忆外国语学社的情况时说:"我是1920年夏季从哈尔滨毕业的,7月份回上海。冬天杨明斋同志到我的地方来接洽,过了阴历年约二月份初春,我到这里来教书,未到大热天约阴历五月份就结束。我来上课的时间是下午,吃过饭后。结束后,起初据说到法国去,后来知道他们是到苏联去……我在这里教书时,教室在楼下客堂,黑板挂在中间,黑板面朝东。学生约有50人,课桌放得很挤,中间有两条走道,里面课桌紧靠6扇平门,平门是关着的。教师前面不另放桌椅。我站的地方空位不多,我的书就放在前一排学生的课桌上。"①学员萧劲光回忆:"杨明斋不具体教学,教我们俄文的是一个王小姐,俄文说得也非常好,……王小姐和杨明斋很熟,每天下了课,杨明斋总要将王小姐送出学社门。"②有些记载讲,王元龄是陈独秀请来教书的,不确。

当然外国语学社负责人杨明斋也会讲流利的俄语,他有时也给学员上俄语课和辅导学员学习。③《刘少奇传》说,"学员主要学习俄文,由杨明斋和维经斯基的夫人库兹涅佐娃主讲",④也是不确切的。

关于英语教学,1932年11月21日袁振英致信《社会新闻》编辑部说:"民国九年我由日本返国过沪,外国语学校找我教过几点钟英文。"⑤他回忆说:在外国语学社"我担任英文一科,我又与施存统、叶天低、俞秀松、金家凤主持团务,总务由杨明斋担任"⑥。

### 三

外国语学社的入学方式主要是组织推荐介绍,免试入学。它吸收了中国南方湖南、浙江、安徽、江西、上海等地的青年入学,学习外语和马克思主义基本知识,同时参加一些革命活动。先后在该社学习的有刘少奇、罗亦农、任弼时、萧劲

---

① 中共上海市委党史研究室、中国社会主义青年团中央机关旧址纪念馆编:《觉悟渔阳里:上海社会主义青年团创建史料选辑》,上海人民出版社2017年版,第1407页。
② 同上,第1355页。
③ 黄峥:《刘少奇全传》,中共党史出版社1998年版,第61页。
④ 金冲及:《刘少奇传》上,中央文献出版社1998年版,第27页。
⑤ 中共上海市委党史研究室、中国社会主义青年团中央机关旧址纪念馆编:《觉悟渔阳里:上海社会主义青年团创建史料选辑》下册,上海人民出版社2017年版,第1558页。
⑥ 同上,第1334页。其中"叶天低"当为叶天底之误。

光、汪寿华、柯庆施、蒋光慈、曹靖华等近60人。①

上海社会主义青年团成立后，"建团工作首先在外国语学社的学生中开展"。② 20多名学员被吸收为第一批团员，其中包括刘少奇、罗觉(亦农)、任弼时、萧劲光、任作民、王一飞、许之桢、傅大庆、周昭秋、柯庆施、梁柏台、卜士奇、袁达时、彭述之、廖划平等。这么多的优秀团员集聚在社会主义青年团所在地，因此说外国语学社是社会主义青年团的大本营毫不为过。

学员中来自湖南的最多。他们大多是与毛泽东一道参与筹建湖南俄罗斯研究会的船山学社负责人贺民范介绍的，其中有罗亦农、刘少奇、任弼时、萧劲光、任岳、周昭秋、胡士廉和陈启沃等。任弼时在上海外国语学社期间与萧劲光等住法租界贝勒路(今黄陂路)一亭子间，吃包饭，睡地铺，所有费用由学社提供。也就是说，他们六人进社学习是完全免费的。从安徽来上海外国语学社学习的曹靖华也享受同样待遇，他回忆说："我在这个外国语学社学习，既没交学费，也没交饭费和宿费，全是S.Y.包了。"③也就是说凡是组织推荐入学的，可享受免费待遇。对社会上的一般求学青年也招，但这些人是要照章缴费的。1921年3月9日廖化平在上海发出的信中透露，在上海学习俄语和世界语，"俄语是杨明斋教授，每月学费一元，讲义费八角。世界语是一个俄国新闻记者教授，不收学费"④。廖化平所说学俄语的费用十分具体，每月学费加讲义费共一元八角，与招生广告中开列的学费二元相差不多。

萧劲光回忆：当时在外国语学社一起学习的有二三十人，"除了我们一起来的6个人外，还有刘少奇、罗觉(即罗亦农)、卜士奇等同志，他们比我们到上海早一些。任作民同志也比我们早到，他是任弼时同志的叔伯兄弟，在上海的一个纺织厂做工，从工厂来外国语学社的。还有吴芳、谢文锦同志，都是江苏人⑤。记得和我们先后到这来学习的还有彭述之、廖化平、许之桢、傅大庆、马念一、曹靖华、韦素园、蒋光慈等。在外国语学社，我和弼时同志一起参加了工读互助团。

---

① 《现代上海大事记》，上海辞书出版社1996年版，第74页。
② 中共中央党史研究室：《中国共产党历史·第一卷(1921—1949)》，中共党史出版社2002年版，第83页。
③ 中共上海市委党史研究室、中国社会主义青年团中央机关旧址纪念馆编：《觉悟渔阳里：上海社会主义青年团创建史料选辑》，上海人民出版社2017年版，第1366页。
④ 同上，第1403页。
⑤ 可能有误，因为后来的各种统计中均没有江苏籍学员。

工读互助团实际上是社会主义青年团的前身,它的机关就在我们俄文班的楼上,刘少奇同志是我们这个组织的负责人"①。

刘少奇当初来上海外国语学社学习时也持有贺民范给上海外国语学社负责人杨明斋的推荐信。与刘少奇一道从长沙来上海的共七人,其中有彭述之、吴先瑞、刘汉芝(后两个人都为革命牺牲了),还有个周庠,因为新娶了漂亮妻子,难以割舍,半路落荒而去。在外国语学社,刘少奇等人与任弼时、王一飞、萧劲光、蒋光慈、曹靖华等人为同一个班,编为三个小组。②

学员许之桢回忆:他和刘少奇、柯庆施同志住在外国语学社楼上厢房里,"楼下不住人。那时这里还是自办伙食的,但也没有一定,有时在外边买些糍饭油条吃吃也就算了。通常吃饭时在楼下厢房里的"③。但黄峥著《刘少奇全传》(中共党史出版社1998年版)第60页称,"少奇和其他同学一起每月吃5元钱的包饭,但是他们往往5个人合伙包4个人的饭,每个月各人节省1元钱买书报和做其他费用"。

1920年10月湖南隆回县人彭述之经贺民范介绍进上海外国语学社学习,并加入上海社会主义青年团。他回忆说:

> 外国语学社的首届学生迟至1920年10月中才入学。截至1920年11月初,全部学生包括晚报到者共达29至30人之多,其成员来源如下:湖南16人,浙江7—8人,安徽4人,江西1人,上海1人。来自湖南的年轻人虽经贺民范逐个选出,但仍是一个不很一致的大家庭。这个大家庭包括两个小家庭:'老战士'家庭,由罗亦农、卜士奇、袁达时、吴芳4人(八、九个月前到上海)和李启汉、陈为人2人(五、六个月前到上海)组成;'新战士'家庭,由黎冰若、彭述之、江××(五、六个星期前到上海)和刘少奇、任弼时、任作民、萧劲光、彭礼何、彭××、吴××(两三天前到上海)组成。来自上海本地的青年名叫抱朴,和罗亦农及其他三同志一样,是上海工读互助团的老成员,自然是个'老战士'了,但他并没能(也永远没有)摆脱无政府主义。江西的青年人是傅大庆;来自安徽的4个青年是韦素园、曹靖华、蒋光慈和一个

---

① 中共上海市委党史研究室、中国社会主义青年团中央机关旧址纪念馆编:《觉悟渔阳里:上海社会主义青年团创建史料选辑》,上海人民出版社2017年版,第1356页。
② 王光美:《少奇青少年时代生活片断摘录》,见《觉悟渔阳里:上海社会主义青年团创建史料选辑》,上海人民出版社2017年版,第1352页。
③ 《觉悟渔阳里:上海社会主义青年团创建史料选辑》,上海人民出版社2017年版,第1361页。

我现已记不起姓名的小伙子;来自浙江的7到8个青年是王一飞、韩百华、文锦、华林①、天底等人,几乎都是象黎冰若、我和刘少奇一样的新手,没有任何政治经验的活动分子,到上海还不到两个月,因此自然都是'新战士'了。……星期一到星期六,整个白天都用于接受杨明斋和友人浦克不断灌输给我们的语言和意识形态入门课程。②

仔细说来,彭述之的上述回忆有点问题,如刘少奇是先于任弼时等六人进学社的,与任弼时等并非一批,但总体而言还是可信的,即经推荐介绍进外国语学社学习的学员是分期分批来上海的。最早的1920年3月,最晚的1920年11月初到达上海,时间相差8个月,真可谓好事多磨。

浙江人周伯棣回忆,"到渔阳里6号外国语学社学习是在1920年11月20日至1921年5月份,是俞秀松介绍的"。周伯棣回忆说:"以前我和俞秀松是同学。我在杭州,因为父亲失业了,家中经济发生困难,俞秀松写信给我,叫我到上海半工半读,我就从杭州到上海,进了外国语学社学习俄文,记得我当时就和俞秀松两人住在亭子间里,俞秀松叫我管图书,每月有陆元工资。听说这笔钱是沈雁冰等同志的稿费,用这笔钱买了许多书,多余的就给我作工资。我就一面管图书,一面学俄文,准备到苏联去学习。当时……大部分是住在外面的,只有一小部分住在6号,大约有七、八个人,多数是湖南人。"③

还有比周伯棣入学更晚的。浙江人华林回忆:"1920年12月左右,俞秀松来找我,谈起青年团,望我参加,并且希望我不要读英文,改读俄文,我答应了。第二天,他就同叶天底(后来牺牲)来帮我搬行李盖到渔阳里6号。……我们在渔阳里没有什么活动,主要是学习俄文。当时在一起学习的有:刘少奇,还有柯怪君。从照片来看很像柯庆施,……当时住在渔阳里的有十多人,我记得的有周伯棣、柯怪君。"④

---

① 华林,又名华挺生,1920年冬至1921年春曾在外国语学社学习,参加社会主义青年团,以后赴苏联莫斯科学习。
② 中共上海市委党史研究室、中国社会主义青年团中央机关旧址纪念馆编:《觉悟渔阳里:上海社会主义青年团创建史料选辑》,上海人民出版社2017年版,第1397页。
③ 同上,第1388页。
④ 同上,第1394页。柯庆施后来谈起社会主义青年团早期的情况时说:"1920年下半年我们到上海时,住在渔阳里六号,当时的组织就叫社会主义青年团,对外的名义是外语学校,社会主义青年团的工作由俞秀松负责。在那里呆过的有少奇、萧劲光,现在总工会工作的许之谨(?),另外还有马俊民(现在湖北)、彭湃(湖南人,现在北京)。"见《觉悟渔阳里:上海社会主义青年团创建史料选辑》,上海人民出版社2017年版,第1358页。

华林当时还不知道,这一语种调换的背后是党组织有意要培养他去莫斯科深造。

从安徽来上海外国语学社的曹靖华回忆:"1920 年我又到安徽大通的小学教书,时间很短。这时,安徽的蔡晓舟(他是安徽进步青年的头头,来往于芜湖、上海之间,经常在安庆,所有安徽要求进步的青年,都由他来调动)写信给我说,你不要教书了,到上海来,我介绍你进 S. Y. 读书。这样,我就于一九二〇年底,来到上海霞飞路渔阳里六号,外面挂个牌子是'外国语学社'。我在这里学俄文,教员是杨明斋。……我们这个班,上课时在渔阳里六号,下课就各自回到三个省的同学住宿处。我在 S. Y. 读书时,只我一人是河南人,因我是从安徽来的,所以我就住在安徽同学的住处。我记得好象是在法租界南成都路附近一间大房间,没有家具,没有床铺,就睡在地板上。"①

学员生活虽然艰苦,但毕竟是衣食无忧,心无旁骛。是中共早期组织克服了种种困难,为他们创造了一个可以集中时间精力学习外语和马克思主义基本知识的良好环境。

## 四

外国语学社的学员们每日上午学习俄文,下午除学习外,参加工读互助团的学员"有时刻钢板、印传单,有时还要到工厂联络,上街散发传单。遇有纪念日,就参加游行"②,每当游行时走在前边举旗杆的经常是这些人。

每星期天则是安排政治课讲座,学社请上海复旦大学教授陈望道给学员们讲解《共产党宣言》,请作家沈雁冰和《民国日报》的邵力子讲授社会科学知识。萧劲光回忆:"我们在这里除了学习俄文,还听讲马列主义的课。我读的第一本马列的书就是外国语学社发的《共产党宣言》,书的封面上有一个大胡子的马克思像。对《共产党宣言》我们读起来很费解,尽管字都认得,但好些术语不明白。书是由陈望道翻译的,马列主义课也由他主讲,每个星期日讲一课。"③

学员课外阅读资料有《新青年》、《星期评论》、《劳动界》、《时事新报》副刊《学

---

① 中共上海市委党史研究室、中国社会主义青年团中央机关旧址纪念馆编:《觉悟渔阳里:上海社会主义青年团创建史料选辑》,上海人民出版社 2017 年版,第 1366 页。
② 同上,第 1356 页。
③ 同上,第 1355—1356 页。

灯》、《民国日报》副刊《觉悟》等报刊。杨明斋利用学员们懂俄语的有利条件,组织大家利用课余时间,为《劳动界》杂志编辑部、中俄通讯社和新青年出版社做翻译、缮写、校对、印刷等方面的具体工作,既宣传了革命,又锻炼了俄文表达的能力,还有一点报酬作为零用。①

有时候,学社还让学员到工厂和贫民区去散发传单。学员周伯棣回忆:"一九二一年的五一节前夕,法租界的捕房似已注意我们的学校,对我们已很不客气。有一次,法国的包打探就盛气凌人地来到我们学校。五一那天,我们分组去街上发传单。我和另一个同学到威海路散发,恰遇印度巡捕来巡逻,几被捕去。"② 4月29日,设在上海外国语学社的"五一"纪念筹备处,遭到法租界巡捕房查抄,以后一直受到法租界当局严密监视。

外国语学社是全日制非学历培训班,学员进学社学习的主要目的不是混个文凭好找工作,而是去苏俄留学,因此学好俄语至关重要。但较多的社会活动客观上挤占了俄语学习的时间,影响了一些学员的注意力。王光美评论说:刘少奇"他们学俄文似乎不大用心,学习时间自己看《共产党宣言》《新青年》,有时还跑到街上散传单。所以有不少人启程去莫斯科时,俄文单词还没有记住多少。"③

即便一部分学员俄语初步过关,究竟去得成去不成,什么时候可以去,就是杨明斋心中也没有底。他曾经对学员廖化平等人说:"学习俄语六个月后,究竟能否过去还未定,因不晓得俄政府的回信怎样。"教授世界语的俄国人则说能介绍学员过去,"因为俄政府很欢迎学生,所防的是中国政府的侦探"。1920年3月廖化平在给友人信中写道:"此次我们过去是由他介绍,有无其他问题,现在还不能预定。"④

1921年初中共早期组织在新渔阳里6号成立教育委员会,该委员会主任包惠僧后来回忆说:"我到上海后,李汉俊在临时中央成立了一个教育委员会指定我负责,杨明斋任副教育委员,主要的任务是选择青年团的优秀分子去莫斯科留学。"⑤

---

① 参见黄峥:《刘少奇全传》,中共党史出版社1998年版,第63页。
② 中共上海市委党史研究室、中国社会主义青年团中央机关旧址纪念馆编:《觉悟渔阳里:上海社会主义青年团创建史料选辑》,上海人民出版社2017年版,第1390页。
③ 王光美:《少奇青少年时代生活片断摘录》,见《觉悟渔阳里:上海社会主义青年团创建史料选辑》,上海人民出版社2017年版,第1352页。
④ 《觉悟渔阳里:上海社会主义青年团创建史料选辑》,上海人民出版社2017年版,第1403页。
⑤ 包惠僧:《包惠僧回忆录》,人民出版社1982年版,第32页。

同年2月上海外国语学社开始分批输送青年赴俄学习,先后赴苏的有30人。① 当事人回忆,去苏俄需要自己报名②,而"在俄的一切交涉,在国内时都已弄妥了的"③。2月13日秦慧僧(又名秦抱朴)等一行10人首先搭乘货船去苏俄。④ 3月9日廖化平等人从上海乘船取道大连、长春、哈尔滨去苏俄。⑤ 4月11日张学琅等人从上海出发,经海参崴、伯利,7月9日到达莫斯科。⑥ 5月中旬刘少奇、任弼时经中国共产党早期组织介绍,乘日本邮轮从上海取道日本长崎到海参崴赴苏俄留学,同一批赴俄的还有萧劲光、任岳、周昭秋、胡士廉、陈启沃、彭述之、罗亦农(罗觉)、卜士奇、吴芳、谢文锦、蒋光慈等。

《维经斯基在中国的有关资料》(中国社会科学出版社1982年版)第463页说,"因学生分批去苏学习,1921年5月中旬,外国语学社结束"。此说恐怕不确切。当时上海社会主义青年团确因团员成分复杂,思想分歧,缺少领导骨干,大部分团员又赴俄学习,从5月起暂停活动,同年11月才恢复,⑦但这不等于讲,外国语学社就因此结束了。

5月20日至7月15日《民国日报》的《觉悟》副刊连续刊载了《外国语学添招新班》的广告,内称:"本社添招英文、俄文、法文、日文学生各一班。有志向学者,请即至法界霞飞路渔阳里六号报名,每班报名者满念名以上即行开课。报名费一元;学费每月二元。"如果学社打算关门,就没有必要再在报纸上连续刊发新的招生广告了。

《现代上海大事记》第74页说,"学社于1921年冬结束",较为可信。当事人魏以新1980年回忆说:"1920年时团中央办公处是上海霞飞路渔阳北里6号,……1922年时把房子退掉。"⑧校舍退掉了,学校自然停办了。

马克思说过,外国语是人生斗争的一种武器,在帝国主义和无产阶级革命时

---

① 中共上海市委党史研究室、中国社会主义青年团中央机关旧址纪念馆编:《觉悟渔阳里:上海社会主义青年团创建史料选辑》,上海人民出版社2017年版,第1405页。
② 同上,第1394页。
③ 同上,第1405页。
④ 同上,第1402页、第1400页。
⑤ 同上,第1404页、第1403页。
⑥ 同上,第1405页。
⑦ 参见《现代上海大事记》,上海辞书出版社1996年版,第92、110页。
⑧ 中共上海市委党史研究室、中国社会主义青年团中央机关旧址纪念馆编:《觉悟渔阳里:上海社会主义青年团创建史料选辑》,上海人民出版社2017年版,第1384页。

代更是如此。中国共产主义者要与共产国际及各国共产党同志直接联系,学习马克思主义经典作家的原著,掌握外语特别是俄语是必不可少的。正因为如此,办学时间不长的上海外国语学社既是社会主义青年团的大本营,又在联系国际共产主义运动方面起到了桥梁的作用。其办学成效十分明显,在近60名学员中有30人顺利到达苏俄首都莫斯科继续深造,从而为中国共产党培养了一批重要的青年领导干部。从这个意义上说,上海外国语学社是空前绝后不可复制的,它在中国共产党的创建史上具有重要的地位。

(作者单位 上海师范大学)

# 湖北人与中共建党

高红霞、刘盼红

与中共建党相关的研究，已有探讨学缘及乡缘在其中发挥作用的若干研究成果①，但研究范围和力度都有进一步加强的可能。其中尚有可以探讨的现象有：中共建党期间湖北籍党员人数较多，尤其是在中共"一大"会议上，"两湖"籍代表最多，其中湖北籍代表又多于湖南籍。湖北人参加中共建党活动与湖南人有共同之处，更有其自己的特点。本文仅以中共建党期间湖北人为考察对象，并与湖南籍党员群体比较，梳理和探究湖北人参与中共建党的原因。近代上海"两湖"移民人口远少于苏、浙、粤、皖，无论是在公共租界还是华界，人口总数比重始终处于0.5%—3%的较低水平②，但在中共创建及发展过程中，湖北人的参与在数量和活动能量方面的表现都较突出，甚至出现中共"一大"上的"湖北现象"③，亲缘与乡缘发挥了一定作用，这很值得追根寻源。

## 一、湖北人参与建党活动

湖北籍党员在中国共产党第一次全国代表大会上参与人数最多，且表现极其活跃和关键，但在"一大"召开前，参与建党的湖北人主要在武汉开展活动，武

---

① 参考高红霞：《乡缘与建党：中共创立时期的另一种图景》，《上海师范大学学报（哲学社会科学版）》2018年第2期；伍小涛：《中共"一大"前党员的知识谱系学考察》，《中国井冈山干部学院学报》2015年第2期。

② 《旧上海公共租界人口籍贯构成统计（1885—1935年）》《旧上海"华界"人口籍贯构成统计（1929—1936年）》，邹依仁：《旧上海人口变迁的研究》，上海人民出版社1980年版，第42、114—115页。

③ 王性初：《中共一大上的5位湖北人》，《党史天地》2001年第7期。

汉数个学校和社团与中国共产党的创建关系密切,如私立武汉中学、互助社、仁社、利群书社、共存社等。

1919年,董必武和张国恩等11位湖北同乡,组织筹办私立武汉中学。该校以宣传革命思想、培养革命人才为宗旨,帮助学生阅读包括俄国革命在内的进步报刊,启发学生的革命思潮,逐步成为湖北革命活动的一个重要基地。由湖北共产党早期组织成立的武昌社会主义青年团,第一次会议即在武汉中学召开。[①]董必武在回忆中称:"中国社会主义青年团(当时叫SY)在湖北也是由武汉中学学生开始发展组织。"[②]13位"一大"代表中,3位曾创办或任职于武汉中学,分别是董必武、陈潭秋和李汉俊。[③]

恽代英、林育南等创办的利群书社,为中共的建立和发展输送了大批人才。1917年10月8日,中华大学的恽代英等人,创办以自助助人为宗旨的互助社。[④]到该年年底,互助社拥有19个社员,大部分是湖北同乡。为扩大互助社的影响,同年,恽代英在武汉组织仁社,林育南组织黄社,均以互助社为中心。1920年2月1日,恽代英以互助社为核心,正式成立利群书社。[⑤] 中共"一大"北京共产党早期组织代表刘仁静,是利群书社成员之一。毛泽东也深受利群书社影响。1920年7月初,毛泽东来到利群书社,认真查阅该书社经售的报刊品种、图书目录、重要书刊的发行数量、经营方法,了解社员的学习、修养、生活,书社工作条例、管理制度。毛泽东非常认同利群书社的做法,与恽代英达成利群书社和长沙文化书社互相支援的方案。[⑥] 1921年6月,利群书社在武昌兵变中被付之一炬。次月,恽代英组织成立一个布尔什维克性质的共存社。该社"以积极切实的预备,企求阶级斗争、劳农政治的实现,以达到圆满的人类共存为目的"。[⑦] 共存社的成立,标志着恽代英等人正式宣告接受马克思主义。在中共正式建立后,恽代英、林育南、李求实等大多数共存社成员纷纷加入中共。

湖北人在翻译马克思主义著作、宣传马克思主义方面的贡献亦不少。精通

---

① 《董必武年谱》编纂组编:《董必武年谱》,中央文献出版社2007年版,第43—44页;吴炳权、吴时壮主编:《董必武与武汉中学》,武汉理工大学出版社2004年版,第41页。
② 董必武:《董必武选集》,人民出版社1985年版,第503—512页。
③ 吴炳权、吴时壮主编:《董必武与武汉中学》,武汉理工大学出版社2004年版,第88—96页。
④ 恽代英著,中央档案馆等编:《恽代英日记》,中共中央党校出版社1981年版,第159页。
⑤ 张羽、铁凤:《恽代英传》,中国青年出版社1995年版,第119—121页。
⑥ 同上,第210—211页。
⑦ 《浚新大会纪略》,《我们的》第7期,1921年8月10日。

英、法、日、德等多国语言的李汉俊,受日本著名马克思主义经济学家、思想家河上肇的影响,积极翻译马克思主义著作,宣传马克思主义。1919年9月,李汉俊发表他的第一部马克思主义译作——日本学者山川菊荣的《世界思潮之方向》,热情歌颂了俄国十月革命。① 次年9月,他以更加通俗易懂的方式翻译了《马格斯资本论入门》,该书问世后,立即受到中国先进知识分子的欢迎,被列为北京和武汉共产党早期组织的必读材料。② 除此之外,李汉俊还通过参与创办《劳动界》,在工人中宣传革命;通过主持编辑《新青年》,在知识分子中宣传马克思主义;并在《星期评论》、上海《民国日报》副刊《觉悟》、《妇女评论》、《建设》、《共产》等刊物上发表90余篇马克思主义译文和文章。③ 湖北知识分子中另一位擅于翻译的是恽代英。1921年1月,新青年社出版恽代英翻译的《阶级争斗》(德国考茨基著),此书对毛泽东、周恩来、董必武、彭德怀等老一辈革命家向马克思主义转化有极大的影响,毛泽东最早就是通过它和《共产党宣言》《社会主义史》三本书接受马克思主义的。④ 1921年,曾任教于武汉中学的湖北人刘子通、黄负生和陈潭秋,与恽代英、李书渠等人创办进步刊物《武汉星期评论》。这一刊物反映和支持学生运动、工人运动、妇女解放运动,经常刊载有关学习马克思主义和以马克思主义观点评论社会问题的文章,如陈潭秋的《五一的略史》、林育南的《五七、五四与五一》等,在传播马克思主义方面发挥了重要作用。⑤ 利群书社还出售大量马克思主义经典著作,譬如《共产党宣言》《资本论入门》《社会主义史》等,以及北京、上海等地出版的《新青年》《共产党》《少年中国》等革命刊物,积极宣传马克思主义。⑥

湖北人参与传播马克思主义还间接体现在早期湖北留日学生翻译日语教材上。日本在明治维新以后,翻译了大量西方的书籍,日语教材的出版为中国人掌握日语,翻译西方马克思主义书籍提供了便利。1900年8月,中国首批留日毕业生唐宝锷(由湖北省派出留日)和戢翼翚(湖北房县人)合著的《东语正规》出

---

① 李汉俊:《李汉俊文集》,中共党史出版社2013年版,第658页。
② 田子渝:《李汉俊》,河北人民出版社1997年版,第30—31页。
③ 胡华:《中共党史人物传》第11卷,陕西人民出版社1983年版,第111页。
④ [美]埃德加·斯诺:《西行漫记》,广角镜出版社有限公司1975年版,第106页。
⑤ 黎少岑:《陈潭秋与〈武汉星期评论〉》,见湖北省社会科学院编:《回忆陈潭秋》,华中工学院出版社1981年版,第38页。
⑥ 张羽、铁凤:《恽代英传》,中国青年出版社1995年版,第97、201页;李良明、钟德涛主编:《恽代英年谱》,华中师范大学出版社2006年版,第165页。

版,该书序言阐明此书写作目的是为满足向日本学习先进文明的有识之士的语言学习需要。① 实藤惠秀高度评价此书,认为它对日语观察细致、分析深刻、体例全面,是清末中国人研究日语的集大成者。② 除此之外,戢翼翚还创设了专门翻译和出版日本书籍的译书汇编社(东京)与出洋学生编辑所(上海),又参与创办作新社,大量翻译出版日文书籍。日语教材《和文奇字解》《东语完璧》《东中大辞典》和《言文对照和文汉诂》等皆由这些出版社出版。③

尽管"一大"召开前参与建党的湖北人主要在武汉活动,但参加中共"一大"湖北籍党员人数最多,而且表现极其活跃,出现所谓的"湖北现象"。"一大"13名代表中,湖北5人,湖南4人,其余山东、江西、贵州、广东各1人。这5人分别代表着4个不同参会地区,董必武、陈潭秋代表湖北,刘仁静代表北京,李汉俊代表上海,包惠僧受陈独秀委派,与广东籍党员陈公博一同代表广州。而且他们在建党期间表现非常积极。李汉俊除前文所述翻译马克思主义著作、传播马克思主义之外,1920年5月,他和陈独秀等组织成立上海马克思主义研究会;同年8月,李汉俊又参与发起成立上海共产党早期组织,该组织成为中国共产党的发起组织和联络中心;1920年12月陈独秀赴广州之后,李汉俊代理上海共产党早期组织书记一职,主持上海共产党早期组织的工作,积极推进各地共产党早期组织的创建和中共成立大会的筹备工作。④ "一大"的一些文件出自李汉俊、董必武之手,大会翻译由刘仁静担任。

欲保证"一大"顺利进行,一个秘密安全的会议场所和代表住所尤为关键,在这方面作出重要贡献的也是湖北人。为掩护"一大"活动,李达、李汉俊等人于1921年夏筹备成立了一个公开出版机构——《新时代》丛书社,通讯地址为上海贝勒路树德里4号。1921年6月24日,该社将这一地址公布在上海《民国日报》副刊《觉悟》上。上海贝勒路树德里4号与隔壁的106号——"一大"会址相通,同为李书城、李汉俊兄弟的寓所,如此便于"一大"代表以合法的理由进出会

---

① 唐宝锷、戢翼翚:《东语正规》,序言,作新社,光绪二十九年。
② [日]实藤惠秀著,谭汝谦、林启彦译:《中国人留学日本史》,生活·读书·新知三联书店1983年版,第252页;鲜明:《清末中国人使用的日语教材——一项语言学史考察》,中央编译出版社2011年版,第50页。
③ [日]实藤惠秀著,谭汝谦、林启彦译:《中国人留学日本史》,生活·读书·新知三联书店1983年版,第29—30、41页。
④ 中共嘉兴市委宣传部、嘉兴市社会科学界联合会、嘉兴学院红船精神研究中心:《中国共产党早期组织及其成员研究》,中共党史出版社2013年版,第66—67页。

址。在会址引来法租界巡捕房搜捕后,会议之所以能更换场地继续顺利召开,《新时代》丛书社的庇护和李汉俊本人的应变能力是不容忽视的。

提供"一大"代表们在沪住所的亦是湖北人。会议规定"除原住在上海的人以外,其余都住在嵩山路一所三楼三底的博文女校里,当时正放暑假"。① 事实是,"一大"代表中除3人外住,其余10人皆住博文女校。尽管目前学界关于谁与博文女校校长黄绍兰(湖北蕲春人)联系代表住所一事的论说仍莫衷一是,李汉俊、王会悟、董必武等皆存在可能性,但有一点是可以肯定的:黄绍兰本人富于进步思想和爱国精神,在黄绍兰校长影响下,学校师生曾加入上海学生联合会,积极响应五四运动,还发起成立上海女界联合会,开展爱国宣传、抵制日货等活动。② "一大"的第一天聚会及7月22日夜的"预备会",是在博文女校进行的;会议期间,除正式会议在李书城家,闭幕会在嘉兴南湖,其余大多数时间代表们都是在博文女校度过,他们在这里聚会、交流、讨论规划、起草、工作、选举、休息等。③ "一大"能够顺利召开,离不开黄绍兰和博文女校的支持。

## 二、创党时期湖北人与湖南人比较

从"一大"党员代表和中共早期党员数量来看,湖北与湖南一样,参与人数都不少,代表分布也很广。观之全国,58名④早期党员中,湖北籍仅次于湖南人,有11人,湖南是20人,但超过浙江、广东,位居全国前列,湖北人参与革命的热情可见一斑。

从开展工作的方式上看,充分利用同乡关系在两湖人士身上都有较明显的体现。湖南人李中为发动工人,进入湖南人较多的江南造船厂,一面以打铁为生,一面通过同乡联系工友,发起成立上海机器工会。⑤ 内外棉十五厂里湖北人

---

① 李达:《中国共产党的发起和第一次第二次代表大会经过的回忆》,《一大回忆录》,知识出版社1980年版,第16页。
② 韩晶:《博文女校与近代上海》,《文汇报》2017年6月30日。
③ 章念驰:《章太炎·黄绍兰·博文女校——一件为世所忽略的珍贵建党史料》,《社会科学》1991年第7期。
④ 关于中国共产党早期组织成员数量,本文采取《中国共产党早期组织及其成员研究》的说法。
⑤ 陈家珠等编写,《上海机器业工人运动史》编委会编:《上海机器业工人运动史》,中共党史出版社1991年版,第78页。

数虽微,但亦形成小规模的"湖北帮",陶静轩利用工头身份,团结同乡,搞工人运动。① 1919年董必武与陈潭秋寓居上海湖北善后公会时,与二人同为武昌首义革命同志的詹大悲,将同乡兼邻居的李汉俊介绍给董、陈二人,在李汉俊的指引下,他们三人逐渐走上马克思主义道路。②

参与建党的湖北人士,也利用亲缘关系,引导或帮助亲属走向革命道路。譬如李汉俊是在其兄李书城的帮助下赴日留学和筹备建党的;陈荫林曾欲以教育启发民众,其胞兄陈潭秋向陈荫林证明教育救国和实业救国都行不通的道理,引导他走上革命的道路③;项德芬在哥哥项英的影响下,加入中共,投身工人运动④;著名的林氏三兄弟——林育英、林育南和林彪,都曾在中共建党及以后的发展史上作出重要贡献。武汉与长沙共产党早期组织成员全部由本籍人组成,也从一个侧面体现了两湖人士充分利用乡缘开展活动的特点。

学缘因素在湖北人参与中共建党中发挥作用更显突出,这一点已有相关研究。⑤ 张国恩与董必武既为湖北同乡,又为武昌文普通中学堂和日本东京私立大学法律系同学,他们在学校"一起讨论国家大事",在日本一起加入中华革命党,回国后两人在李汉俊的影响下,共同走上共产主义道路。⑥ 恽代英与林育南为湖北同乡兼中华大学同学,恽代英1917年发起组织互助社时,同在中华大学的中学部学生林育南,通过同班好友、恽代英内弟沈光耀的关系,与沈一同加入互助社。⑦

中国共产党建立前,上海数个与创党相关的社团和组织已有湖南人聚集的现象,学界已经关注到这一点。⑧ 湖南人集聚的这些社团与组织,部分与中共创

---

① 中共上海市委党史资料征集委员会、上海市民政局合编:《上海英烈传(第一卷)》,第71—79页。
② 田子渝:《生死相交师生情——记董必武与李汉俊》,《党史天地》1997年第11期。
③ 湖北省志、人物志编辑室编辑:《湖北人物传记》,湖北省志、人物志编辑室1982年版,第72页。
④ 王辅一:《项英传》,中共党史出版社1995年版,第3页。
⑤ 参考伍小涛:《中共"一大"前党员的知识谱系学考察》,《中国井冈山干部学院学报》2015年第2期。
⑥ 中共嘉兴市委宣传部、嘉兴市社会科学界联合会、嘉兴学院红船精神研究中心:《中国共产党早期组织及其成员研究》,中共党史出版社2013年版,第304页。
⑦ 汪幸福:《林氏三兄弟:林育英、林育南、林彪》,新华出版社1995年版,第119—120页。
⑧ 如培养革命干部的外国语学社中,湖南青年所占人数较多,为中共输送了不少领导人的上海工读互助团和沪滨工读互助团中,前者26位发起人中至少14位为湖南青年,后者14位团员全部为湖南青年,且大部又都参加了外国语学社的学习。与中共创立关系最直接的上海共产党早期组织,其17名成员中,湖南籍有6名,仅次于浙江。参考高红霞:《乡缘与建党:中共创立时期的另一种图景》,《上海师范大学学报(哲学社会科学版)》2018年第2期。

建直接相关,如外国语学社是第一所培养革命干部的学校,且该校以公开办学的形式,掩护准备建党的各种活动;上海共产党早期组织则负有筹备正式建党的使命,它推动各地共产党早期组织的建立,在党的创建过程中起"发起组"的作用。① 较之湖南,湖北人在上海中共创立时期更具有旋聚旋散的特点,他们的代表更多是为建立全国共产党组织而来。中共建立前,在上海长期活动的湖北籍著名共产主义人士主要为个别现象,如李汉俊。其他人尽管来往上海也比较频繁,但他们的主要活动区域仍在武汉。譬如培养出大批中共党员的武汉私立中学、互助社、利群书社、共存社等,都是湖北人在武汉创办的。当然,这些学校和社团的影响范围远不止武汉一地,与上海等地的联系亦较密切。利群书社是武汉共产主义人士对外的重要联络点和办事地点,据吴德峰回忆,该社是"马克思主义研究小组的资料库","里面有很多书,只让看,不出卖,小组通过它联系进步分子"。② 利群书社与《新青年》《新潮》《少年中国》等杂志社有业务来往,和北京、上海、长沙等地进步社团保持密切联系。③

中共建立之后,聚集在上海的湖北人又相继回到武汉,继续参与在湖北和全国的发展党、团和开展工农运动。"一大"召开后不久,陈独秀返沪履行总书记一职,李汉俊因与陈独秀、张国焘意见不一,年底返鄂,任教于武昌高等师范学校,并投入工人运动中。包惠僧在1921年11月奉命返回武汉,任中共武汉区执行委员会书记兼中国劳动组合书记部武汉分部主任。④ 董必武、陈潭秋等人以武汉中学为据点进行宣传和组织工作,在师生中发展党团员,在学校中建立党和团的组织,并组织学生赴湖北其他地区开展工作。1923年底,董必武组织黄安籍学生党员,成立党的黄安县工作组,派回黄安进行革命活动,1925年秋成立中共黄安特别支部;1924年,董必武又组织麻城籍学生党员蔡济璜、刘文蔚等人,成立麻城县工作组,次年成立中共麻城特别支部。据不完全统计,从1921年至1927年5月,湖北建立党组织的地区遍及36个县、市,党员总数达14 000余人。

---

① 陈绍康编著:《上海共产主义小组》,知识出版社1988年版,第3、33页。
② 吴德峰:《党成立前后武汉地区的一些情况》,《"一大"前后》(二),人民出版社1980年,第357页。
③ 易礼容、彭璜、毛泽东:《文化书社第一次营业报告》,见毛泽东著,中共中央文献研究室、中共湖南省委《毛泽东早期文稿》编辑组编:《毛泽东早期文稿》(1912.6—1920.11),湖南出版社1990年版,第536页。
④ 中共嘉兴市委宣传部、嘉兴市社会科学界联合会、嘉兴学院红船精神研究中心:《中国共产党早期组织及其成员研究》,中共党史出版社2013年版,第68、295页。

相当一部分党、团员成为日后农民运动的骨干力量,南昌起义、黄麻起义等皆能看到他们的身影。①

## 三、原因分析

中共建党及"一大"会议期间,湖北籍成员参与较多且表现活跃,他们的情况与湖南籍党员群体的表现既有共同之处又不尽一致,原因值得探讨。

首先是地理区位和历史传统的延续。湖北重镇武汉自古代起就有九省通衢之地的说法,从武汉循长江水道,可西上巴蜀,东下吴越,向北溯汉水而至豫陕,经洞庭湖南达湘桂。九省为泛指,其实际意思是,武汉处于中国国家腹地的交通枢纽地位。在现代铁路和航运、航空交通未开发之前,中国内陆地区由南向北,必由湖南经湖北达长江。但湖北真正成为中国中部地区交通枢纽、其北部武汉成为"九省总汇之通衢"之地,应该在1862年江汉关设立。其后三十年中,近代轮船航运发展起来,至1891年,沪汉航线主要轮船公司共6家,其中英国怡和洋行最多时船只达12艘,最多时吨位达13 000吨。② 发达的沪汉航线,使湖北人来往于沪汉之间是较为便捷之事。1906年京汉铁路正式通车,粤汉铁路亦相继动工。武汉成为地绾南北、沟通东西的重要枢纽,湖北人去往北京、广州、上海等大城市活动变得非常便利。19世纪末20世纪初,汉口的对外贸易额居全国第二,"驾乎津门,直追沪上"。

近代的两湖地区处于比较特殊区位,北方和西北比较封闭、落后,而东南沿海长江中下游则是开放之地,两湖则处于古今大变革的中间地带,整个近代湖北比北方和西北内陆开放,与东南沿海却有时间差。但近代中国的革命大多肇始于南方或以南方为主,倡导改良与革命的首要人物都出自南方。同盟会在1905年至1906年有统计的会员为976人,其中广东170人,湖南158人,四川130人,湖北125人,余为其他各省。后来的立宪运动也以南方为基地。③ 因此湖北人参与社会革命运动应是有历史传统的。中共创党期间,如前文所述,首先是湖

---

① 吴炳权、吴时壮主编:《董必武与武汉中学》,武汉理工大学出版社2004年版,第48—49页。
② 《1891年以前沪汉航线主要轮船公司统计表》,见罗福惠:《湖北通史·晚清卷》,华中师范大学出版社1999年版,第139页。原表数据来源于东亚同文会:《支那经济全书》,东京,1907年,第3册,第344—346页,数据系整理而得。
③ 陈旭麓:《近代中国社会的新陈代谢》,上海社会科学院出版社2006年版,第306页。

北的共产主义者积极活动,而上海的知识分子也经常出入武汉,指导湖北建立共产党早期组织。1920年2月初,陈独秀应文华书院之邀到武汉讲课,期间帮助郑凯卿和包惠僧树立了共产主义革命理想,并促使二人参与成立了武汉共产党早期组织。① 上海共产党早期组织建立后,李汉俊亲返武汉介绍董必武入党,并与董必武、刘伯垂等人发起成立武汉共产党早期组织。②

荆楚文化源远流长,近代以降荆楚文化所突出的是爱国与进取精神,是为湖北近代革命的文化底蕴。荆楚文化是华夏民族文化的重要组成部分,在中华文明发展史上地位举足轻重。它肇始于春秋战国,发展于秦汉,繁荣于北宋。③ 近代以降的荆楚文化具有开放、创新的特点和富有自强进取、爱国兴国精神,它是辛亥首义之地的文化底蕴。1903年,日本的湖北同乡会曾有敬告同乡学生争取民权言,能够体现荆楚文化的特点,谓之:"吾楚位于中国,绾汇东南半壁,其将来受竞争也必尤烈,而所恃以生存之国民何在学生诸君,非其代表耶,某等亦学生中一分子,与诸君之关系为密切。观海外之文化,念故国之沦胥,故希望诸君者日益急乃回首乡关,楚天云黑,荆襄霸气,销铲几尽,诸君栖息其中,知必有一种悲愤纵横之气盘旋于胸而不能自由者。倘盘郁而听其盘郁,则学生之天职未尽,匪惟无益于时,且为世后诟病。"④

洋务运动和清末新政间的湖北文教兴革,促使荆楚文化的近代转型。由张之洞推动的湖北文教兴革,使这个较封闭的华中省份跃为人才辈出之处。清政府实行新政后,张之洞率先在湖北兴办新学,首创两湖书院、方言商务学堂、农务学堂、实业学堂、师范学堂、武备学堂和五路高等学堂等;而当时全国性教育改革局面的出现要晚于湖北,各省甚至派专员来武昌考察学制、延聘教员,外省学生来武昌求学的也很多,武昌成为全国新学的楷模。⑤ 如改弦更张后的两湖书院成为湖北乃至全国的一所重要新式书院,该书院不仅有湖北学生,还招收湖南学生。⑥ 据统计,1898—1900年,两湖书院曾派出3批学生赴日留学;1902年,两湖、经心、江汉三书院选派31名学生赴日本东京弘文书院,其中湖北籍30人,湖

---

① 中共嘉兴市委宣传部、嘉兴市社会科学界联合会、嘉兴学院红船精神研究中心:《中国共产党早期组织及其成员研究》,中共党史出版社2013年版,第272页。
② 窦春芳:《李汉俊对中国共产党成立的特殊贡献》,《广西社会科学》2008年第5期。
③ 江陵:《试论荆楚文化的流变、分期与近代转型》,《史学集刊》2011年第5期。
④ 《论说:敬告同乡学生》,《湖北学生界》1903年第5期,第7页。
⑤ 私立武昌中华大学校史编写组:《中华大学》,华中师范大学出版社2003年版,第1页。
⑥ 熊贤君主编:《湖北教育史》(上),湖北教育出版社1999年版,第179页。

南籍 1 人，两湖著名革命领袖黄兴、李书城即在此列。① 1903 年两湖书院改为文高等学堂，次年改建为两湖总师范学堂。② 张国恩曾就读于两湖总师范学堂，后与同窗好友董必武一起参与建立湖北共产党早期组织。湖北教育改革为湖北学生输入了民主和革命思潮，造就了大批共产主义者。

湖北教育改革还体现在清末湖北大规模派遣留学生赴日本，下表是 1908—1911 年各省赴日留学官、自费毕业生人数概况。

表 1　各省赴日留学官、自费毕业生统计表（1908—1911 年）

| 籍贯 | 湖北 | 江苏 | 浙江 | 四川 | 湖南 | 广东 | 直隶 | 福建 |
|---|---|---|---|---|---|---|---|---|
| 官费 | 243 | 120 | 142 | 87 | 138 | 76 | 108 | 58 |
| 自费 | 166 | 206 | 175 | 210 | 100 | 136 | 57 | 81 |
| 其他 | 4 | 4 |  | 5 | 2 |  | 1 | 1 |
| 合计 | 413 | 330 | 317 | 302 | 240 | 212 | 166 | 140 |

资料来源：1.《光绪三十四年九月（一九〇八）至宣统元年七月（一九〇九）各省官费自费毕业生姓名表（证书号数东字第一号～一一四七号）》，刘真主编：《留学教育：中国留学教育史料》第 1 册，台湾："国立"编译馆 1980 年版，第 429—564 页；2. 佚名：《清末各省自、官费留日学生姓名表》，沈云龙主编：《近代中国史料丛刊分类选集》，台湾：文海出版社 1974 年版。

据上表，1908—1911 年湖北留日学生总数达 413 人，超过江苏和浙江，位居各省之首，并且湖北官费留日学生数量也远远超过浙江、湖南、江苏等省。这在日本的湖北同乡会会馆 1903 年调查中也能得到印证，"客年八月会馆调查留学生人数，湖北人占多数。其中自备生则廖如晨星"。③ "一大"代表中，具有留日经历的有 4 位，其中湖北占 3 位。留日学生与留法勤工俭学生不同，后者都是自费，大多数在法国工厂做工而未入过正式学校，外语水平较差。④ 而湖北籍留日学生多为官费生，在日本接受正规教育，外语水平较高，能够从事日文教材和马克思主义著作的翻译工作，最具代表性的即饱具马克思主义理论修养的李汉俊，以及中国首批留日学生戢翼翚和唐宝锷，他们为马克思主义传入中国作出不可

---

① 湖北省潜江市政协文史资料委员会编：《李书城传》，中国文史出版社 1990 年版，第 5 页；熊贤君主编：《湖北教育史》（上），湖北教育出版社 1999 年版，第 183 页。
② 熊贤君主编：《湖北教育史》（上），湖北教育出版社 1999 年版，第 179 页。
③《留学记录：自备陆续东来》，《湖北学生界》1903 年第 3 期，第 36 页。
④ 王奇生：《取径东洋 转道入内——留学生与马克思主义在中国的传播》，《中共党史研究》1989 年第 6 期。

磨灭的贡献。

　　这批留日学生在日本接触西方新思想新文化，较多加入同盟会，辛亥革命之后，一部分同盟会会员来到上海寻找新的革命道路；或来沪隐居，暗中支持中共活动。据统计，1905—1906年，在东京参加同盟会的有863人，其中湖北留学生106人。① "一大"代表中董必武曾是同盟会会员，1913年7月，"二次革命"爆发，他同张国恩积极参加湖北的革命活动，革命失败后考入日本东京私立大学法律系，后在上海结识李汉俊，走上马克思主义道路。李书城亦是湖北籍老同盟会会员，护法运动失败后，他来到上海闭门读书，期间受弟弟李汉俊的影响，李书城积极支持李汉俊革命工作，自己的寓所也被用作"一大"会址。②

　　综上，中共建党时期，湖北人与湖南人一样，其参与人数和表现较突出，并且在建党活动中注意利用同乡关系，但就湖北而言，亲缘与学缘因素在其参与建党时亦发挥了一定作用。有别于湖南人在建党前已在上海的一些社团组织中有聚集的现象，上海建党活动中的湖北人有旋聚旋散的特点，他们在"一大"上人数最多，表现也极其活跃，但他们在建党前后主要活动于武汉，并积极参与全国建党工作。究其缘由，湖北与湖南在地理区位与历史传统上较接近，武汉地绾南北、沟通东西的地缘优势，为湖北人广泛参与全国建党事业提供了便利；受荆楚文化的影响，湖北人具有强烈的革命意识和爱国爱乡精神。湖北人在上海中共建党活动中参与较多，还与近代湖北新式教育的兴盛和留日运动的蜂拥息息相关。近代湖北的教育改革使大批湖北人较早接触到西方新思想，他们中一些人成为最早的共产主义者，并参与了上海建党活动。

（作者单位　上海师范大学）

---

　　① 冯自由：《革命逸史》（三），中华书局1981年版，第214页。
　　② 李新福著，湖北省潜江市政协文史资料委员会编：《李书城传》，中国文史出版社1990年版，第61—66页。

# 四川第一个党组织之创建始末
## ——中共成都独立小组①

焦敬超

成都位于富饶美丽的川西平原,是我国历史悠久的文化名城,又为西南重镇,四川省省会及政治、经济、文化中心。成都人民更有长期同帝国主义、封建主义和官僚主义作斗争的光荣历史。如1911年的保路运动加速了辛亥革命的成功;五四运动更唤起了四川先进知识分子和广大青年的觉醒。王右木、恽代英、吴玉章等在成都宣传马克思主义,给工人、青年、妇女指出了革命道路,创建了中国社会主义青年团和中共党组织——中共成都独立小组。学界虽有研究中共成都独立小组的论著②,但多集中于王右木对中共成都独立小组的贡献,③对于中共成都独立小组的创建原因、所开展的活动及历史贡献等涉及得较少;此外,大多数论著多聚焦于王右木对马列主义的宣传,而吴玉章、萧楚女、恽代英等早期共产党的活动家来川宣传马列主义之事较少提及。④ 所以,本文以中共早期革命家恽代英、萧楚女、王右木、吴玉章等人在成都为建党所做的贡献,及党小组成

---

① 本文撰写过程得到邵雍教授的指导与帮助,在此表示感谢!
② 《四川第一个党组织——中共成都独立小组》,《百年潮》2017年第7期。《中国共产党成都独立小组》,《四川党的建设(农村版)》2011年第7期。
③ 肖阳:《王右木——蜀中建党第一人》,《四川统一战线》2011年第3期。邓寿明:《四川党团组织的创始人王右木》,《四川党的建设(城市版)》2004年第1期。林红:《巴蜀传播马克思主义的第一人——王右木》,《四川档案》2011年第3期。付春:《四川早期马克思主义传播和研究的先驱者王右木》,《毛泽东思想研究》2011年第6期。彭波:《王右木与四川早期马克思主义的传播研究》,《兰台世界》2014年第16期。谢景庆:《王右木对四川党组织建立的重要贡献》,《云南社会主义学院学报》2013年第5期。梁凌:《寻找那颗星——记马克思主义运动先驱王右木》,《党风党纪月刊》2001年第9期。
④ 陈骊骊、吴玉章:《"中国革命最先进、最觉悟的老战士"》,《北京教育(高教版)》2018年第3期。罗光骏:《新民主主义革命时期吴玉章对马克思主义中国化的贡献研究》,《农村经济与科技》2017年第6期。任紫政、费正萍:《吴玉章与近代四川民主革命》,《唐山师范学院学报》2013年第3期。叶介甫:《革命老人吴玉章》,《文史春秋》2011年第4期。吴达德:《吴玉章与四川"中国青年共产党"的创建》,《四川师范大学学报(社会科学版)》2005年第4期。

立后的统战工作为主,突显中共成都独立小组的历史功绩。

## 一、中共成都独立小组的创建

1840年的鸦片战争开启了中国的大门,致使洋货充斥市场,扼杀了民族工业的发展,加重了民众的负担。1911年清政府宣布铁路国有政策,其实是把建筑铁路的主权拱手相让给帝国主义国家,立即遭到资产阶级立宪派以及革命党人的反对,并在成都发起了反帝爱国的"保路运动"。9月7日,四川总督赵尔丰开枪屠杀请愿群众,造成"成都血案",激起各县同志军举行起义,因在武昌起义之前发难,加速了封建清王朝的覆亡、辛亥革命的成功。1911年辛亥革命后,成都又转落入西南军阀的黑暗统治下,成为他们争夺四川的主要战场。连年不断的战争,使民宅被损坏,财物遭洗劫,生活负担更加严重。在苏俄十月革命的影响下,一大批先进青年学生为了探索救国救民的真理,踏上了留法勤工俭学的征程。1918年初,吴玉章在成都发起并成立留法勤工俭学四川分会,在四川督军熊克武及省长杨庶堪等的关心和支持下,成都留法勤工俭学预备学校创办在志诚法政专门学校内,先后有200多名毕业学生分批赴法勤工俭学。[1] 当时的法国被认为是"政治民主、文化昌盛、科技发达的国家,是效仿的榜样"[2]。留法学生中的先进知识分子在法国刻苦学习马克思主义,参加政治斗争并与工人结合,加入旅欧中国共产党和共青团组织。他们通过上书四川各级政府,给前辈和亲友写信以及给各种报刊撰稿等方式,在巴蜀大地传播新思想;还有一部分进步青年在大革命时期回国被分派到成都,[3]带回了民主革命的新思想,促使四川各地革命风潮时时发生。随着新思想在四川的深入发展,封建文化受到沉重打击。1919年"五四"反帝爱国运动的消息,由《川报》驻京记者王光祈发回,主编李劼人加上按语在5月17日登出。[4] 这一消息打破了四川的沉寂,广大进步青年和群众,认识到组织起来才会产生巨大的力量,于是先后成立了"四川学生联合会"

---

[1] 王斌编:《四川现代史》,西南师范大学出版社1988年版,第33页。
[2] 同上,第34页。
[3] 同上,第34—35页。
[4] 中共成都市委党史工作委员会编:《中共成都市委简史——新民主主义革命时期部分》,四川民族出版社1989年版,第4页。

"成都印刷界互助劳动团体""川东学生联合会"等,①以废除一切不平等条约,赶走帝国主义和封建军阀为目标。其中,影响较大的是"成都外交后援会",由成都高等师范学校的学生袁诗荛等人组织成立。得知五四运动消息的当天,成都高师进步学生即发动全市数千学生在成都市中心——皇城致公堂集会,②把成都的反帝反封建运动推向高潮。

（一）马克思主义思潮震荡成都

随着"五四"反帝爱国运动在成都等地的深入发展,马克思主义思想也随之传播,主要通过三个方面进行。

首先,通过在全国发行的《新青年》《共产党宣言》等主要书刊传播。五四运动前,四川除了重庆的《商务日报》和成都的《川报》③比较开明外,其余刊物报纸的言论较为保守。1919年5月至1921年中国共产党成立前,《新青年》杂志先后发表了宣传马克思主义、社会主义、俄国革命和中国工人运动的文章共137篇;④毛泽东等创办的《湘江评论》,发表了《民众大联合》一文,提出了革命统一战线的战略观点;⑤《每周评论》《星期评论》《浙江潮》等刊物相继发表了不少介绍俄国十月革命和马克思主义的文章;马克思主义的经典著作《共产党宣言》和《社会主义从空想到科学的发展》汉译本也很快传到了四川。⑥ 陈育安⑦在成都商业场开办了华阳书报流通处,专门销售《新青年》《湘江评论》《每周评论》《共产党宣言》等进步书刊,⑧使得四川一批勇于探索救国救民真理、矢志改造社会的先进知识分子在黑暗中见到了光明,刻苦学习马克思主义著作和介绍十月革命的文章,渴望像俄国十月革命那样,从根本上改变四川的困境。

---

① 王斌编:《四川现代史》,西南师范大学出版社1988年版,第39页。
② 中共成都市委党史工作委员会编:《中共成都市委简史——新民主主义革命时期部分》,四川民族出版社1989年版,第4页。
③ 王斌编:《四川现代史》,西南师范大学出版社1988年版,第42页。
④ 转引自温贤美、邓寿民:《五四运动与四川建党》,四川人民出版社1985年版,第39—40页。
⑤ 毛泽东:《民众大联合》,《湘江评论》1919年第4期,第1页。
⑥ 中共四川省委党史工作委员会主编:《五四运动在四川》,四川大学出版社1989年版,第678页。
⑦ 陈育安,原名陈岳安,自辛亥革命后跟随傅樵村先生办报多年,为便于传播新思想、新文化,于1912年初至1924年在成都经营"华阳书报流通处",对成都报界影响较大。参见成都晚报报刊志编辑室编:《成都报刊史料专辑》第7辑,成都晚报社1987年版,第37页。
⑧ 中共成都市委党史工作委员会编:《中共成都市委简史——新民主主义革命时期部分》,四川民族出版社1989年版,第4页。

第二，通过本省的报刊传播。五四运动时期四川一些报刊上也逐渐出现了宣传马克思和十月革命的文章。如1917年7月，少年中国学会成都分会办的刊物《星期日》就先后发表了《俄国革命后的觉悟》《波尔雪勿觉①的教育计划》《社会主义的劳动问题》等文章。② 1919年12月7号出版的《星期日》第22号宣传了社会主义解决劳动问题的办法："废除私有财产制度，以共有社会财产制度为社会的基础。要是私有财产不能变更吗，社会的生产形态和私人所有形态的冲突，是不会停止的，那么劳动问题也不能有合理的解决。"③就连在成都出版的、代表官方意图的、比较倾向保守的《国民公报》，在蓬勃发展的五四运动时期也先后发表了《布尔什维主义之解释》《马尔克④小传》《劳农俄国的艺术》等文章，向广大读者介绍俄国十月革命和马克思主义。⑤ 其中在成都最早介绍马克思主义的刊物是1922年2月7日由王右木主持创办的《人声报》，在它的创刊号上鲜明地提出了如下的办报宗旨：

第一，直接以马克思的基本要义，解释社会上的一切问题；第二，对现实社会的一切罪恶现象，尽力的披露和批判；第三，对现实的政治组织，不为妥协的改善方法；第四，注意此地的劳工状况，给彼辈以知识上的帮助；第五，注意世界各地劳动界的进取状况，作为此地劳动组织之建设和修改的物质标准⑥；第六，注意世界各地的社会运动状况和已有的成绩，以资我辈讨论，或加入第三国际团体，做一致行动；第七，讨论马克思社会主义学说以及实际的一切问题；第八，讨论新社会之一切建设问题。⑦

从办报宗旨看，《人声报》是一份马克思主义的刊物。它努力传播马克思主义，并要求和实际结合起来；它介绍国际工人运动的经验和各国的革命情况，以

---

① 即布尔什维党。——笔者注
② 王斌编：《四川现代史》，西南师范大学出版社1988年版，第18页。
③ 同上。
④ 即马克思。——笔者注
⑤ 王斌编：《四川现代史》，西南师范大学出版社1988年版，第18页。
⑥ 本文认为物质中的"质"应为"资"，因为物资指生产上和生活上所需要的物质资料，物质则指构成一个东西的分子。联系前后语句，本文认为可能"物资"更为恰当。
⑦ 中共四川省委党史工作委员会党史人物传编辑组编：《四川党史人物传》第1卷，四川省社会科学院1984年版，第9页。

帮助四川工人阶级和革命群众提高组织建设和革命活动的水平。

第三，通过共产党人和革命知识分子等的革命实践活动进行传播。当时在四川成都积极宣传马克思主义的杰出人物有以下几位：

王右木，四川江油人，是四川传播马克思主义的先驱，1921年中国共产党成立后不久，即加入了中国共产党，成为四川最早的党员。① 1919年春，王右木被成都高等师范学堂聘请为学监（相当于后来的教务长）兼授日语课。为宣传马克思主义，1920年底王右木邀集亲友和同乡成立了"马克思主义读书会"，②并常指导读书会会员深入工农群众，做社会调查，进行革命宣传活动，③促进马克思主义的理论和本地革命的实践相结合。1921年，他在宣传马克思主义和组织读书会的活动中，物色积极分子，在成都建立了中国社会主义青年团的组织。1922年10月15日，13名团员聚集在王右木家中，正式成立了社会主义青年团成都地方执行委员会，④积极开展活动，促进马克思主义的传播。在成都高等师范学堂的读书会和教学活动中，王右木大胆地宣讲马克思主义的基本原理，如阶级斗争学说和剩余价值理论等，痛斥资产阶级的经济学说，并热情指导青年学习《共产党宣言》和《新青年》等书刊。⑤ 1922年2月，王右木创办《人声报》，更是提出"直接以马克思的基本要义解释社会上的一切问题"，"讨论马克思社会主义之学术及实际的一切问题"，旗帜鲜明、公开地宣传马克思主义。⑥

恽代英，江苏武进人，党的早期革命活动家和理论家。五四运动时他在武汉进行学生运动，宣传革命思想。1920年恽代英与萧楚女发起组织中国社会主义青年团，次年入党，同年11月被派到四川开展工作。恽代英在泸州川南师范学校当教务主任，1922年任校长。⑦ 在校任职期间，他积极向师生宣传马克思主义，努力进行教育改革。恽代英选择以五四运动以来的进步文章作为教材，以"劳工神圣"为口号，鼓励师生共同劳动，支持学生创办《川南师范月刊》，⑧宣传

---

① 中共四川省委党史工作委员会党史人物传编辑组编：《四川党史人物传》第1卷，四川省社会科学院1984年版，第5页。
② 同上，第6页。
③ 同上，第6页。
④ 同上，第8页。
⑤ 陈世松、贾大泉主、温贤美主编：《四川通史》第7册，四川大学出版社1994年版，第21页。
⑥ 中国人民政治协商会议四川省委员会文史资料研究委员会：《四川文史资料选辑》第28辑，四川人民出版社1983年版。
⑦ 陈世松、贾大泉主、温贤美主编：《四川通史》第7册，四川大学出版社1994年版，第21页。
⑧ 同上，第21页。

革命思想,探讨教育改革和社会改造问题。1923年3月,他辗转到成都,在西南公学等处做了演讲,因上调上海团中央工作,故未继续留川任教。同年秋,经重庆、万县出川,沿途应邀做演讲宣传马克思主义,并批判国家主义派曾琦、李璜在《醒狮》杂志上散布的谬论。① 这些对促进四川马克思主义的传播,提高人们的思想认识,都起了很大的作用。

吴玉章,四川荣县人,老同盟会会员,一度是孙中山先生派驻四川的代表。1922年9月,吴玉章任成都高等师范学校校长,并与王右木一起宣传马克思主义,在他的保护下,学校成了进步势力的大本营。1923年3月,吴玉章又聘恽代英到成都高等师范学校任教。他也多次发表文章,宣传马克思主义和俄国十月革命,并在群众集会上做"马克思派社会主义的势力"的演讲。他说"据现在的形势看来,尤其是马克思派最为流行,因为经过苏俄的实验,人人已知它有实现的可能性",认为"社会主义是现代社会的新生命,尤其是我们被压迫民族的新生命"。王右木、吴玉章周围很快聚集一批革命人才,如童庸生、杨闇公、刘伯承等。他们还常从成都高师派遣团员、学生深入工厂、农村宣传马克思主义,发动工农群众,组织工会、农会,使马克思主义和工农运动结合起来,推动了革命运动的发展。

在成都宣传马克思主义和从事革命活动的还有杨闇公、萧楚女等老一辈无产阶级革命家。杨闇公是党的四川地方组织的建立者和最早领导者之一,1917年东渡日本学习,开始接触马克思主义,1920年回国后,于1922年在成都加入社会主义青年团。他和吴玉章等人以成都高等师范学校为基地,组织进步学生深入工厂,发动工人罢工;又深入农村,发动农民,组织农会。② 萧楚女,湖北汉阳人,1919年在武汉参加五四运动,1920年和恽代英等发起组织中国社会主义青年团,1922年夏,由恽代英等介绍加入中国共产党。因恽代英邀请,萧楚女由党派到四川泸县工作。因泸县发生军阀互斗,不便留住,萧楚女遂应重庆联合中学的聘请,转赴重庆。③

## (二) 革命团体不断涌现

成都高等师范学校的童庸生等进步青年都是1921年初王右木建立的马克

---

① 陈世松、贾大泉主、温贤美主编:《四川通史》第7册,四川大学出版社1994年版,第22页。
② 中共四川省委党史工作委员会党史人物传编辑组编:《四川党史人物传》第1卷,四川省社会科学院1984年版,第34页。
③ 陈世松、贾大泉主、温贤美主编:《四川通史》第7册,四川大学出版社1994年版,第22页。

思主义读书会的骨干成员,他们经过马克思主义的熏陶后,深感"办报来宣传和学会来研究固然好,但是没有一种真正做革命事业的团体,这精神终究不能结合实际来实行,所以组织团体的心理,就勃然而生"[①]。童庸生于1922年联合李硕勋、阳翰笙、郭祖劼等,根据《先驱》杂志刊登的《中国社会主义青年团临时章程》,自动组建了"四川社会主义青年团"。[②] 这是在四川出现的第一个团的组织。1922年5月,中国社会主义青年团"一大"召开,通过了团章和决议。王右木为"谋统一的组织",同年暑假去上海面见团中央负责人,按带回的中国社会主义青年团"一大"团章和决议,[③]于10月15日成立了"中国社会主义青年团成都地方执行委员会"。成都团组织成立后,王右木派钟善辅、刘亚雄负责工人运动,并亲自深入工人中做工作,开办工人夜校,宣传马克思主义,发现积极分子后即吸收入团。1923年1月,王右木出面召集了第二届成都团地方执行委员的选举工作,参加的团员共25人,[④]改变了过去由单一学生青年组织的状况,吸收了工人、妇女等入团。1923年4月,团成都地委领导长机帮2600多工人罢工,要求改善生活待遇,取得斗争的胜利。[⑤] 革命团组织在成都各大专院校、高师附中、工人群众中撒下了种子,为中共成都独立小组的建立提供了必要的组织基础。

(三)马列主义与工人运动的结合

随着马克思主义在四川的广泛传播,先后在成都、泸县、重庆等建立的社会主义青年团组织积极把革命理论运用于工人运动中。成都是手工业工人集中的城市,王右木以人数最多的织锦(又称为长机帮)工人为主,逐步扩展到各行业的手工业工人,从建立工人小组到行业工会。1922年,社会主义青年团成都地方执行委员会遵照关于中央关于团的工作应向劳工方面去活动,建立革命的劳工

---

① 中央档案馆编:《四川革命历史文件汇集群团文件1922年—1925年》,四川省档案馆1986年版。
② 共青团四川省委青年运动史研究室编:《共青团四川省委志》,成都科技大学出版社1996年版,第5页。
③ 中共江油县委党史办公室编:《团成都地委向团中央的报告——关于团地委的成立情况》,《四川马克思主义运动先驱者——纪念王右木诞生一百周年》,四川大学出版社1988年版,第55—58页。
④ 共青团四川省委青年运动史研究室编:《共青团四川省委志》,成都科技大学出版社1996年版,第6页。
⑤ 中共江油县委党史办公室编:《团成都地委为纪念五一劳动节告四川劳工》,《四川马克思主义运动先驱者——纪念王右木诞生一百周年》,四川大学出版社1988年版,第67—69页。

组织的指示，①开始有系统、有计划地在工人中进行活动。他们首先认真讨论分析了成都工人队伍的状况，以织锦工人为开展工作的主要对象。王右木到成都后，即深入工人中去，启发工人的觉悟，动员他们同资本家作斗争。1923年，"二七"惨案发生后，社青团员和马克思读书会员作为骨干，发动全市工人声援京汉铁路工人，举行大罢工，并在少城公园（今人民公园）召开国民大会。钟善辅在大会上介绍京汉铁路工人团结斗争的情况，痛斥吴佩孚勾结英帝国主义屠杀工人的罪行。1923年5月"成都劳工联合会"成立，②标志着成都工人运动跨入了新阶段。当时《川报》称劳工联合会"为成都破天荒之工人盛举，是为工人谋福利的真正工人的工会"③。劳工联合会把对工人的教育作为重要任务，王右木利用晚上闲暇之余亲自给工人上课，宣讲马克思的剩余价值学说、阶级斗争的理论和各国工人运动史，通过向工人讲解革命理论，提高工人的斗争觉悟，更为日后的工人运动打下了良好的基础。

## 二、中共成都独立小组统战工作的开展

随着马克思主义在成都传播，社会主义青年团的建立以及马克思主义理论与工人运动的结合，成都的革命形势发生了很大变化。1923年6月，在恽代英的推荐下，根据成都的具体情况，王右木担任了社青团成都地委书记，成都的团组织先后建立了数十处支部。④1923年8月，王右木在南京参加了中国社会主义青年团第二次代表大会，大会后去上海向党中央汇报，10月回成都，执行党中央在四川建党的指示，从团员中发展党员，建立了四川最早的党组织——中共成都独立小组，王右木任书记，直属党中央领导，⑤迎接成都地区革命运动的高潮。

---

① 《王右木关于成都劳工联合会情况的汇报》，见四川档案馆、四川省总工会编：《四川工人运动史料选编》，四川大学出版社1988年版，第6页。
② 成都市总工会工人运动史研究组：《成都工人运动史资料·第5辑：民主革命时期成都工人运动简史》，成都市总工会工人运动史研究组1987年1月印行，第12页。
③ 同上，第15页。
④ 共青团四川省委青年运动史研究室编：《共青团四川省委志》，成都科技大学出版社1996年版，第6页。
⑤ 中央档案馆编：《中共中央政治报告选辑1922—1926年》，中共中央党校出版社1981年版，第24页。

## （一）促进国共合作

1923年6月，中共中央在广州召开了第三次全国代表大会，确定了以党内合作形式同孙中山领导的国民党建立革命统一战线的方针，要求共产党员、社青团员以个人身份加入国民党，推动革命形势的发展。① 在成都，王右木创建中共成都独立小组的同时，还召集全社青团员传达党中央决定与国民党合作的决议，动员团员参加国民党，并应邀作了关于国共合作的意义的演讲，要求大家坚决按照党的指示去做。但一般同志对国民党在四川的表现很不满意，尤其是在教育经费运动②中受过国民党摧残的民众，对国民党更为愤慨，几乎一致反对国共合作。王右木则认为这是党中央的决策，应当遵守党的纪律，并向大家反复讲解阐述了国共合作的重要意义，提出要以大局为重，贯彻中央决议。他还以身作则，带头以个人身份加入国民党。7月5日，孙中山任命改组后的四川国民党总支部部长，聘请王右木担任了国民党四川省支部的宣传副主任。③ 国共合作后，成都的革命工作进入了新的发展阶段。

## （二）工人运动的继续与发展

成都丝织业素来发达，但因成都常年为西南军阀所争夺，杂税众多，百业凋敝，劳工群众受害颇深。成都劳工联合会为谋求工人生活的改善，于1923年秋首次出面领导长机帮开展反"朱尺"的斗争。

"三皇会"是成都蜀锦工人为互助而创立的行会组织，但后来被老板把持，反而成了欺骗、压榨工人的工具。他们利用"三皇会"强迫工人缴纳会费，并掌握度量产品的红漆尺子——"朱尺"，其标准竟比市尺放长了三分，④但当时蜀锦工人的工资是按所织锦缎的数量支付，与日俱增的三分差距严重削减了蜀锦工人的

---

① 中共四川省委党史研究室主编：《中国共产党第三次全国代表大会关于国民运动及国民党问题的决议案》，《第一次国共合作在四川》，四川大学出版社1996年版，第3—4页。

② 1922年夏，四川教育界爆发了一场争取教育经费独立的群众运动。会议要求：发展教育，传播革命思想；稳定教育阵线；划拨全川肉税作为教育经费。四川各校学生联合支持教育经费独立运动，但遭到了四川军阀的疯狂镇压，在请愿师生的坚定斗争意志下，省议会迫于形势，终于通过师生代表提出的议案，使争取教育经费运动获得了初步的胜利。参见中共四川省委党史工作委员会党史人物传编辑组编：《四川党史人物传》第1卷，四川省社会科学院1984年版，第15—16页。

③ 中国人民政治协商会议四川省委员会文史资料研究委员会：《四川文史资料选辑》第28辑，四川人民出版社1983年版，第32页。

④ 成都市总工会工人运动史研究组编：《成都工人运动史资料·第5辑：民主革命时期成都工人运动简史》，成都市总工会工人运动史研究组1987年版，第23页。

工资,影响其生计。劳工联合会发动并领导全丝织行业的工人开展了反"三皇会"和"朱尺"的斗争。在工人领袖孟本斋的带领下,劳工联合会提出了反对"封建行会三皇会"的口号,力争建立为工人谋福利的工会,欲让决定劳动成果的标尺掌握在工人自己手中。为此,劳工联合会带领工人进行各种集会、游行、罢工的斗争。为镇压工人的争权益斗争,资方联合成都军警对工人进行镇压,以"聚众滋事、扰乱治安"等罪名,先后将工人领袖卢德云、孟本斋等人抓进监狱,又强行封闭了长机帮工会,试图阻止工人斗争。劳工联合会发动了全市规模的工人大罢工,并几次包围了警察署,要求释放工人领袖。此外还发动工人同资方不定期地进行械斗,使其不得安宁。由于全市工人团结一致地坚持斗争,最终工人领袖得以释放。① 此次反"朱尺"斗争从1923年秋持续到1924年春,历经数月,是劳工联合会成立后举行的第一次为工人谋福利的大行动。中共成都小组指导劳工联合会注意斗争的策略性和灵活性,使理论斗争和罢工游行交错进行,将工人运动推向了高潮。

1924年春,正值国共合作时期,为解决工人的疾苦,中共成都独立小组又领导劳工联合会发动了增资罢工斗争。一方面组织工人纠察队,打击劳资方和工贼的破坏;另一方面组织工人请愿游行,积极争取自身的权益。经过20多天的激烈斗争,在市政公所的调解下,最后达成照原标准按不同品种增加工价三分之一至二分之一,②虽未达到工人提出的全部要求,但仍改善了工人的生活,更鼓舞了工人的士气和敢于斗争的信心、决心。

(三)加强社会主义青年团的领导

1923年冬,中共中央指示王右木辞去团组织书记职务,③王右木考虑成都的团员是以学生为主,马上辞去书记职务可能影响组织建设,决定推迟到1924年3月召集成都团地方执行委改选后。王并对团的工作作了交代,建议团组织在发展中要加强对团员的考察和教育,得到团员大会的一致通过。由于共产党处于秘密活动时期,虽然已有了党组织,但是不少革命群众还不知道;又因为一部

---

① 《蜀锦史话》编写组编:《蜀锦史话》,四川人民出版社年1979年版,第61页。
② 成都市总工会工人运动史研究组编:《成都工人运动史资料·第5辑:民主革命时期成都工人运动简史》,成都市总工会工人运动史研究组1987年版,第24页。
③ 中共四川省委党史工作委员会党史人物传编辑组编:《四川党史人物传》第1卷,四川省社会科学院1984年版,第24页。

分人的年龄较大,不适合加入社会主义青年团,所以在深入工农群众进行宣传和组织工作后,"迫切感到有一个无产阶级政党的必要"。于是1924年1月,杨闇公与吴玉章在成都发起成立"Y·C团"(即中国青年共产党)。① 吴玉章连续发表文章,宣传马克思主义和苏俄社会主义十月革命,并在群众集会上作"马克思派社会主义的势力"的讲演,他说"据现在的形势来看,尤其是马克思主义派的社会主义最为流行,因为经过苏俄实验,人人已知他有实现的可能性",认定"社会主义是现代社会的新生命,尤其是我们被压迫民族的新生命"。② 从吴玉章发表的文章看,Y·C团是一个以马克思主义为指导思想,以反对帝国主义和封建军阀、争取实现社会主义、谋求无产阶级解放为目标的革命团体。

Y·C团成立初期,在中共成都独立小组的领导下,积极宣传马克思列宁主义思想,由杨闇公担任编辑,出版了《微波》,揭露了封建军阀祸国殃民的罪行,宣讲马列主义革命理论。③ 1924年5月,其成员集资创办了团核心刊物《赤心评论》,不仅刊登了Y·C团的纲领和章程,还刊登了《列宁年谱》,④宣讲列宁的革命事迹,介绍苏俄革命情况。另外,中共成都独立小组和Y·C团联合派党团员到农村、学校、工厂,从各方面物色人才,从群众中培养运动骨干,并成立了社会主义研究会。1924年1月伟大的无产阶级革命导师列宁逝世,噩耗传来,成渝两地的青年团组织决定进行追悼列宁的准备工作。在成都独立小组的领导下,5月1日国际劳动节这一天,在成都少城公园内Y·C团与社会主义青年团成都地委联合召开追悼列宁大会。⑤ 参加大会的有工农商等30多个团体,共约1万人,郊区农民队伍因受反动军警阻止,未能进城入会。大会开始后,先由廖划平讲演列宁事略,后由杨闇公在大会上以"国际帝国主义侵略中国的情形"为题发表演说,工人代表也在会上作了极为动人的演讲,要求政府承认与苏俄的建交。大会的宣言指出:"我们要用阶级斗争打倒国际帝国主义,我们要企谋国际革命,

---

① 中共四川省委党史工作委员会党史人物传编辑组编:《四川党史人物传》第1卷,四川省社会科学院1984年版,第34—35页。
② 同上,第35页。
③ 杨绍中:《杨暗公日记》,四川人民出版社1979年版,第81页。
④ 中共四川省委党史工作委员会党史人物传编辑组编:《四川党史人物传》第1卷,四川省社会科学院1984年版,第36页。
⑤ 陈世松、贾大泉主、温贤美主编,《四川通史》第7册,四川大学出版社1994年版,第32页。

打倒国内武人封建统治,我们不要用眼泪悲悼列宁,我们要以仇敌底血来祭奠列宁。"①大会原拟组织游行,因军阀杨森在街头布置军警准备镇压,就撤销了原计划。这次大会对团结革命力量,提高人民觉悟,促进党团组织的建立和发展有重要意义。大会引起了成都社会的震动,杨森等军阀感到恐惧,他们为巩固其统治,遂对革命分子进行迫害和通缉。于是吴玉章被迫离开成都去上海,杨闇公、童庸生等5月底离开成都去重庆。② 王右木由广州返川途中在贵州遇害。③ 这时的成都,革命力量受到严重削弱,革命分子多汇集到重庆,加入那里的党团组织,担负起领导四川革命运动的重任。从此,四川的革命活动和建党中心逐渐由成都转移到重庆。

## 三、结语

五四运动后的成都在王右木、杨闇公、吴玉章、恽代英等革命先烈的活动下,迅速成为四川的革命中心。不仅较早地成立了中国社会主义青年团成都地方团,开展了一系列影响全川的革命活动,还于1923年建立了党在四川的第一个党小组——成都独立小组。在建党初期,为防范和减少动机不纯者混入党内,王右木对成都党小组提出了"对同志教育第一,发展党员第二"的方针,④并严格选择建党对象,以确保党团组织的健康持续发展。但各项工作正激烈开展时,四川发生军阀混战,作为省会的成都成了各军阀相互争夺之地,致使王右木牺牲,杨闇公、吴玉章、萧楚女等革命者先后涌入夔门,成都的党团工作陷入困境。

成都的建党工作从1922年至1924年5月,虽只有短暂的两年多,但在四川早期的共产主义活动中极具开创意义,在后期以重庆为中心的党团活动中更发挥了重要的铺垫作用。在政治上,形成了四川共产主义的第一代领导核心。成都早期的党团组织在工人群众中组织和领导了一系列的反帝反封建的斗争,如

---

① 中共四川省委党史工作委员会党史人物传编辑组编:《四川党史人物传》第1卷,四川省社会科学院1984年版,第36页。
② 同上,第37页。
③ 中国人民政治协商会议四川省委员会文史资料研究委员会:《四川文史资料选辑》第28辑,四川人民出版社1983年版,第28页。
④ 中共四川省委党史工作委员会党史人物传编辑组编:《四川党史人物传》第1卷,四川省社会科学院1984年版,第25页。

成都团地委积极参与领导了成都争取教育经费独立运动,发动全市工人声援京汉铁路工人大罢工,组织成都工人声援"二七"大罢工,声讨北洋军阀的罪行等。在这些斗争中,一批信念坚定、斗志顽强的骨干分子凝聚在党组织周围,形成了以杨闇公、吴玉章、王右木、童庸生等为首的四川党团领导核心。在这个坚强的领导核心下,中共成都独立小组还协助党中央整顿了四川国民党组织,促进了第一次国共合作在四川的实现。在思想上,使马克思主义深入人心。各种社会思潮在四川的传播过程中,有马克思主义,也有无政府主义、国家主义等。在成都的党团组织成立前,王右木创办《人声报》,以报刊为阵地,以传媒为手段,猛攻无政府主义。党小组成立后,其成员又利用杨森急于办报的机会,创办《甲子日刊》,社青团员秦正树任社长,王右木任主笔,廖划平任编辑,钟善辅、刘亚雄等任记者或通讯员,使报纸成为共产党掌握的宣传舆论工具。此外,中共成都独立小组领导的Y·C团创办的《赤心评论》,更大力宣讲苏俄革命胜利的概况,扩大了马克思主义的阵地,促进成都革命运动的蓬勃发展。

(作者单位　上海师范大学)

# 丁宝琳：中共发起组里的神秘女性

姚 霏

长久以来，关于中共上海早期组织创建时有一位女性成员的说法一直存在，但碍于缺乏线索和资料，她的神秘面纱始终没能揭开。这位女性是否真的存在？又是怎样的机缘，让她参与了中共上海早期组织的创建？她是否就是中共最早的女党员？本文将为大家揭开这一女性的神秘面纱。

## 一、中共发起组里的神秘女性

1926年，蔡和森在《中国共产党史的发展（提纲）》中提及："究竟吾党何时成立呢？何时发起组织呢？仲甫到沪，一九二〇年五一节后，即邀李汉俊、沈玄庐、沈仲九、施存统及一女人来发起组成，不久戴季陶、沈仲九退出了，于是于一九二〇年就正式成立了。"①

李立三在1930年2月1日作的《党史报告》中也述及"参加发起者只有六个人：陈独秀、戴季陶、杨明斋、李汉俊、沈玄庐，另外还有一个女的，这个女的始终不知姓名，只知道后来因为恋爱问题消极做尼姑去了"②。

这是目前看到的最早的关于中共发起时有一名女性参与的说法。其后，在《"一大"前后》一书中，我们还看到了几个类似的说法。

1956年12月，施存统在《中国共产党成立时期的几个问题》一文中提道：

---

① 中国社会科学院现代史研究室、中国革命博物馆党史研究室选编：《"一大"前后：中国共产党第一次代表大会前后资料选编》（三），人民出版社1984年版，第62页。
② 同上，第96—97页。

"上海小组成立经过：一九二〇年六月间，陈独秀、李汉俊、沈仲九、刘大白、陈公培、施存统、俞秀松，还有一个女的（名字已忘），在陈独秀家里集会，沈玄庐拉戴季陶去，戴到时声明不参加共产党，大家不欢而散，没有开成会。第二次，陈独秀、俞秀松、李汉俊、施存统、陈公培五人，开会筹备成立共产党，选举陈独秀为书记。并由上述五人起草党纲。"①

陈公培在《回忆党的发起组和赴法勤工俭学等情况》中提道："当时②，第三国际代表乌金斯基（中国名字叫吴廷康，据说是共产国际远东方面的负责人）在上海。他大概找孙中山先生谈过话。我在这年的'五一'以前，在《星期评论》社碰到他，他和我们一起座谈过，参加座谈的有他的翻译（杨明斋，山东人）、戴季陶、沈玄庐、陈独秀、徐谦（徐是临时碰上的）和我。谈苏联的情况，（那时我们很想知道苏联的情况），并极想和苏联取得联系。以后，在陈独秀家里又座谈过一次，共有十几个人参加，除陈独秀外，有沈玄庐、刘大白（后来反动）、戴季陶、沈仲九、李汉俊、施存统、俞秀松，还有一个女的和我。戴季陶最投机，两边挂着哭哭啼啼。（李达当时还在日本，陈望道在杭州，都未参加）。这次会是一九二〇年夏举行的，作为组织共产党的准备，搞了五、六条章程，很简单。第一条好像主张无产阶级专政，会前经过一些解释，后来大家也都同意了。"③

从上述记录中，我们可以发现，这位女性总是与沈玄庐、沈仲九、刘大白、施存统、俞秀松等浙江籍人士同时出现。再结合时间节点，她当时很可能与陈独秀的《新青年》编辑部、邵力子的《民国日报》社、沈玄庐与李汉俊等的《星期评论》社等机构有关。此外，还有一条重要信息，即李立三提到的一点："只知道后来因为恋爱问题消极做尼姑去了。"

这个信息极少的女子，直到1990年才被渐渐解开面纱。1990年，在建党70周年之际，俞秀松遗孀安志洁向上海中共"一大"会址纪念馆捐赠了《俞秀松日记》。这本日记记述了俞秀松1920年六七月间在《星期评论》社工作生活的情况。从日记里可以看到，当时的沈玄庐正在与一名叫"崇侠"的女子恋爱，一度引发了沈仲九的不满。三人很可能处于三角恋关系中。在6月27日的日记里，俞

---

① 中国社会科学院现代史研究室、中国革命博物馆党史研究室选编：《"一大"前后：中国共产党第一次代表大会前后资料选编》（二），人民出版社1980年版，第35页。
② 1920年春。——笔者注
③ 中国社会科学院现代史研究室、中国革命博物馆党史研究室选编：《"一大"前后：中国共产党第一次代表大会前后资料选编》（二），人民出版社1980年版，第564页。

秀松抄录了写给沈仲九的信,其中提道:"崇侠呢,一方面想去读书,又想到读书做什么;一方面想到组织农村,又想到分子不能纯粹——同道的,因此脑筋里又起了大战争,他对我说,'你总还可以回娘家,我要和娘家长别了!'我听到他底话,就晓得他底意思——做尼姑,就很诚恳低声对他着:'崇侠!这种……消极思想,我们总不该常发生的呀!'后来汉俊玄庐都怎样怎样对他说,我几乎要对他下泪。"①7月21日的日记里,俞秀松又记道:"上午,玄庐接崇侠来信,这是伊别玄庐的信,伊不知到那里去做尼姑了。"②

这个在《星期评论》社进出的叫"崇侠"的女子,最终似乎去做了尼姑。而她从《星期评论》社离开的时间在1920年7月,完全有可能参加五六月的建党活动。参与中共发起的神秘女子大致可以锁定这个"崇侠"。那这个"崇侠"的全名叫什么?又是何方神圣呢?

## 二、"崇侠"女子丁宝琳

1912年,在中国社会党绍兴部主办的刊物《新世界》杂志上,有一篇崇侠写的《参观欧乡学堂演说词》。这篇演说词的一开始,绍兴籍主编煮尘写了一段案文,给出了一个重要信息——崇侠的原名叫丁宝琳。

> 案 崇侠女士,丁其姓,宝琳其名,为中国社会党绍兴部之党员。后被举为干事。艰苦卓绝,学识优长。今岁由同党诸子之介绍,拟肄业于上海务本女塾。适因该校停办,乃改就爱国。③

这里恰巧印证了杨之华的回忆。杨之华在1956年9月回忆建党前后情况时提道:"一九一九年年假,我去上海《星期评论》社。这个社当时有陈望道、李汉俊、沈玄庐、戴季陶、邵力子、刘大白、沈仲九、俞秀松、丁宝林(女)……《星期评论》社里,人人劳动,人人平等。像油印传单等工作,大家都动手,我也在其中做

---

① 上海革命历史博物馆(筹)编:《上海革命史资料与研究》第1辑,开明出版社1992年版,第275页。
② 同上,第315页。
③ 崇侠:《参观欧乡学堂演说词》,《新世界》1912年第3期,演讲二,第1页。

技术工作。相互间直称名字,大部分女人剃光头,像一个尼姑。丁宝林是绍兴女师的教员,有学问的。"①查崇侠发表在《新世界》1912年第4期的另一篇文章,始终以"琳"字自称。② 可见,丁宝琳是其真名。杨之华可能将"琳"字误以为"林"字。

从《参观欧乡学堂演说词》的案文中,我们可以得知,这位丁宝琳女士,早年加入了江亢虎发起的中国社会党,到1912年时已经是绍兴部的一名干事。而在1912年这一年,她来到上海爱国女校深造。笔者没能在爱国女校出版于1924年的校友会年刊中找到她的名字。不过,从1920年俞秀松的日记里,我们确实可以看到她与爱国女校的关联。如7月2日的日记里提到"见了崇侠也从爱国女校来了";③7月4日日记提到"回到三益里,崇侠已到爱国女校了"。④

杨之华提到,丁宝琳的职业身份是绍兴女师的教员。1921年第2期《嘤声月刊》的文章《丁宝琳与赵瑛》也佐证了这一说法:"绍兴丁宝琳女士,号崇侠,掌绍女师教授有年。平日崇拜佛教,屏荤茹素,学生都叫他素先生。去年五四运动发生,我忝为杭学生会蕙兰分会会长,偕代表封光耀等赴绍联络学校团体;当代表去接洽该女校时:第一次,由学生代表单孟淑女士等八人出见,据云对会事极愿襄助,限三日当有一致进行的答复。第二次,再由代表前去催询,即由丁宝琳接洽,态度就很冷淡。"这篇写于1920年的文章中还提到一个"五四"时期以"自杀"为世人所知的女学生赵瑛,提及其"进上海爱国女学校,与丁宝琳同学",后又进入城东女校求学,"恰巧肄业的城东女校,有极信仰佛教的一个教员,就是丁宝琳"。⑤ 可见,丁宝琳自五四运动前便是绍兴女师的教员,后来还在上海城东女校当教员。这方面,俞秀松的日记也曾提到,如1920年7月8日的日记中提道:"下午四点后,我和玄庐望道三人送崇侠锦潮善生剑花四人进城东女学校去过夏。"⑥7月14日的日记里,俞秀松提到13日晚,他和沈玄庐以及沈母一起聊天,提到直皖军阀相争,"崇侠伊们在上海,不知安宁不安宁",又指出"倘然海军是祖

---

① 中国社会科学院现代史研究室、中国革命博物馆党史研究室选编:《"一大"前后:中国共产党第一次代表大会前后资料选编》(二),人民出版社1980年版,第25—26页。
② 崇侠:《答苏部党员顾诵坤书》,《新世界》1912年第4期,主张,第1页。
③ 上海革命历史博物馆(筹)编:《上海革命史资料与研究》第1辑,开明出版社1992年版,第287页。
④ 同上,第290页。
⑤ 车千里:《丁宝琳与赵瑛》,《嘤声月刊》1921年第2期,第4—6页。
⑥ 上海革命历史博物馆(筹)编:《上海革命史资料与研究》第1辑,开明出版社1992年版,第294页。

护直系的,那么吴淞口放炮攻上海底兵工厂,上海城乡适是弹子经过的地方,伊们在上海城东女学校里,足信有危险"。①

丁宝琳在上海期间住宿在《星期评论》社所在的三益里。而她被记述最多的是她和沈玄庐的爱情,以及因此引发的各种思想活动。俞秀松在7月3日日记中记载了丁宝琳的话:"爱情总是苦痛,玄庐这几天,志气丧颓,我看他很苦痛似的,我劝你们青年,万万不可入'情',总该'断爱'。"俞秀松认为丁宝琳之所以有这种想法,"完全是他和玄庐发生爱情以后,受了种种刺激的"。② 种种刺激一方面源于丁宝琳的内心,也与外界影响密不可分。俞秀松提道:"玄庐底四个夫人,对于玄庐和崇侠恋爱的事,都有异言,但当面不敢和他争论,背后常说很冷刻的话。"③倒是俞秀松作为旁观者,对于两人的关系有较为客观的评论:"据我看来,崇侠对玄庐是很好一片心,伊恐怕他因恋爱伊以后,志要消暮,没有从前那样热烈的努力改造社会。玄庐对于崇侠也是很好一片心,他是很富情感的人,他对他恋爱的人,的确具了极热忱的心,想劝伊跳出宗教底陷井。我和他两人底情迹,看出人和人往往各具极好的心,因为各不彻底明瞭对象的人底心,以致怀疑陷于苦痛。"④最终,丁宝琳向沈玄庐作别,留下了一首血书:"世道坎坷事龌龊,辅人意恐转误人。书留热血别知己,为勉前程莫痛心。"⑤

根据俞秀松的日记,1920年7月21日"上午,玄庐接崇侠来信,这是伊别玄庐的信,伊不知到那里去做尼姑了"。但种种迹象显示,丁宝琳似乎并没有马上遁入佛门。

1922年2月底到3月下旬的近一个月中,沈玄庐在《觉悟》《妇女评论》上连续发表了多篇诗歌,反复出现"吾友""伊""去了"这类词,充满强烈的思念和哀痛。其中一篇《在杭州》中写道:

一场场痛哭,一层层寂寞。谁驱这颗心,深陷入牢狱?十三年历史,独自扪心读!

我欲寻伊去,念伊在何处。出门莽莽行,冷风透骨髓。伊意究如何?行

---

① 上海革命历史博物馆(筹)编:《上海革命史资料与研究》第1辑,开明出版社1992年版,第302页。
② 同上,第289页。
③ 同上,第290页。
④ 同上,第311页。
⑤ 同上,第315页。

行行又住!

……

生平两女伴,是师不是友。谢伊开我蒙,得伊深造就。教鞭遥指处,"爱情非独占"。①

1922年10月6日《觉悟》的《玄庐答"伊"的通讯》一文中,沈玄庐提道,10月2日接到署名"伊"的来信。这位"伊"是他的一位女友:"玄庐女友中得两师,一个教玄庐'解脱',一个教玄庐'割忍'。"他将回信附在文中:

我十个月来醒时梦中所想念而抛不掉的你……你今天有了消息了,我当最猛烈的刺激中得到无限的快慰!……你拿了我当座右铭口头常念着的"讨饭永弗穷,除死无大难"两句话作最后的标准,鼓起勇气,把十三年来思思想想的历史割断了……"我心中两个影子",都在江苏省境,所以我常常怕到上海来,所以从你去后竟没有到过上海,而天天望着凤凰山背后的云天,不觉泫然下泪!只是□□,我虽没和伊发生关系,却认为事实上的良侣,伊偏要抛撒了社会事业,钻到不可思议的佛里去,使得我知道了伊底住所,也不愿意和我所反对的一切宗教里的人通信……我信弱者不终于弱者,我希望无数的弱者不妨首先学你"割忍"这两个字!②

结合上述两则材料,我们可以得出一些结论,即沈玄庐十分看重的"生平两女伴"中,教其"爱情非独占"、教其"割忍"的那位正是丁宝琳。而多次出现的"十三年",显然是俩人相知相识的时间。从1922年反推十三年,正是沈玄庐从云南辞官回乡的1909年。同为绍兴人的沈玄庐和丁宝琳可能在当时就已相识。俞秀松的日记里也提道:"他们三人③底交情,听说多年的了。"④而从沈玄庐的文字中可知,至少在1922年初之前,丁宝琳并未出家,还与沈玄庐保持书信往来。直

---

① 《在杭州》,《民国日报·觉悟》1922年3月3日。转引自陶水木编:《沈定一集》第2册,国家图书馆出版社2010年版,第555—556页。
② 《玄庐答"伊"的通讯》,《民国日报·觉悟》1922年10月6日。转引自陶水木编:《沈定一集》第2册,国家图书馆出版社2010年版,第572—573页。
③ 即沈玄庐、沈仲九、丁崇侠。——笔者注
④ 上海革命历史博物馆(筹)编:《上海革命史资料与研究》第1辑,开明出版社1992年版,第288页。

到1922年2月底时,沈玄庐才得知丁宝琳真的出家了,且出家地点在上海。出于对宗教的反感,之后几个月,沈玄庐再也没有和丁宝琳书信往来。

## 三、丁宝琳:摇摆于无政府主义与共产主义间的凡尘女子

通过上述论述,丁宝琳给人最深的印象就是沈玄庐的红颜知己、一个为爱情而遁入空门的女子。然而,作为参与中共发起的唯一女性,丁宝琳的形象并非如此单薄。从为数不多的史料来看,丁宝琳首先具备了一定的女权主义思想。

1912年,丁宝琳作为中国社会党绍兴部协赞分会成员到欧乡学堂劝捐。适逢该校毕业典礼,在校长的邀请之下,丁宝琳给学生们做了一次演讲。演讲中,丁宝琳反对"女子无才便是德""男女同校与经训有背"的说法,认为教育部开放"男女同校,此实男女平权之始基",甚至认为"初等小学男女同校,女生限以十岁。盖尤惩于中国道德之堕落。而为是限制,实非极轨。若人民道德进化能臻高尚之境,则又何必限哉"。言下之意,认为男女同校有待全面开放。而其在批评"男女同校与经训有背"时,将"男女同校"与"民主共和"类比:

> 崇侠以为,人类为能进化之动物。古者穴居野处,今则栋宇宫室矣。历代君主专制,今则民主共和矣。若犹以经训相绳,则中国共和之公民均可指为无父无君之禽兽。言女子教育、言男女同校,则斷斷于经训。言共和,则甘背经训而赞同之。抑独何耶?是故孔孟者,宗法社会之圣贤。宗法社会既经脱离孔孟之尊,亦将随宗法潮流而去。①

显然,早在1912年,丁宝琳已经能够将"进化论"学说观点运用来解决中国社会实际问题。其女权思想的基础,与其说是"天赋女权",不如说是建筑在社会进化观基础上的;与其说她推崇女权,不如说其关注社会革命。

事实上,作为一名中国社会党基层党部的骨干成员,丁宝琳必须具备一定的理论素养,表现在她对于社会主义、无政府主义、共产主义的认识。创办于1912

---

① 崇侠:《参观欧乡学堂演说词》,《新世界》1912年第3期,演讲二,第1—4页。

年的《新世界》杂志是中国社会党绍兴部主办的旨在宣传介绍和评论社会主义各流派的一份杂志,该杂志注重介绍马克思、恩格斯及其著作。1912年第4期的《新世界》上,刊登了丁宝琳的一篇《答苏部党员顾诵坤书》。从该文附录的顾诵坤原信中可以得知,丁宝琳在《社会党日刊》上发表过一篇讨论党务的文章,顾诵坤认为"吾党进行之方,端在是策"。可惜,笔者没能找到这篇文章。不过,在丁宝琳答复顾诵坤的信中,我们得以一窥其思想。

首先,顾诵坤提出,社会主义理念在中国传播的最大问题是缺乏经费和没有可以翻译之书。为此他指出,应该积极和外国社会党"互扶协赞"。对此,丁宝琳不赞成马上联络外国社会党,而"宜俟本党基础既固,选党员中之深明社会主义、熟谙世界语言者,派为全党代表,环游各国,与彼党人陈说联合之利。然后约期择地,开一世界社会党联合大会,共商合并方法,以期一致进行。如能实行合并,则各宜将国名取消,但称社会党,期符无国界、无种界之本旨。而相与提携扶持以渐进于大同。此本党最大之计划"。这段言论可见丁宝琳对于党务之见识。

更难得的是,当顾诵坤对当时流行的"共产主义"颇有微词,认为不必多此一举,社会主义应该直接以无政府主义为目的时,丁宝琳对直接过渡到无政府主义提出了异议。一方面,她同意"政府本为对外而设,国界既破,全世界有内无外,政府已属赘疣,不去何待";但另一方面,丁宝琳也考虑到了中国的现实,认为"然政府之去留,当视乎人民之能自治与否。苟人民自治之力尚有未至,则政府一去,适足以便暴徒之肆志,而转为平等自由之障。且今日列强,耽耽逐逐,狡焉思启,方以强食弱肉为事。朝去政府,则暮为鱼肉。暮去政府,则朝登刀俎。强权为政,公理难伸。正未可轻言及此也"。她赞同:"共和政体以少数专制代贵族专制,且以法律之魔力为富族专制之保障,必不能造成真平等真自由。今吾党欲以无政府主义破少数之专制,以共产主义破富族之专制,其为弩侯矢的也。"最后,她指出,当时有个别地方党部招揽匪徒,以社会主义之名危害一地治安。丁宝琳认为"社会主义,本期和平改革,无论中国今日尚在鼓吹时代,即他日万不得已而至于必用激烈之手段,亦如前之所云,为全世界解决问题,必合世界社会党全力,同时爆发。断非区区一隅之地,所可举事"①。

---

① 崇侠:《答苏部党员顾诵坤书》,《新世界》1912年第4期,主张,第1—8页。

目前学界对丁宝琳研究最有价值的一篇文章是散木在2011年第9期《党史博览》上发表的《参与过中共一大筹备的神秘女性丁宝林》。在这篇文章中，散木一方面承认关于丁宝琳的史料少之又少，但同时又指出丁宝琳是和何震一般信仰无政府主义的女性。他的依据是在1913年出版的一份无政府主义杂志《良心》编辑部和目录中看到了丁宝琳的名字。这个社会共产党是1913年从中国社会党分离的，机关在上海，主张"去国界""反对政府"，实行"纯粹社会主义"也即无政府主义。其同人相约"不作官吏，不作议员，不入政党，不充军警，不奉宗教，不称族姓，不婚姻"等。而丁宝琳正是其成员之一。①散木据此认为丁宝琳是激进的无政府主义者。但结合上文，我们似乎可以看到，丁宝琳的无政府主义思想，至少在上层建筑领域并不激进。尽管她赞成无政府主义，但也清晰地看到当时中国社会独特的国情。同时，她显然对于共产主义有所了解，且已经意识到"共产主义"与"无政府主义"两者之间是有差别的。虽然在"暴力革命"这一观点上，丁宝琳显得不够彻底，但她完全肯定了共产主义对中国社会的有效性。正是基于这种认识，她才能在其后的岁月中，与中共发起组成员越走越近。

最后的问题是，这样一个很早就投身社会革命且标榜"不奉宗教"的女革命者丁宝琳，最终为何会选择遁入空门？俞秀松1920年7月21日的日记里提道，在沈玄庐看来，"引崇侠去入宗教是（刘）大白仲九两人"。②车千里的文章中也提道，丁宝琳对佛教的信仰在"五四"前就已经十分坚定："平日崇拜佛教，屏荤茹素，学生都叫他素先生。"③但同时，我们也要看到丁宝琳一贯的信念。丁宝琳的出家，某种程度上，不能不说与其"去家庭""去婚姻"这一无政府主义理念是一致的。还是1912年的那篇《答苏部党员顾诵坤书》文中，当顾诵坤指责党部中的一些女党员"放浪形骸"、"语于恋爱自由"，对党的名誉有损时，丁宝琳也明确表达了对"自由恋爱"的反对。她认为在社会党诞生之初，这种言论会有碍党派前途；而最根本的还是基于她的无政府主义信仰，她认为"家族不破，苦恼难除。而自由恋爱，必仍至发生家庭"。④而将丁宝琳推向宗教的"最后一根稻草"，或许确实是与沈玄庐的感情问题。诚如车千里所言："然则宝琳之所以如此消极，其初

---

① 散木：《参与过中共一大筹备的神秘女性丁宝林》，《党史博览》2011年第9期，第30页。
② 上海革命历史博物馆（筹）编：《上海革命史资料与研究》第1辑，开明出版社1992年版，第315页。
③ 车千里：《丁宝琳与赵瑛》，《嘤声月刊》1921年第2期，第4页。
④ 崇侠：《答苏部党员顾诵坤书》，《新世界》1912年第4期，主张，第4—10页。

未始非受婚姻问题的感触,或是家庭间的困难;对人问题的不决,那可我都不能详细知悉。但是数年来宝琳对于婚姻想念,还不能证明他一定断绝;直自去年秋间赴申后,那才具了决心!"①可见,丁宝琳坚定出家念头或许与1919年秋季后在上海的境遇有关。一方面是怕影响了沈玄庐的社会革命事业(这同样也是丁宝琳自己热衷的),另一方面是烦恼"自由恋爱最终仍要堕入婚姻、家庭的樊笼"。可以说,正是在这样的双重煎熬下,丁宝琳选择了遁逃。

虽然,丁宝琳是中国较早接触并信仰共产主义的女性,有着卓越的见识和资深的实践经历。但最终,选择逃避而不是迎接社会革命的方式,使丁宝琳与无产阶级革命擦肩而过。换句话说,丁宝琳虽然参与了中共上海早期组织的创建,但很快就离开了组织。丁宝琳就这样失去了成为中共第一位女党员的机会。有意思的是,早在1912年表达对社会党党务的态度时,她就曾乐观地指出,各地对社会党的种种压迫和挫折正可以使"随声附和、望影齐趋者流,悉归淘汰,而后留者来者,皆真正了解真正信仰效忠党务、生死以之之人"②,而此言仿佛一语成谶,也预示了丁宝琳的命运。

(作者单位　上海师范大学)

---

① 车千里:《丁宝琳与赵瑛》,《嘤声月刊》1921年第2期,第4页。
② 崇侠:《答苏部党员顾诵坤书》,《新世界》1912年第4期,主张,第4页。

# 上海平民女校与资源动员

丰 箫

## 一、动员:中国共产党革命实践

中国共产党革命实践中的动员问题尤其是对农民动员,得到国内外学术界的较大关注,社会学、政治学、历史学等多学科都有许多成果。

伯恩斯坦提出,苏联共产党和中国共产党的动员方式分别是"命令式动员"和"参与式动员"①。王奇生认为,农民的宗族地缘观念浓于阶级和革命意识,地方主义和宗族性渗透于党的组织中,中国共产党在力图改造农民,农民也改造和利用党。② 他认为,乡土社会的多元分化使农运呈现复杂面相,血缘与地缘既是动员农民参与革命的阻力也是动力。③ 阿南友亮提出,共产党早期革命中包括宗族等内在的诸多现实社会历史条件与限制性因素。④ 黄宗智认为,中国乡村社会的客观阶级结构与阶级理论中的结构存在着很大的张力,共产党领导的土地革命是一个不断建构阶级结构的过程。⑤ 孟延庆认为早期乡村革命中的农运

---

① Thomas P. Bernstein, "Leadership and Mass Mobilisation in the Soviet and Chinese Collectivisation Campaigns of 1929 – 1930 and 1955 – 1956: A Comparison", *The China Quarterly* 31, no.7 (1967): 1 – 47.
② 王奇生:《党员、党组织与乡村社会:广东的中共地下党(1927—1932)》,《近代史研究》2002 年第 5 期,第 1—44 页。
③ 王奇生:《革命的底层动员:中共早期农民运动的动员参与机制》,《新史学》第 7 卷,中华书局 2013 年版,第 273—309 页。
④ 阿南友亮:《中国共产党在广东地区的武装斗争与动员——以海陆丰为例(1927—1928)》,《当代日本中国研究》第 1 辑,北京:社会科学文献出版社 2013 年版,第 95—146 页。
⑤ 黄宗智:《中国革命中的农村阶级斗争——从"土改"到"文革"时期的表达性现实》,《中国乡村研究》第 2 辑,商务印书馆 2003 年版,第 66—77 页。

干部作为革命的"深耕者"与群众的"鼓动家",将抽象理念与观念转化为普通农民日常话语以鼓动工作,并以此为基础组织最初的革命武装力量。①

妇女解放和妇女动员也得到学术界较多关注。有从人物角度研究早期中国共产党人的妇女解放运动②,有苏俄妇女解放思想在中国传播的研究③,有关注妇女动员中的性别问题④,有将宏观叙事与妇女群体生活及个体体验相结合的妇女运动研究⑤,等等。如许多学者所指出,在中国共产党革命实践中,其方式和手段是灵活多样的,会因时因势进行调整,早期中国共产党的活动更是如此。平民百姓是中国共产党动员的重要对象,因而其动员视角就更基于动员对象地位,动员方式也更为灵活多样。⑥

1960年代,奥尔森出版《集体行动的逻辑》,提出集体行动关注成本—收益机制、选择性激励等问题。他批评马克思提出的理论是建立在理性、功利主义的个人行为之上的,是自相矛盾的。⑦ 麦卡锡和扎尔德提出资源动员理论,认为社会运动是社会上一群人的信念和主张,他们主张社会结构的某些要素或社会利益分配机制应当改变。社会运动组织是一个将自己的目标与某个社会运动相联系并试图达成目标的正式组织。社会运动界和社会上其他界别无时无刻不在竞争资源。资源或外力的挹注,是社会运动形成的最主要因素。只要有足够的资源,社会运动的政治领导精英甚至可以操控、强化或创造出社会运动需要的不满和怨气。⑧ 资源动员理论是一种理性假设理论(理性人),通过对传统社会的非理性范式的颠覆建构而成,体现为物资资源动员、成员动员和框架动员三个研究维度。⑨ 虽然资源动员理论的出现,是基于对当时西方运动的解读和分析,却改

---

① 孟延庆:《"深耕者"与"鼓动家":论共产党早期乡村革命中的"农运派"》,《社会》2017年第3期,第180—214页。
② 丁俊萍:《李达在党的创建时期对中国妇女解放运动的贡献》,《妇女研究论丛》2010年第6期。
③ 何黎萍:《二十世纪初苏俄妇女解放观在中国的传播与影响》,《中共党史研究》2012年第12期,第78—87页。
④ 宋少鹏:《苏区妇女运动中的性别与阶级》,《妇女研究论丛》2012年第1期,第42—50页。刘笑言:《中央苏区农民政治动员中的性别与权力》,《当代世界社会主义问题》2014年第2期,第44—53页。
⑤ 张文灿:《解放的限界:中国共产党的妇女运动》,中国政法大学出版社2013年版。
⑥ 学术界有许多对于当代中国多样动员方式的研究,在此不赘述。
⑦ [美]曼瑟尔·奥尔森著:《集体行动的逻辑》,陈郁、郭宇峰、李崇新译,上海人民出版社1995年版,第131页。
⑧ McCarthy, J. D. and M. N. Zald, "Resource Mobilization and Social Movements: A Partial Theory", *American Journal of Sociology*, no.6 (1982): 1212-1241.
⑨ 石大建、李向平:《资源动员理论及其研究维度》,《广西师范大学学报(哲学社会科学版)》2015年第6期,第22—26页。

变了我们对集体行动的传统解读框架。本文即从资源动员这一视角出发,重点研究早期中国共产党妇女运动在上海平民女校的体现。

## 二、教育动员:女性地位和问题

上海平民女校于1921年12月间创办,存在时间仅一年,是中共中央创办的第一个培养妇女干部的学校。学校在招生广告中,宣称其宗旨是"专在造就一班有觉悟而无力求学的女子,使其得谋生工具,养成自立精神"。① 由此可见,创办学校主要从底层"无力求学"的女性出发,教育培养其独立生存的精神。

麦克亚当等学者指出,社会运动是"建制外的群体以有组织的行动,试图倡议或抵抗社会结构的转变。这些行动涉及非制度化的政治参与形式"。② 上海平民女校章程指出,之所以创办女校是基于对女性教育和女性地位的不满:"我们中国女子到今天还不曾有女子自动组织的学校,以致教育的权柄都被一班蹂躏女权的教育者掌握去了,为抨击这种腐败的女子教育起见,我们创办我们自己的学校。教育是人生权利的一种,我们女子有志读书的往往被经济和顽固的家族所困迫,有志奋斗着脱离关系出来的,又无处可以谋生,本校特设工作部,为伊们谋得工作,使伊们得些工资,补助伊们的膳宿费。"③

陈独秀非常重视教育,认为教育是改造社会的重要工具之一,而且是改造社会"最后的唯一工具"。他甚至说自己是一个迷信教育的人,"所以连贵族的教育我也不反对"。他的教育观点主要有两点:一是希望有教育,无论贵族的、平民的都好;二是希望教育是平民的而非贵族的,培养出社会真正需要的人才。④

王会悟对当时的教育持强烈的批判:"在这私产制度,重男轻女的社会底下,女子教育,可说是没有。近二十年来女学校虽说是办得很多,但只是那官家底小姐们,资本家底千金们,才能利用;至于平民底女儿们就绝对没有分了。外加,这些女学校所授的都是奴隶教育,所得的效果,也不过是养成一般贤妻良母。自从文化运动,倡女子解放的声浪,就有一部分的女子觉醒起来,不愿再受那奴隶教

---

① 《上海平民女学校招生》,《妇女声》第5期,1922年2月10日出版。
② Doug McAdam, *Political Process and the Development of Black Insurgency*, 1930 – 1970 (Chicago: The University of Chicago Press, 1982), p.25.
③ 《上海平民女学校章程草案》,《妇女声》第10期,1922年6月20日。
④ 陈独秀:《平民教育》,《妇女声》第6期,1922年3月5日。

育;一方面在报纸上、杂志上要求和男子受平等的教育,一方面向男大学、中学、校长及官厅请愿,要求开放女禁。因此,南高、北大在去年暑假实行了招收女学生;和男子平等的教育总算是得到了一部份。但请诸位仔细想想上北大南高虽然是开了女禁,我们平民女子能够进得去吗?听说北大现有正式和旁听女生二十余位,南高有正式和特别科女生三十余位;许多男男女女费尽心血、运动得来的教育平等,结果二万万女子之中只有这几个少数的女子享受。这算得男女教育平等吗?"①王会悟还从社会制度方面对教育进行了剖析,认为私有制是不平等教育的根源。对王会悟而言,教育不仅仅是开女禁,更重要的是要实行平民教育,才能实现真正的教育平等和男女平等。

因此,对于力求平等进步的先进知识分子而言,当时社会制度的偏移在教育方面表现得极其严重。在女校教授国文的邵力子指出:"从前的教育,把持于男子手中,男学校不收女学生,是他们轻视女子的一种罪状。"基于对现状的严重不满足,以及必须解决和改变的愿望,他倡议建立女校:"我们明白了平民女学是抱有男女教育一切同等的宏愿,只因现在女子所受特殊的苦痛,不得不急其所急,我们就可确定这个平民女学应取的方针,我们更确定我们在教授上对于平民女学应尽的责任。"②早期共产党人重点改变社会的方式是希望建立更多的平民学校,来纠正社会制度的偏移。

当然,从革命的彻底性而言,早期共产党人不仅仅是希望纠正社会制度,更多的是要解放社会、彻底改变社会制度。中共"二大"通过的妇女运动决议指出:

> 自国际资本主义侵入中国以来,无产阶级的妇女渐渐降到工钱奴隶地位。他们在不堪忍受的工作状况中作十二小时以上的工作,不过取得比男子更低的工钱,对于女工童工的待遇,简直惨无人道。
>
> 在中国现状之下,不独女劳动者已陷在极残酷的地位,还有许多半无产阶级的妇女,也渐渐要被经济的压迫驱到工厂劳动队里面去。就是全国所有的妇女,都还拘囚在封建的礼教束缚之中,过娼妓似的生活,至于得不着政治上、经济上、教育上的权利,乃是全国各阶级妇女的普遍境遇。所以中国共产党除努力保护女劳动者的利益而奋斗——如争得平等工价、制定妇

① 王会悟:《怎样去解决妇女问题》,《民国日报·妇女评论》1921年第4期,第1页。
② 力子:《平民女学底前途》,《妇女声》第6期,1922年3月5日。

孺劳动法等之外，并应为所有被压迫的妇女们的利益而奋斗。①

由此可见，不仅仅要帮助妇女获得平等的教育权利，还要帮妇女获得政治、经济权益，这在共产党早期即成为其旗帜鲜明的任务和目标。如李大钊所言："20世纪是被压迫阶级底解放时代，亦是妇女底解放时代。"②解放妇女运动成为当时早期共产党人的明识，但如何开展确须实实在在地去思考、去探索。"希望新成立的平民女校作一个风雨晦冥中的雄鸡。"③上海平民女校教员沈泽民视之为"实现我们理想中所盼望的妇女运动之花"。④ 由此可见，上海平民女校被赋予了非常大的社会动员的期许。

### 三、资源动员：上海平民女校的资源和网络

上海平民女校是中共中央领导人陈独秀和李达商议成立的。黄兴夫人黄宗汉是上海中华女界联合会的负责人，以联合会的名义举办的。因而，上海平民女校虽然规模不大，只有30多名学生，但其时在党组织中的地位和影响并不小，其资源和网络也是非常丰富的。

上海平民女校由李达任校务主任，即校长；李达夫人王会悟担任具体的事务工作。教员都是由共产党员兼职的，高级班教员有：邵力子、高语罕教语文，陈望道教作文，张守白教国语文法，沈雁冰、沈泽民和美籍教员安立斯教英文，李达教数学，商务印书馆的物理编辑周昌寿教物理化学，李希贤教经济学，范寿康教教育学，陈独秀教社会学。⑤ 虽然义务职的共产党做教员并不能保证教学如正规学校般完整的上课体系，但其授课内容和授课思想必然是和当时早期共产党人的基本认识是一致的。王会悟表示"各教师所选的教本，都是适应新思潮，又合于平民的"；本校教员轮流主讲的讲演课"讲的都是关系我们平民女子切身的

---

① 中华全国妇女联合会妇女运动历史研究室编：《中国妇女运动历史资料(1921—1927)》，人民出版社1986年版，第29页。
② 李大钊：《现代的女权运动》(1922年1月)，见中华全国妇女联合会妇女运动历史研究室编：《中国妇女运动历史资料(1921—1927)》，人民出版社1986年版，第49页。
③ 陈独秀：《平民教育》，《妇女声》第6期，1922年3月5日出版。
④ 沈泽民：《这不是慈善事业呢！》，《妇女声》第6期，1922年3月5日。
⑤ 任武雄：《平民女校》，见张腾霄主编：《中国共产党干部教育研究资料丛书》，中国人民大学出版社1989年版，第79页。

问题,这一课别的女学校没有的,也可以说是平民女学的特点了"。①

无论老师还是学生进入上海平民女校都是借助于一种可资信任的介绍。大多数学生都是通过共产党介绍进校的,还有的本身是党员的亲戚朋友。就学生具体情况而言,还是有相当差别的。有的是追慕陈独秀、邵力子之名,追求真理和妇女解放运动的。如王剑虹原为湖南桃源第二女师的进步学生,得知上海平民女校的情况后,回校偕同好友丁玲、王一知、堂姑王醒予以及王苏群、薛正源等进入上海平民女校;傅一星、黄玉衡为反对包办婚姻离家进入女校②;湖北女子师范的维新也因为对学校教育的不满,而写信给王会悟要和同学一起到上海平民女校读书。③ 王一知回忆:"这些学生的情况是:有的是不愿受封建家庭的束缚,不满父母之命的包办婚姻而走出来的;有的是不满旧学校的腐败,不愿意升学独自找出路的;有的是因为没有考上学校而投奔到上海来的;也有一些是听说这个学校是比较进步的,又有许多知名的人士如陈独秀、陈望道、邵力子等也就被吸引来了。这些青年女孩在到了上海之后(有些原来就是上海的),党就把她们组织起来开办了这么个平民女校。"④

虽然上海平民女校存在时间短,师生数量也比较小,但是其师生来源都是当时追求新思想和进步的人群。学生在入学群体动员上就借助了血缘、亲缘、地缘、学缘等多种资源和网络,体现了资源的丰富多样性。

上海平民女校的日常活动是与共产党组织网络有着密切关系的,虽然未必是和上海地方党组织的联系。王一知回忆说:"这个学校和党中央、团中央是有些联系的,和上海地方党组织很少有什么联系。这个学校的学生中,只有我一个是个党员,另外还有几个团员,其他都是一般的群众。这些人中间有进步的,也有落后的和中间的。参加社会活动——主要是去参加工人罢工运动,到各工厂去进行宣传,鼓动(特别是一些女工工厂如纺织厂、绸厂、烟厂等)、贴标语、发传单、听工人的生活诉苦,等等。这些工作大都是积极分子去做的。1922年上海有许多工厂罢工,有些厂的罢工我们都参加了,有的厂还不止去过一次。另外就

---

① 会悟:《入平民女学上课一星期之感想》,《妇女声》第6期,1922年3月5日。
② 任武雄:《平民女校》,见张腾霄主编:《中国共产党干部教育研究资料丛书》,中国人民大学出版社1989年,第80页。
③ 《维新致会悟信》,《妇女声》第9期,1922年5月5日出版。
④ 《王一知回忆平民女校上海大学及早期妇女运动等情况的记录》,《上海革命史资料与研究》第4辑,上海古籍出版社2004年版,第514—515页。

是搞捐款运动,这次(些)工作大家都参加了。"①

上海平民女校是早期共产党人利用资源建构起来的专门机构,其教学模式不同于一般学校。施存统希望:"(一)社会上热心妇女运动,同情妇女解放的人,直接间接与以可能的援助;(二)担任本校教课的人,知道这是'义务的'而更尽其'义务';(三)在本校求学的人,能以自动的精神谋本校底发达。最后,我希望本校没有师生底形式,而有朋友底精神。"②因此,上海平民女校的建构体现了非常明显的资源动员,不仅仅是早期共产党人利用资源成立该学校,还要利用该学校的成立,对社会资源予以吸引,期望成其发达之盛。恰如学者所指出,中共在建党过程中,充分利用了近代中国妇女运动的成果,也在建党之初顺应了妇女运动的潮流并引领这股潮流与共产主义汇合。③

## 四、动员目标:第四阶级的妇女运动

上海平民女校是为了培养革命女干部而成立的,因而不同于一般的学校教育,更不是慈善学校。教员沈泽民专门写了一篇《这不是慈善事业呢!》,指出上海平民女校的"平民"是区别于贵族而言,是平民求学的地方,是平民精神的女子养成所;同时,上海平民女校不是资本家花一点零钱博"乐善好施"的名誉,因而也不是贫民学校。④

作为重点培养女革命干部的学校,其目标自然要和妇女运动有密切关系,寄希望于可以为日后妇女运动培养先锋、骨干。施存统提出:"希望能在这平民女学中训练几个——越多越好——妇女运动底先驱者出来。若单是认识几个字,念得几句书,在我看来,实在没有多大意义。"因此,上海平民女校学员被寄予的期望是相当高的:"中国劳动运动极其幼稚,中国妇女运动也极其幼稚,我们希望劳动运动发展,同时也希望妇女运动发展,可是最难得的是'首发难者'。中国土地虽广,人数虽众而竟绝少此种人!因此,就不得不希望于平民女学诸君了。平

---

① 《王一知回忆平民女校上海大学及早期妇女运动等情况的记录》,《上海革命史资料与研究》第4辑,上海古籍出版社2004年版,第516页。
② 国昌:《我对于平民女学的希望》,《妇女声》第6期,1922年3月5日。施存统化名为国昌。
③ 姚霏、陈克涛:《中共建党与近代中国女性的觉醒》,《上海党史与党建》2011年9月号,第15—17页。
④ 沈泽民:《这不是慈善事业呢!》,《妇女声》第6期,1922年3月5日出版。

民女学诸君,你们底责任很重大呢!"①

其时高年级学生思想确实有突出的表现。缪伯英在写给王会悟的信里批评了当时的学校教育不能产生完全独立的女性:"以现在的学校教育,徒然产生一般的饭桶书箱子,和掠夺的健将儿,纵然全国的高等教育机关都换了女生,这些人才有什么益处于社会? 至讲社会上的地位,那些根性已深的人们,我们就费尽力量和他们争得和男子完全平等的地位,所以我近来的精神,一丝一毫都移到这无产阶级革命的路径上来了。"②因此,缪伯英认为妇女问题必须通过无产阶级革命才能彻底得到解决,因而表示自己要尝试做"革命的健将"。

王会悟在回复缪伯英的信中,批评了第三阶级女权运动的弊端,提出要进行第四阶级的妇女运动:"就中国说,现在有知识的女同胞也不算少,但多数仍然没有觉悟自己的地位,完全为贤妻良母主义而牺牲。稍有思想的人,又不了解妇女问题的根本解决方法,在资本主义支配之下去争参政权、遗产权、教育权等等,依然陷在第三阶级女权运动的窠臼。至于能够有阶级的觉悟,实行我们女子在历史上所负的使命,从根本上去解决妇女问题的人实在很少。我们刊物《妇女声》的目的,一方面就是要唤起一班有知识的女子加入第四阶级的队伍来从事妇女运动;一方面和海内外有觉悟的姊妹们通声气,借以谋精神上的联络。"针对当时女性解放的一些行为——"平日常常在报纸上杂志上发表文字,高谈恋爱问题、剪发问题以及服装问题",王会悟认为这都是受资本主义教育,"深染了社会的遗毒,所以不能打破圈套",都是第三阶级女权运动的表现。③可以看出,第四阶级的妇女运动,是与形式上的女性解放有着很大差异的。

对照这个高目标,上海平民女校的运行已不能满足学生的需求。丁玲回忆谈及:"大家受'五四'运动新思潮的影响,到上海平民女学来找革命道理的,全靠自己看书还不行,想找个带领我们前进的人。虽然老师很尽心、出力,但我们总感到不满足,对上课缺少兴趣。参加社会活动是比较满足,但没有具体领导,一次活动结束,也不总结,我们热情地去做了,也不知道那个对,那个不对,没有提高,这样,我们就坚持不下去。"④丁玲是高年级学生,在文化程度、思想认识水平

---

① 国昌:《我对于平民女学的希望》,《妇女声》第6期,1922年3月5日。
② 《伯英致会悟信》,《妇女声》第5期,1922年2月14日。
③ 《会悟复伯英信》,《妇女声》第5期,1922年2月14日。
④ 丁玲:《我所知道的平民女学》,《妇运史资料》1982年第2期,第36—37页。

等方面都远远高于低年级,因此对学校的要求实际上也比较高。

另一份丁玲的回忆访谈,对上海平民女校作了一个比较全面的评价:"平民女校的课程并不是很系统的,讲'五四'以后的白话文,包括散文、短篇小说等,这些作品我们中有些人老早就看过的。邵力子讲古书,我们对此不感兴趣。陈独秀经常来给我们讲课,还给我们上了几次数学课。沈雁冰才二十多岁。沈泽民、张闻天、汪馥泉都到平民女校来过。他们三个人搞了个狂飙社,找我们这些小孩子参加,我们兴致很好,但是没有搞起来。那年马克思生日,开纪念会,我们去听,由李汉俊讲马克思主义。黄爱、庞人铨那些人死了,开纪念会,我们也去参加。工人闹罢工,我们到马路上去捐钱,跑到浦东纱厂去演讲,劝工人坚持罢工。我的湖南口音女工们听不懂,张秋人给翻译。开始时,我们对这些事满有兴趣,认为这是革命,但半年下来,觉得这样东跑西跑,东听一课西听一课,有些浪费时间,不如自己读些书。因此一九二二年下半年,我和王剑虹就到南京去。"①

确实上海平民女校的教学是非正规的,教学不够系统,教师队伍也不稳定。从干部培养的成果来看,上海平民女校的贡献远逊于上海大学。诚如王一知的评述:"关于对这个学校的历史意义,应该怎样估计,我觉得主要是一个进行革命活动的联络机关或者说是掩蔽机关。它虽然做了一些工作、参加了一些社会活动(这些活动都是在党领导下进行的),但是它并没有严格的锻炼培养这些人,所以也没有出什么党的优秀的领导者来,对革命事业也没有作出什么突出的贡献。因此,你们问它是不是一个培养党的干部学校,我想不能这样估计。'上大'那确实是党培养干部的学校,它确实起了很大作用。"②

当然,上海平民女校的这种窘困源于各种因素。如前引述,施存统的论述比较清楚地讲明上海平民女校存在重要作用和意义,希望上海平民女学能够培养几名"妇女运动底先驱者"。上海平民女校并不同于一般的干部培养学校,在中国妇女运动早期,能够培养出几名引导妇女运动者或者做一些尝试,就是其存在的重要意义。即资源动员的最终目标和现实行动是有差距的,现实行动需要不断累积经验并进而调整行动方案。因而,上海平民女校的停办亦不能简单视为失败。因为,上海平民女校不是干部培养的个案。如学者所指出:"中国共产党

---

① 包子衍、许豪炯、袁绍发:《丁玲谈早年生活二三事》,《新文学史料》1985年第2期,第85—86页。
② 《王一知回忆平民女校上海大学及早期妇女运动等情况的记录》,《上海革命史资料与研究》第4辑,上海古籍出版社2004年版,第516页。

在创建之初,就认识到成立专门的干部学校,是教育和培养党的干部的有效途径。当时,陈独秀领导的上海共产党早期组织,创办或参与领导了一批培养不同类型革命干部的学校,如外国语学社、平民女校、上海大学、沪西小沙渡工人学校、平民夜校等。"①

综合而言,上海平民女校作为一个干部培养的学校,由于其存在时间短、教学组织不规范等原因,在干部培养的数量和结果来看并不是非常成功的例子。但从其思想和活动而言,我们却不能简单给予较低的评价。麦克亚当认为,抗议群体可以利用的内部的组织水平及其政治机会,只是为集体抗议行动提供了某种客观的结构上的潜力,但还不足以导致一个集体行动的产生。要产生集体行动,还离不开第三类影响的要素,即被压迫群体"意识"的发展水平,即"认知解放"(Cognitive Liberation)的过程。② 实质上,问题远不止如此。对于一个以改造社会、改造世界为使命的政党而言,其运动并非一次或几次就可以达成目标,因此领导规划和组织管理等问题就相当重要。上海平民女校是基于一个宏大目标而进行的资源动员,它存在的作用和意义都是非常重要的。

## 五、结语

徐彬将中国共产党的政治动员分为规范性政治动员、约制性政治动员和诱导性政治动员。③ 在具体实践中,这些动员方式是综合利用的,在上海平民女校就有集中的体现。上海平民女校不仅是课堂培养干部理论素养,还将学生带入社会参加各种政治活动,如参加1922年杨树浦日华纱厂工人罢工、庆祝十月革命胜利五周年群众大会等,因此动员方式即有规范性的,也有诱导性的。

当然,中国共产党的动员不仅仅是政治动员,更是一场社会动员。亨廷顿指出,社会动员是"一连串旧的社会、经济和心理信条全部受到侵蚀或被放弃,人们转而选择新的社交格局和行为方式的"过程。"它意味着人们在态度、价值观和

---

① 姚金果、张玉菡:《建党时期上海的革命干部学校》,《光明日报》2011年2月23日,第11版。
② Doug McAdam, *Political Process and the Development of Black Insurgency*, 1930 - 1970 (Chicago: The University of Chicago Press, 1982), pp.48 - 51.
③ 徐彬:《前进中的动力——中国共产党政治动员研究(1922—1966)》,新华出版社2007年版,第180页。

期望等方面和传统社会的人们分道扬镳,并向现代社会的人们看齐"。① 因而,为了达到社会动员的目的,上海平民女校才会专门为了培养革命女干部而成立,要引导女性进行大规模的、持续性的运动。传统社会动员方式主要有组织动员、领导动员、层层动员等。与传统社会动员方式不同,现代社会动员方式主要有传媒动员、参与动员和教育动员。② 中国共产党早期领导人就深刻认识到资源动员的重要性,并将其落实到实践中,通过多种资源、多种方式培养革命的有生力量。中国共产党作为一个新型的革命党,其革命使命和新型政党特点决定了其动员方式是多样的,而教育领域的资源动员是其非常重要也非常成功的方式。

(作者单位　上海大学)

---

① ［美］塞缪尔·亨廷顿:《变革社会中的政治秩序》,上海译文出版社1989年版,第5页。
② 王学俭、高璐佳:《现代社会动员理论与马克思主义大众化策略》,《兰州大学学报(社会科学版)》2010年第2期。

# 叙论瞿秋白在上海革命活动轨迹

翁长松

上海是中国共产党的诞生地,也是我党早期革命家活动的高地,许多优秀共产党人,在这里传播马克思主义和组织革命活动,为党和人民的解放事业留下了辉煌的红色业绩。我党创建时期的重要领导人瞿秋白同志就是其中的一位佼佼者。瞿秋白1899年1月诞生于江苏常州,虽不是土生土长的上海人,但在他36岁短暂的生涯中,长长短短,加起来却有四分之一是在上海度过的,也是将其人生最具革命激情和组织领导力的青春岁月奉献给了党的革命和发展事业,在上海这片革命沃野上留下了一串深深的红色轨迹。

1920年12月,21岁的瞿秋白受北京《晨报》和上海《时事新报》的聘请,和俞颂华、李宗武以特派员身份,由北京启程去莫斯科考察十月革命后苏俄的实况,研究和报道俄国共产党和社会经济文化建设现状。此时中国虽已步入辛亥革命后的第十个年头,然而民国虚有其名,军阀政府当权,哀鸿遍野,知识分子在思考与寻求中国的出路,茫然无所适从,瞿秋白也持有这种心态。当时新兴的潮流是研究共产主义。李大钊创立共产主义研究小组,瞿秋白参加了这个小组。所以他的苏俄之行,不仅要报道苏俄现实,还肩负起为当时黑暗的中国寻找和"开辟一条光明的路"重任。① 同时,他的身份在"赤都"也华丽转型,从一位普通的知识分子成长为一位出色的共产党员。1922年2月,瞿秋白"经张太雷、张国焘介绍,在莫斯科参加了中国共产党"。② 1923年1月,瞿秋白结束了他在苏俄两年有余的考察任务回到北京,入住他的堂兄瞿纯白的新居(东城大羊宜宾胡同)。

---

① 瞿秋白:《瞿秋白文集》,人民文学出版社1953年版,第55页。
② 周永祥编:《瞿秋白年谱》,广东人民出版社1983年版,第25页。

在北京城里，他耳闻目睹军阀统治下的黑暗现实，与充满革命景象、生气勃勃的苏俄社会形成天壤之别的巨大反差。他写下回国后的第一篇文章《最低问题——狗彘食人之中国》，发表于《晨报》副刊"杂感栏"。他写道："一进北京才有人告诉我，去年上海金银业罢工工人竟遭'洋狗'噬啮，唐山罢工工人又受印度兵的蹂躏。中国政府原来是'率兽食人'的政府，谄媚欧美帝国主义，以屠杀中国平民劳动者为己任。我再想不到，两年之后回来见着一狗彘食人的中国！"对军阀统治下的黑暗北京作了尖锐的揭露和批判。瞿纯白希望瞿秋白进外交部，北京政府外交部也准备聘用他，但瞿秋白拒绝了。李大钊想介绍他到北京大学俄语系任教，但北京大学迟迟不发聘书。共产国际代表马林很器重他，说"他是这里最优秀的马克思主义者"[①]，很想用他为助手，然而因为复杂的政治原因也没结果。瞿秋白本人更倾向和热衷于党的宣传和教育工作，不久，如愿以偿地被党派到上海从事党的宣传工作，展现了他作为革命家的精彩人生。

## 一、瞿秋白来到上海，投身大革命洪流之中

1923年爆发了"二七"惨案，北方工人运动转入低潮，党的中央机关由北平迁回上海。同年夏，瞿秋白也离开北京来到上海，全身心地投入到《新青年》季刊筹备工作，担任主编。同时筹办《前锋》月刊和参与《向导》的编辑工作。到上海之初，由于中央政治机关报《向导》原编辑高君宇没有南下，瞿秋白承担起编辑工作。《向导》紧密结合政治形势和党的中心工作，几乎每期都针对当时重要政治事件发生评论。瞿秋白编发的文章，言之有物，长短结合，击中时弊，富有革命的战斗性。刊物还重视联系读者和信息反馈，及时刊登来自各地革命运动的新闻通讯。瞿秋白是编辑也是作者，撰写了多篇倡导革命的文章，如在《新青年》季刊第一期上发表的《东方文化与世界革命》指出："只有世界革命，东方民族才能免殖民地之祸，方能正当的为大多数劳动平民应用科学，以破坏宗法社会封建制度的遗迹，方能得真正文化的发展。"还以"巨缘"的笔名，发表了《北京政府之财政破产与军阀之阴谋》《中国之地方政治与封建制度》等文章，揭示北洋政府的腐败无能，宣传反封建和弘扬革命思想，展示了他唤醒广大人民革命斗志的意愿。同

---

[①] 中共中央党史研究室第一研究部编：《共产国际、联共（布）与中国革命档案资料丛书》第2卷，北京图书馆出版社1997年版，第480页。

年7月,瞿秋白被党派遣进入上海大学工作。当时上海大学名义上是国共合办的一所大学,但实际上为共产党所领导。瞿秋白任教务长兼社会系主任,邓中夏任校务长,陈望道任中文系主任,何世桢任英文系主任。于右任、邵力子是挂名校长,上海大学的实际负责人是邓中夏和瞿秋白。瞿秋白在上海大学不仅主讲《社会科学概论》和《社会哲学》,还为上海大学制定了明确的办校方针、学校体制,更重要的,他和邓中夏、恽代英、蔡和森等人一起在大学中传播马克思列宁主义,组织青年投入反帝反封建革命运动,在为党培养革命干部等方面作出了重要贡献,也展现了他在上海为党的发展和建设事业积极开展革命活动的奉献精神。

1923年初创时期的上海大学条件很差,它位于狭窄的青岛路(今青云路)309号至317弄。校舍是老式石库门二层楼房,有十几间,与居民住处混杂在一起,人称"弄堂大学"。有人戏言:"晨听马桶音乐,午观苍蝇跳舞。"当时,上海大学已是中共上海地委四个党小组(上海大学、商务印书馆、西门、虹口)之一,组长林蒸,成员有瞿秋白、邓中夏、张太雷、施存统等党员10人。以后人事有变动,向警予、恽代英、邵力子等也参加进来。当时上海大学党小组已成为上海地区开展党的革命活动的重要堡垒。曾任上海地委候补委员的瞿秋白,在上海大学期间,不仅在传播马克思列宁主义、组织青年投入反帝反封建革命运动、为党培养革命干部等方面作出了重要贡献,还对党的办学宗旨、方针撰文提出看法和建议,认为上海大学必须致力于中国新文化建设和发展,顺应众多热血青年学子的要求,使学校更有号召力和凝聚力;认为研究社会科学和形成新文艺的系统,这两件事是新型上海大学的责任;认为"养成建国人才,促进文化事业",应是上海大学的办学宗旨。① 上海大学的革命和科学办学宗旨,吸引着一批又一批青年学子,在这里学习和迅速成长。1923年刚入学的施蛰存曾对当时新气象的上海大学叙述道:"近年来,各大学中,社会学系——是很时髦的一种学科,……上海大学中的社会学教授……将自己编的讲义授给学生,这比较那些用外国人教英文本的社会学,毕竟谁切实些啊?"② 当时,他在中国文学系与戴望舒同桌,与丁玲同班,他也常来听瞿秋白讲社会学。瞿秋白中西贯通,引经据典,滔滔不绝,给他留下很深刻的印象。瞿秋白主持的社会系出了一大批马克思主义的社会科学著作:蔡和森《社会进化论》、邓中夏《中国劳工问题》、恽代英《中国政治经济状况》、施

---

① 瞿秋白:《现代中国所当有的"上海大学"》,《民国日报·觉悟》1923年8月2、3日。
② 施蛰存:《上海大学的精神》,《民国日报·觉悟》1923年10月23日。

存统《劳动问题讲演大纲》、萧楚女《中国农民问题》、董亦湘《唯物史观》等。他们讲授和编写的讲义,弥补了党早期理论建设的不足,提高了党员的理论水平,促进了马克思主义理论探索与中国革命实践的结合。在瞿秋白的影响和带领下,社会系的不少学生成了学生的骨干,组织和推动学校的各种活动,而且积极参加校外的革命活动。其中涌现出著名的共产党人如黄仁、何秉彝、刘剑华、龙大道等,他们先后为革命献出了宝贵的生命。瞿秋白在上海大学任教期间,还积极参与国共合作事宜。1923年6月12日至20日,中共"三大"召开。会议通过了《关于国民运动及国民党问题的议决案》,决定共产党员和社会主义青年团员以个人身份加入国民党,以帮助孙中山把国民党改组为民主革命联盟,同时保持共产党在组织和政治上的独立性。这个决定有利于借助孙中山这面大旗,利用国民党的合法地位,壮大革命力量。瞿秋白负责中共"三大"起草党纲,参加党章修改工作,为大会胜利召开和议决案的通过奠定了基础。这次大会还选举产生了新的中央执委会,陈独秀继续任委员长,瞿秋白为该委员会委员。

1924年11月7日,瞿秋白与杨之华结婚,从上海慕尔鸣路搬到闸北宝通路顺泰里12号。平日和隔壁(11号)的沈雁冰往来甚频繁。同年12月,上海公共租界巡捕房搜抄瞿秋白已搬离的慕尔鸣路上的旧居和西摩路上海大学的办公处,书籍杂志都被烧毁。于是,瞿秋白转入党的地下工作。1925年1月11日至22日,中共"四大"在上海举行。讨论党如何加强领导日益高涨的工农革命运动。陈独秀主持会议,并代表中央作了报告。瞿秋白参加大会的领导工作,并担任大会政治决议草案审查小组组长。决议指出:"中国的民族革命运动,必须最革命的无产阶级有力的参加,并且取得领导地位,才能够得到胜利。"[①]瞿秋白继续当选为中央委员,同陈独秀、蔡和森、张国焘、彭述之组成五人主席团(即中央常委会),他也已成为党中央核心领导成员。不久,发生"五卅惨案"。瞿秋白参与领导的上海大学全校师生积极投入了"五卅"反帝爱国运动,成为当时革命运动的核心力量。同时在6月4日他还出任党中央机关第一个日报——《热血日报》的主编,并负责撰写社论。各期社论除6月18日是沈泽民撰写和陈独秀撰写过的几篇外,其余都为瞿秋白所写。《热血日报》设有许多栏目,除有社论外,还有专论、本埠要闻、国外要闻、舆论之裁判、外人铁蹄下之上海、诗歌、民歌、小

---

[①] 中共中央党史研究室第一研究部编:《共产国际、联共(布)与中国革命档案资料丛书》第1卷,北京图书馆出版社1997年版,第573页。

言、读者来信等。为了贴近群众,他还开始学着用民间小调写歌谣。例如有一首《群众歌》:"世间一切靠不住,靠得住的是群众。罢市要取大规模,坚持到底勿为动。奉劝诸君自救自,不然就是亡国种。大家起来大家醒,全靠我们是群众。"初写歌谣,不免生硬,与他写惯的旧体诗,不是一回事。然而瞿秋白是本着发动群众奋起反抗的目的,完全放下了文人、作家的架子,后来还愈写愈多,乐此不疲;内容丰富,题材新颖,深受广大群众的欢迎和拥护,产生很大的社会影响。6月16日该报登出启事说:"出版十期,销数即达三万,投稿同信与亲来接洽者,日以百计。"这也引起帝国主义和军阀的仇视。1925年,当第24期出版后,租界巡捕房封了承印的明星印刷厂,《热血日报》被迫停刊。但这并没办法停止和影响他对帝国主义和军阀的批判和对马克思主义及党的方针政策的宣传和传播。其间,他先后在《向导》《新青年》(季刊)和《前锋》上发表了《东方文化与世界革命》《现代文明的问题与社会主义》《现代劳资战争与革命》等多篇论文,以马克思主义的基本观点,评析文化思潮,宣传马克思主义原理和中国共产党的理论思想,展现出一个共产党理论家的风采。

当历史车轮驶入1926年,27岁的瞿秋白不仅是个出色的理论家,还是一个富有革命斗争经验的革命家,并善于从理论高度上分析革命斗争的形势变化。他通过"五卅""三一八"斗争的经验教训及党内存在的右倾思想,论述了武装斗争的重要性。他在《中国革命中之武装斗争问题——革命战争的意义和种种革命斗争的方式》一文中指出:"现在革命运动的中心问题,已经是实行准备革命战争……革命战争是主要的方式,其他方式都应当应用,直接的间接的做革命战争的准备。"①高瞻远瞩地向全党提出了要用武装斗争的形式,打倒帝国主义及其走狗反动派,建立革命武装和党领导的红色政权。正是在这种思想指导下,1927年2月22日上海工人发动了第二次武装起义,瞿秋白坐镇辣斐德路(今复兴中路)上的暴动指挥所参与领导。由于准备不足,起义于2月23日失败了。当天晚上,党中央和区党委举行联席会议,总结经验教训,准备举行第三次武装起义。同年3月21日,在周恩来等领导下,上海工人举行第三次武装起义,取得了胜利。瞿秋白听到胜利的消息,激动地说:"我们应当感谢恩来、亦农、世炎同志等,我们更应该感谢上海的工人阶级。是他们在上海的上空,树起了红旗,为我党添

---

① 瞿秋白:《中国革命中之武装斗争问题——革命战争的意义和种种革命斗争的方式》,《新青年》1926年第4期,第23—33页。

了光辉。"①瞿秋白对上海工人武装起义的成功,给予欣喜若狂的积极评价。不久,蒋介石在上海发动了"四一二"反革命政变,起义失败了。瞿秋白对此极为悲愤,说:"我们太幼稚了。这一着棋,输给了蒋介石。我们对不起上海工人阶级,我们对不起牺牲的同志。血的教训,太沉痛了。现在看来,这种右倾机会主义观点害了党的事业。"②瞿秋白在总结失败教训时,也作了自我批评,他说:"作为党中央常委的我,也有责任。我深感第一线斗争的经验太少,单是读了几本马克思的书,是干不好革命的。"③此后,上海笼罩在白色恐怖之中,中国革命也暂时陷落低潮之中。革命者头可断,血可流,革命的信仰不可变,瞿秋白的革命意志更坚定了,积累的斗争经验也更丰富了。

## 二、从党的领导者到一介书生,忠心耿耿地为党工作

1927年4月27日,中国共产党第五次全国代表大会在武汉举行。会上,瞿秋白与毛泽东、任弼时、蔡和森、恽代英等批判了陈独秀等人的右倾机会主义错误。这也为此后召开的由瞿秋白主持的"八七"会议上,确定武装反抗国民党反动派和实行土地革命的总方针,在政治思想上奠定了基础。8月9日,瞿秋白主持召开临时中央政治局第一次会议。从这次会议起,年仅28岁的瞿秋白成为没有总书记名义的"总书记"。他带领中国共产党人在黑暗中高举革命的旗帜,领导整顿和恢复各地遭受严重破坏的党组织,参与决定和指导各个地区的武装起义。经过南昌、秋收、广州等一系列起义和殊死战斗,各地保存下来的一部分革命武装,深入农村,开展游击战争,创建自己的军队红军,实现农村革命的红色"割据",完成了中共党史上第一次伟大的转折,由失败的大革命向土地革命的转折,挽救中共于生死存亡之血泊,勇毅开创新局,探寻革命新路,影响深远,功绩卓越。

1927年9月下旬,中共中央机关陆续从武汉迁回上海,瞿秋白也随着回到上海。他坐镇上海,运筹帷幄,领导和组织全党展开艰苦卓绝的反对新旧军阀斗争。武装斗争,遍布大江南北,红色"割据",犹如秋风扫落叶,极大地震撼了反动

---

① 周永祥编:《瞿秋白年谱》,广东人民出版社1983年版,第60页。
② 同上,第61页。
③ 同上。

统治，也唤起了广大工农群众的革命激情。当时中国革命已转入低潮，瞿秋白却错误地估计革命形势，认为工农运动仍在继续发展，说工农斗争将"暴发而成全国的大暴动"，主张工人阶级应"率领几千万农民武装暴动起来"，显露出"左"倾盲动主义的错误倾向。瞿秋白是党的理论家，也是宣传鼓动家。为了加强党的思想理论建设，他一到上海就领导和决策出版中共机关报，定名《布尔塞维克》，由瞿秋白、罗亦农、邓中夏、王若飞、郑超麟等五人组成中央机关报编辑委员会，他为主任，还为党报题签刊名。瞿秋白每周来编辑部一次，加强对党刊的指导，为了发挥党报的舆论作用，他还经常亲自为党报撰稿。从创刊起直到1928年春他去莫斯科以前，该刊发表的社论，除第十一期《苏维埃政权万岁》为郑超麟所写外，其余都是瞿秋白撰写的，为了加强党的思想建设呕心沥血，尽心尽责，展现出共产党人崇高的使命感。其间，还在全面总结1925年至1927年的中国革命运动的基础上，完成了八万字的《中国革命与共产党》的专著。在书中他明确指出中国革命的性质："不是简单的民权主义革命，主要的是反帝国主义的资产阶级民权主义革命，而以彻底的土地革命为其社会的内容，有确定的生长而成社会主义的趋势。"①瞿秋白向全党明确指出：共产党的革命目标就是要在中国创建工农当家做主的社会主义。同时，他在赴莫斯科出席中共"六大"前夕特地与留守中央的李维汉、任弼时商量，请他们发出中央通告第51号即《军事工作大纲》（1928年5月25日发出），决定把武装起义中产生的工农革命军正式定名为"红军"，讲明红军建设的原则和有关规定，为推进我军建设产生深远的影响。这也是瞿秋白在党中央领导岗位上，透露出具有远见卓识的革命战略发展眼光。

瞿秋白有饱满的革命激情和深厚的马克思主义理论造诣，却缺乏对新形势的正确判断，犯了"左"倾盲动主义的错误。1928年6月18日至7月11日在中共"六大"上，与李立三遭到同志们的批评，导致瞿秋白在党内影响下降。在六届一中全会上，他虽当选为中央政治局委员，但得票少，未进入政治局常委会。"六大"结束后，瞿秋白和张国焘留在莫斯科任中国共产党驻共产国际代表，瞿秋白还兼任中国共产党驻莫斯科代表团团长，历时两年有余，至1930年8月才和周恩来先后回到上海。1931年1月7日，在以米夫为代表的共产国际的支持下，王明等人借口"拥护国际路线""反对立三路线"，突然在上海召开"六届四中"扩

---

① 周永祥编：《瞿秋白年谱》，广东人民出版社1983年版，第77页。

大会议。会议通过了《中共中央六届四中全会决议案》,改组了中央领导机构。四中全会否定了瞿秋白主持的三中全会作出的决议,指责瞿秋白等人犯了"调和路线"的错误,对他们进行"残酷斗争和无情打击",解除瞿秋白、李立三、李维汉的中央政治局委员的职务。瞿秋白也从党的领导者跌落为一介书生。

1945年4月20日中共六届七中全会通过的《关于若干历史问题的决议》指出:六届四中全会"没有任何积极的建设作用,其结果是接受了新的'左'倾路线,使它在中央领导机关内取得胜利,而开始了土地革命战争时期'左'倾路线对党的第三次统治";"六届四中全会及其后的中央,一方面提拔了那些'左'的教条主义和宗派主义的同志到中央的领导地位,另一方面过分地打击了犯立三路线错误的同志,错误地打击了以瞿秋白同志为首的所谓'调和路线错误'的同志"。①

瞿秋白心胸坦荡,不患得患失,品行端正,党性强。在四中全会上,他受到王明等人恶意攻击,也没怨言。会后有人问他:"为什么你对那些无中生有的诬蔑不置一词,不为自己辩解呢?"瞿秋白回答说:"我个人的问题算不得什么,这些都是枝节问题。我倒是担心革命的前途啊!"②他心系的是革命前途,而不是个人荣辱得失,甚至被赶出政治局,失去党中央领导地位之后,瞿秋白也没有怨恨,没有消极,仍然以党的事业为重,忠心耿耿地为党工作。他从1931年夏到1934年1月这两年半期间,在严重白色恐怖威胁下,不顾自己身患凶险肺病,同鲁迅先生一起领导中国革命文化运动,领导左联,取得了反击国民党文化"围剿"的重大胜利。

### 三、与鲁迅并肩作战,领导左翼文艺运动

1931年1月,瞿秋白离开了中共中央领导岗位,觉得卸去千钧重担,得到了某种程度的解脱,但他为共产主义事业的初心和坚定的革命意志丝毫没有动摇和改变。他自觉主动地走上了党的另一条战线——文学战线。这不仅是他觉得合适的工作,也是他一直深爱、眷恋的一项工作。他本来就喜爱文学,早年著有《饿乡纪程》《赤都心史》等散文集,后长年集中精力于政治领导工作,荒废不少。

---

① 毛泽东:《关于若干历史问题的决议》,《毛泽东选集》第3卷,人民出版社1991年版,第963—964页。
② 周永祥编:《瞿秋白年谱》,广东人民出版社1983年版,第89页。

这次他在政治上遭受迫害,又患重病,是祸也是福,有机会重返文学领域,希望由此为革命尽力,为党的文化事业作出贡献。

在过去繁忙岁月的革命政治工作中,文人、革命家瞿秋白也未曾忘怀文学。1927年1月,作家蒋光慈将自己创作的8篇小说汇编成《鸭绿江上》,请瞿秋白修改;同年10月上旬,他从武汉回到上海后,通过郑超麟了解到茅盾小说创作的情况,当时茅盾的《幻灭》《动摇》《追求》已在《小说月报》上发表,瞿秋白颇为关注,还设法约茅盾交流;1930年冬,他在一次会上遇到胡也频(丁玲丈夫,共产党员),就带信给丁玲,表达对她小说创作的关心。这说明瞿秋白即便是在忙碌革命斗争的日子里,也关注着革命文学战线的动态。

瞿秋白离开中共中央领导岗位后,不仅先后与茅盾、冯雪峰、鲁迅等建立了联系,成为左联、革命文学活动的领导核心。1931年4月下旬,茅盾连续两次访问瞿秋白。第二次访问时,茅盾带着《子夜》的写作提纲和写好的前几章。瞿秋白边看边谈,从下午一点,直到傍晚六点钟。瞿秋白向茅盾解释党的政策,哪些是成功的,哪些是失败的,建议茅盾据以修订。晚饭后,瞿秋白突然接到关于党中央某机关遭到敌人破坏,要瞿秋白夫妇立即转移的通知,于是茅盾急忙把瞿秋白夫妇带到愚园路树德里自己家中避难。5月初,时任左联党团书记冯雪峰到茅盾家联系工作,也就有了瞿秋白和冯雪峰的第一次见面。不久,冯雪峰为瞿秋白在上海南市区紫霞路68号谢澹如家租了两间小楼房。谢澹如是冯雪峰的朋友,在钱庄做事,爱好文学,同情革命,他十分谨慎地掩护着瞿秋白的革命活动,保证了瞿秋白夫妇的安全。在这近两年(其间,因"一·二八"事变发生,瞿秋白夫妇同谢家曾一度临时搬到毕勋路即今汾阳路毕兴坊10号,住到5月,又一同迁回紫霞路)中,瞿秋白深居简出。冯雪峰每隔几天就到瞿秋白家去一次,和他谈左联与文学革命运动。鲁迅为瞿秋白提供了俄文材料。瞿秋白就一面养病,一面坚持翻译、著述。后来,由鲁迅为瞿秋白收编为两卷装的《海上述林》,其中大部分都是在这一时期完成的。

瞿秋白和鲁迅建立了深厚的友情。据丁景唐先生说:"瞿秋白同志和鲁迅的接近,是从1931年下半年开始的。在这以前,他们没有见过面。但是,由于革命文艺这个共同战斗的目标,使这两位中国伟大革命战士和文学家在未曾见面之前,就已经成为亲密的战友。这种革命友谊,正如瞿秋白同志在读了鲁迅送给他的刚出版的译作《毁灭》后写给鲁迅的信中所说的:'我们是这样亲密的人,没有见面的时候就这样亲密的人。这种感觉,使我对你说话的时候,和对自己说话一样,和自己商量一样。'"①又据周永祥《瞿秋白年谱》记载:1932年"春末夏初,一个清晨,瞿秋白偕杨之华,由介绍人陪同,来到上海北川公寓(现为四川北路2 099号)三楼,第一次和鲁迅会面"。②两人一见如故。彼此倾心交谈,至晚始别。9月1日上午,鲁迅一家三口也来到瞿秋白夫妇紫霞路上的家做客。此来彼往,日久天长,两家关系愈益密切。其间,白色恐怖愈来愈猖獗,中共组织遭到严重破坏。1932年11月下旬,瞿秋白夫妇接到中共中央特科员发来的警报,必须马上转移。瞿秋白夫妇立即转移到鲁迅家避难,这也是他们第一次在鲁迅家避难。瞿秋白和鲁迅常常促膝长谈,把鲁迅看作最亲密和最可信赖的师友。12月中旬,陈云受党的委托从鲁迅家将他们转移至安全处。此后,瞿秋白夫妇又于1933年2月、6月及7月等到鲁迅家避难。鲁迅一再让瞿秋白夫妇避居在他的家里,瞿秋白心里充满了感激之情。他说:"我是在危难中去他家,他那种亲切与同志式的慰勉,临危不惧的精神,实在感人至深。"③瞿秋白在和鲁迅的交往中,不仅让鲁迅领略和了解到共产党人优良品质和革命宗旨,还与鲁迅合作完成了《萧伯纳在上海》《鲁迅杂感选集》等作品的编辑。瞿秋白为《鲁迅杂感选集》撰写的序,自问世以来就受到中国文学界以至整个文化界、思想界的重视,瞿秋白因而被认为是"以马克思主义观点和方法研究鲁迅的第一人"。④

在白色恐怖日子中,瞿秋白和鲁迅联手开展革命文学的创作活动,写了许多具有指导性、战斗性的论文和杂文。如他写的《大众文艺和反对帝国主义的斗争》《普洛大众文艺现实问题》《中国人权派的真面目》等,以马克思主义观点为指导,开展文艺批评运动,热切地倡导大众文艺,把左翼文化运动推向新高潮和新发展。1931年11月,左联执行委员会开会,通过了冯雪峰起草、瞿秋白修改定稿的《中国无产阶级革命文学的新任务》决议。这个决议指出左联是中国革命文学的基本队伍,要担负起引领中国革命文学潮流的历史使命,必须克服右和"左"两种倾向,尤其反对"左"倾空谈,而从文艺大众化、创作、理论斗争与批评等方面规定具体的新任务,要"从文学的思想领域完成中国工农苏维埃革命所要求的"

---

① 丁景唐:《学习鲁迅和瞿秋白作品的札记》,上海文艺出版社1961年版,第13页。
② 周永祥编:《瞿秋白年谱》,广东人民出版社1983年版,第100—101页。
③ 唐天然、张傲卉:《送秋白同志到鲁迅家避难——记黄玠然同志的一段回忆》,《光明日报》1980年5月3日。
④ 王铁仙、刘福勤主编:《瞿秋白传》,人民出版社2011年版,第356页。

这些"任务";在大众化问题上,提出以"容易为工农大众所接受为原则",要使用工农大众的语言;把"创作问题"提到"十分重要的地位",强调不应"忽视作品",注重"中国现实社会生活中广大的题材",在创作的题材、方法、形式三个方面分别提出要求;要求研究马克思主义,研究一切伟大的文学遗产,研究国际无产阶级的文学创作和批评;思想方法和创作方法,要反对"观念论,机械论,主观论,浪漫主义,粉饰主义,假的客观主义,标语口号主义"等。[①] 这个决议明确了左联作家从事革命文学的使命和任务,确认作家主要职责是创作,并就此对各个环节提出具体意见。茅盾认为:"这个决议在'左联'历史上有十分重要的作用,他标志着一个旧阶段的结束和一个新阶段的开始。可以说,从'左联'成立到一九三一年十一月是'左联'的前期,也是它从左倾错误路线影响下逐渐摆脱出来的阶段;从一九三一年十一月起是'左联'的成熟期,他已基本上摆脱了'左'的桎梏,开始了蓬勃发展、四面出击的阶段。促成这个转变的,应该给瞿秋白记头功。"[②]左翼文艺运动有了瞿秋白的领导,逐渐摆脱困境,走出低谷,进入蓬勃发展时期,后成员发展到约400人,除上海外,在北平、天津、保定、青岛、广州等地及东京也先后建立组织,与社联、剧联、美联、教联及电影、音乐小组等左翼文化团体,形成一支左翼文化大军,开创了当时中国文化界新格局和新面貌,对此后的中国文化史进程也产生了深远而广泛的影响。

1934年1月,35岁的瞿秋白告别上海,赴江西瑞金中央苏区从事领导工作。这也标志着他在上海的党和革命活动画上了一个圆满的句号!

(作者单位 上海市历史学会)

---

[①] 马良春、张大明:《三十年代左翼文艺资料选编》,四川人民出版社1980年版,第180—182页。
[②] 茅盾:《我走过的道路》中册,人民文学出版社1984年版,第87页。

# 中共"一大"会议闭幕日期研究述论

李云波

2021年7月,中国共产党将迎来建党100周年,中共创建史的研究亦应有所突破。"一大"会议闭幕时间问题是长期以来该研究领域亟须解决的重大议题,以往学者通过反复考证,已得出1921年7月31日说、8月1日说、8月2日说、8月3日说、8月5日说等五种主要观点。对该研究现状进行梳理分析,明确今后的研究方向,对推进中共创建史的研究具有重要学术价值和现实意义。

## 一、史料溯源

史料的发掘与储备无疑是解决中共"一大"闭幕时间问题的最关键一环,正如梁启超先生所言,"史料为史之组织细胞,史料不具或不确,则无复史之可言"①,以往的研究也表明,新的观点和学术争鸣与新史料的发现往往是同步的。

根据乌云毕力格教授提出的史料分类法,可将其分为"遗留性史料"和"记叙性史料"。"遗留性史料"是指"原属过去历史事物的一部分而遗留至今的、从其最初形成就不以讲授历史为目的,而是因别的目的或原因形成的、给人们无意中提供可靠的历史信息和知识的那些史料",如档案文献等。"记述性史料"指"专门以给世人讲授历史为目的,由一个或若干个有明确目的的作者(编者)创作的文献。它们是对历史的记述,其中贯穿着作者的目的、立场、观点、感情以及编撰

---

① 梁启超:《中国历史研究法》,中华书局1944年版,第36页。

水平等众多的主观和客观因素",如自传、回忆录以及报纸杂志的报道等。①

根据这一分类,可将关于中共"一大"闭幕日期的研究史料分为三部分:档案文献、回忆口述、报刊报道。其详细情况参见下表所示:

**表1 中共"一大"闭幕日期的史料分类**

| 史料类别 | 数量 | 日期 | 来源 | 主题 |
|---|---|---|---|---|
| 档案文献 | 2 | 1921年10月13日 | 驻赤塔赤色职工国际代表 Ю. Д. 斯穆尔吉斯 | 《驻赤塔赤色职工国际代表 Ю. Д. 斯穆尔吉斯的信件》② |
| | | 1921年下半年 | 中共驻共产国际代表团档案 | 俄文稿《中国共产党第一次代表大会》③ |
| 回忆口述 | 13 | 1921年八九月间 | 陈公博(时年29岁) | 《十日旅行中的春申浦》④ |
| | | 1924年 | 陈公博(时年32岁) | 《共产主义运动在中国》⑤ |
| | | 1943年 | 陈公博(时年51岁) | 《寒风集甲篇》⑥中"我与共产党"一节 |
| | | 1927年 | 周佛海(时年30岁) | 《逃出了赤都武汉》⑦ |
| | | 1942年 | 周佛海(时年45岁) | 《往矣集》⑧中"扶桑笈影溯当年"一节 |

---

① 乌云毕力格:《史料的二分法及其意义——以所谓的"赵城之战"的相关史料为例》,《清史研究》2002年第1期。
② 按照国际工会联合会(从1921年7月起称赤色职工国际)在1920年11月通过决议,责成工会驻赤塔代表 Ю. Д. 斯穆尔吉斯在该城建立国际工会联合会远东书记处。原载苏联《亚非人民》1972年第6期。参见中共中央党史研究室第一研究部编:《共产国际、联共(布)与中国革命文献资料选辑》第1卷,北京图书馆出版社1997年版,第219—222页。
③ 本文译自中共驻共产国际代表团档案的俄文稿。原文没有署名,也没有标明时间。最早于1972年为苏联学者科瓦廖夫公开。根据内容判断,作者为参加中共"一大"的代表,成文时间当在1921年下半年。参见中共中央文献研究室、中央档案馆编:《建党以来重要文献选编》第1册,中央文献出版社2011年版,第21—24页。
④ 陈公博:《十日旅行中的春申浦》,1921年八九月间。原载《新青年》1921年第9卷第3号,署名公博。
⑤ 陈公博著,韦慕庭编,中国社会科学院近代史研究所翻译室译:《共产主义运动在中国》,中国社会科学出版社1982年版。《共产主义运动在中国》(1924年1月31日)为陈公博在纽约哥伦比亚大学所作硕士论文,曾被长期收藏在哥伦比亚图书馆,1960年为该校中国史教授韦慕庭发现并整理出版。
⑥ 参见陈公博:《寒风集甲篇》,上海书店1989年版(据上海地方行政社1945年版影印),第191—267页。
⑦ 周佛海:《逃出了赤都武汉》,1927年5月18日。参见中华民国史事纪要编辑委员会编:《中华民国史事纪要(初稿)1927年5月》,1974年版,第975—977页。
⑧ 摘自周佛海《往矣集》中"扶桑笈影溯当年",参见周佛海:《往矣集》,上海平报社1942年版。

续 表

| 史料类别 | 数量 | 日　期 | 来　源 | 主　题 |
|---|---|---|---|---|
| 回忆口述 | 13 | 1929年12月31日 | 董必武(时年43岁) | 《董必武给何叔衡的信》① |
| | | 1971年8月4日 | 董必武(时年85岁) | 《董必武谈中国共产党第一次全国代表大会和湖北共产主义小组》② |
| | | 1936年 | 陈潭秋(时年40岁) | 《第一次代表大会的回忆》③ |
| | | 1953年八九月 | 包惠僧(时年59岁) | 《共产党第一次全国代表会议前后的回忆》④ |
| | | 1971年 | 张国焘(时年74岁) | 《我的回忆》⑤中"中国共产党第一次全国代表大会"一节 |
| | | 1959年3月31日 | 王会悟(时年61岁) | 《"一大"在南湖开会的情况》⑥ |
| | | 1920年代 | 苏联C.A.达林 | 《中国回忆录1921—1927》⑦(1921年是伊尔库茨克的共产国际远东书记处成员) |
| | | 1959年 | 萧瑜(肖旭东)(时年65岁) | 《我和毛泽东的一段曲折经历》(原名《毛泽东和我都是穷人》)⑧ |

---

① 《董必武给何叔衡的信》,《党史研究资料》1980年第13期,第2—3页。
② 中国社会科学院现代史研究室、中国革命博物馆党史研究室选编:"一大"前后——中国共产党第一次全国代表大会前后资料选编》(二),人民出版社1980年版,第365—371页。
③ 同上,第285—291页。
④ 同上,第303—321页。
⑤ 张国焘:《我的回忆》,明报月刊出版社1974年版,第133—148页。
⑥ 中共中央党史研究室、中央档案馆编:《中国共产党第一次全国代表大会档案文献选编》,中共党史出版社2015年版。另,1983年11月12日(时年85岁)王会悟复函王国荣(复函原件存上海社会科学院马列主义研究所),1984年八九月间(时年86岁)两次答肖甡、胡庆云(谈话记录存肖甡处),1985年1月18日下午4时许(时年87岁)托其女儿李心怡电复周子信,及1985年7月1日前夕(时年87岁)答复蒋曙晨,均持之前"隔了两日"说。参见周子信:《党的一大闭幕日期是八月二日》,《教学与研究》1986年第3期;蒋曙晨:《"一大"情景回顾——王会悟谈筹备"一大"的有关情况》,《瞭望》1985年第26期。此外,1981年邵维正曾三次采访王会悟(时年83岁),据其所称"她当时说得很不肯定,说象是隔了一天,又说象是隔了两天"。参见邵维正《新民主主义革命初期历史上的几个问题》,见上海大学文学院历史系中国近现代史教研室编:《中国革命史现代史专题报告集》,内部资料1986年版,第100页。
⑦ [苏]C.A.达林:《中国回忆录1921—1927》,中国社会科学出版社1981年版,第27页。
⑧ 萧瑜著,陈重等编译:《我和毛泽东的一段曲折经历》(原名《毛泽东和我都是穷人》),昆仑出版社1989年版,第167—168页。

续 表

| 史料类别 | 数量 | 日 期 | 来 源 | 主 题 |
|---|---|---|---|---|
| 报刊报道 | 7 | 1921年7月31日 | 《民国日报》第10版"本埠新闻"栏 | 《法租界取缔集会新章》① |
| | | 1921年8月1、3、5日 | 《申报》第16版、第17版、第17版 | 《沪杭甬路沪杭线行车时刻表》② |
| | | 1921年8月3日 | 《申报》第12版"地方通信"栏"嘉兴"板块 | 《狂风中之损失》③ |
| | | 1921年8月3日 | 《申报》第14版"本埠新闻"栏 | 《大风雨吹倒路亭及电杆》④ |
| | | 1921年8月4日 | 《申报》第11版"地方通信"栏"嘉兴"板块 | 《丝厂房屋倒塌》⑤ |
| | | 1921年8月4日 | 《申报》第14版"本埠新闻"栏 | 《沪杭路嘉兴等站遭风之损失》⑥ |
| | | 1921年8月8日 | 《申报》第12版"地方通信"栏"嘉兴"板块 | 《早稻已成旱灾》⑦ |

以上所述中共"一大"闭幕日期的相关研究史料,总体呈现出少而不详的突出特点。其中"遗留性史料"——档案文献少之又少;与之相比,"记叙性史料"——回忆口述则稍显丰富;除此之外,还有部分的报刊文献。囿于档案资料的匮乏,研究者以往更多地依靠回忆录来考证该问题。回忆录是开展史学研究的重要史料支撑,然而因其回忆者所持情感立场的差别及随着时间推移所造成的记忆准确程度的不同,其回忆内容往往亟待商证且不能单独作为论证研究的关键依据。报刊文献为历史研究的深入提供了重要佐证,乌云毕力格教授将其

---

① 《法租界取缔集会新章》,《民国日报》1921年7月31日,第10版。
② 《沪杭甬路沪杭线行车时刻表》,《申报》1921年8月1日,第16版。
③ 《狂风中之损失》,《申报》1921年8月3日,第12版。
④ 《大风雨吹倒路亭及电杆》,《申报》1921年8月3日,第14版。
⑤ 《丝厂房屋倒塌》,《申报》1921年8月4日,第11版。
⑥ 《沪杭路嘉兴等站遭风之损失》,《申报》1921年8月4日,第14版。
⑦ 《早稻已成旱灾》,《申报》1921年8月8日,第12版。

归类为"记叙性史料",然则,就此处所涉及报载内容而言,其记叙只是对当时火车信息或客观天气的寻常报道,并非对"一大"会议事件的专门论述,亦非有意为后人留下研究"一大"闭幕日期的确切参考,因此其又不同于一般意义上的"遗留性史料",其利用价值应该得到足够重视。正是基于以上的史料特点,史学界关于中共"一大"闭幕日期的研究至今仍颇多分歧,争论不休。

## 二、观点铺陈及论证分析

囿于中共建党时期留下的文字记载并不多,学界依据有限的史料已形成1921年7月31日说、8月1日说、8月2日说、8月3日说、8月5日说五种主要观点。20世纪八九十年代7月31日说最先提出,其后8月1日说、2日说、3日说、5日说相继有学者加以论证,并逐渐成为几种主要的研究趋向。同时期俄罗斯学者则向来坚持8月5日说。21世纪以来,随着党的历次周年纪念活动的举办及"一大"闭幕日期重要性的日益凸显,不断有学者就以上五种观点作出更为细致的考究,然而至今仍未形成共识。除此之外,中共中央党史研究室著《中国共产党历史·第1卷(1921—1949)》则将其笼统表述为"代表们分批转移到浙江嘉兴南湖,在一艘游船上召开了最后一天的会议",另加以注释"目前史学界对党的'一大'闭幕日期有7月30日、7月31日、8月1日、8月2日、8月5日等几种不同的说法"。① 实际这一表述是不准确的,其中7月30日说早已被学界否定,3日说则越来越成为研究的焦点。综合以上研究现状,依据其论证依据及论证逻辑的不同,现将各观点整体研究概况作如下梳理及分析。

(一) 7月31日说的研究状况

1. 论据

(1) 董必武回忆"第二天会议就改在嘉兴南湖继续开"。

(2) 包惠僧回忆"次日早车我们都到了嘉兴南湖"。

(3) 周佛海先后回忆"第二天到了南湖""到了第二天。三三两两的到北站上车,我也抱病前往"。

---

① 中共中央党史研究室:《中国共产党历史·第一卷(1921—1949)》,中共党史出版社2011年版,第68页。

2. 论证

（1）因"一大"会场闯入事件,代表们均希望最后一次会议抓紧进行。

（2）第二天到南湖开会从时间上看来得及,10时左右巡捕离开,12时商议南湖会议,次日分两班前往南湖。①

3. 存疑

（1）相关论据大都是"一大"结束几十年后的回忆,其准确性值得怀疑。

（2）从会前各代表的住宿安排及事发当晚相关代表的回忆来看,30日晚事发后各代表四散各处,共分居于望志路"一大"会址、白尔路博文女校、环龙路老渔阳里2号李达住处、南京路大东旅社、某省会馆或某处旅馆等处。② 从30日夜12点开会商讨对策,到决定后让王会悟去北站了解班次,然后再分头派人通知,第二天又赶早班车,那么当晚是不会有睡眠时间的,③但包惠僧回忆"当夜,我还是回到博文女校睡觉,博文女校倒是平安无事"。

（3）30日夜陈公博等人曾被盯梢,张国焘亦回忆当时"不便立即与仍在被监视中的李汉俊接触",因此囿于安全问题当晚不可能再去通知李汉俊开会事宜。

（4）马林作为一位负有高度责任和具有丰富地下斗争经验的国际代表,为安全考虑,他是不会同意次日白天接着开会的。④

（5）根据法租界7月31日取缔界内团体集会的新规定⑤可知,其极有可能是针对党的"一大"的,时间是"一大"会场被闯入的第二天,地点是法租界,通知的对象是租界的中国团体,从而从一个侧面验证了7月31日不是"一大"的闭幕日期。⑥

（6）陈公博的回忆"还是睡罢,到了九时,有一个茶房跑进来,说你们隔壁房

---

① 邵维正：《中国共产党第一次全国代表大会召开日期和出席人数的考证》,《中国社会科学》1980年第1期。
② 王国荣：《中共"一大"结束日期新探》,《浙江学刊》1984年第3期；沈剑勇：《也谈中共"一大"会议闭幕日期问题》,见中共"一大"会址纪念馆、上海革命历史博物馆筹备处编：《上海革命史资料与研究》第11辑,上海古籍出版社2011年版。
③ 沈海波：《中共"一大"8月1日闭幕考》,《上海党史》1990年第7期。
④ 程金蛟：《中共"一大"闭幕于8月3日》,《甘肃社会科学》2004年第6期。
⑤ 1921年7月31日《民国日报》第10版"本埠新闻"栏载《法租界取缔集会新章》一文："法总巡费沃礼君,昨特令中西探目派探分赴界内各团体知照,谓捕房订定于八月一日（即明日）起,如有开会集议,须在四十八小时前报告,一俟总巡核准,方许开会。如有私自秘密集议不将会议理由预先报告者,捕房查悉后,即照违章论,务请公堂讯究之。"
⑥ 邵维正《中国共产党第一次全国代表大会召开日期和出席人数的考证》,《中国社会科学》1980年第1期；刘鹏程：《再探中共"一大"闭幕日期》,《甘肃社会科学》2005年第4期。

间有一个女子被人谋杀了"与包惠僧的回忆"次日黎明,我们都到了火车站,只有陈公博没有去"相矛盾。

(7)张国焘曾回忆自己和李达夫妇于31日上午去找过陈公博,而陈公博的回忆亦表明该日上午确与李达夫妇会过面,而且当时代表们仍未确定继续开会的时间和地点。此后直至31日夜陈乘车赴杭时,仍未收到代表们的续会通知。另张国焘回忆"代表中只有陈公博未来,他早一天(31日)坦率的向我和李达表示请假不出席",也进一步证明了31日不可能开会。①

(8)根据当时的列车时刻②来看,如果到嘉兴并且当天举行会议,代表们只能坐第一趟早班车,这需要提前计划才能成行,毕竟这是一次群体行动。然而当时对于遭遇突发情况并缺乏地下斗争经验的代表们来说没有一二天的时间是无法定夺开会事宜的。③

(二)8月1日说的研究状况

1. 论据

(1)董必武回忆"隔了一日,我们到嘉兴东湖船上,将会开完"。

(2)张国焘回忆"决定第二天停会,……乃于第二天清早到公共租界大东旅馆去看陈公博,……我也通知各代表明早搭车前往""大约是七月卅日清晨[我所能记忆的日期,可能有一天的出入]……代表中只有陈公博未来,他早一天坦率的向我和李达表示请假不出席,……大家仍然兴高采烈地继续工作,并笑陈公博是个弱不禁风的花花公子"。

(3)王会悟回忆"这天是阴天,不大有太阳"。陈潭秋回忆"那天早上是阴天,……但在十点半钟时,下起小雨来了"。周佛海回忆"我们把船开到湖中,忽然大雨滂沱"。

2. 论证

(1)张国焘作为"一大"的组织者和主持者,其说法应当受到重视。从7月

---

① 沈海波:《中共"一大"8月1日闭幕考》,《上海党史》1990年第7期。
② 1921年8月1日《申报》第16版、8月3日《申报》第17版、8月5日《申报》第17版所载《沪杭甬路沪杭线行车时刻表》显示,该几日从上海北站发车到嘉兴站的列车时刻分别为:快车7:35—10:25,慢车9:00—12:30,四等客货车10:00—14:35,特别快车14:50—17:22,沪禾区间车15:50—19:20,夜快车19:15—21:50。从嘉兴站到上海北站的列车时刻分别为:禾沪区间车7:15—11:00,快车9:28—12:05,慢车11:22—14:35,四等客货车14:10—17:55,特别快车16:30—18:50,特快车20:15—22:45。
③ 陈伟平:《关于中共一大会议闭幕日期的再论证》,《浙江记忆》2013年第3期。

23日到8月1日正好是10天,与张国焘回忆7月1日开幕到10日续会的说法吻合。

(2) 张国焘回忆陈公博早一天"请假不出席",其他代表笑言他"是个弱不禁风的花花公子",证明南湖会议的决定是在陈公博走之时一锤定音的,① 当天做些准备,第二天续会。另据陈公博游杭行程"一日游山,二日游水,三日回沪"及回沪后被告知"一大"已闭幕的回忆,南湖续会只能是3日之前,而进一步结合《申报》中1日天气状况及代表们回忆有雨的记载,开会日期只能是8月1日。②

(3)《申报》8月8日记载"刻下天久不雨,烈日当空……加之本月一号狂风大作……乡间早稻灾象已成",说明嘉兴自7月份至8月8日间一直酷热无雨。而《申报》此前几日的报道说明只有1日这天有雨,也就是"一大"代表回忆有雨的这天。③

(4) 根据李玉贞《中共"一大"文献辨析二题》中对俄文本原始资料《中国共产党的第一个纲领》(1921)和《中国共产党的第一个决议》的研究可知,"一大"期间并没有最终通过正式的党纲、党章、决议,也没有发表宣言。当时由于时间紧、议题复杂繁多,很多问题不得不暂时搁置,最后形成的文件至多是个草案或者汇报材料。据此可知,各代表关于南湖会议开始及结束时间的回忆,只有李达"从上午10时半起至下午4时半举行"的时间记忆才是准确的。当日尽快结束会议后代表们乘特快列车(4点半开往上海6点50分到)回沪。因为没有遭遇5时许的台风,所以在回忆中没有提及,但提到了台风的前奏——下雨。④ 而《申报》报道中称"(嘉兴)各站损坏之电话线电杆,现经工程处立派工匠人等分投勘修,一时尚难恢复原状,而最关重要之电话,至昨夜(3日)仍未修复"也印证了这一点。⑤

3. 存疑

(1) 各代表相关回忆的准确性值得怀疑。例如张国焘的回忆即与其他代表

---

① 沈剑勇:《也谈中共"一大"会议闭幕日期问题》,见中共"一大"会址纪念馆、上海革命历史博物馆筹备处编:《上海革命史资料与研究》第11辑,上海古籍出版社2011年版。
② 刘鹏程:《再探中共"一大"闭幕日期》,《甘肃社会科学》2005年第4期。
③ 沈剑勇:《也谈中共"一大"会议闭幕日期问题》,见中共"一大"会址纪念馆、上海革命历史博物馆筹备处编:《上海革命史资料与研究》第11辑,上海古籍出版社2011年版。
④ 沈建中:《中共一大8月1日闭幕新考》,《上海党史与党建》2013年8月号。
⑤ 刘鹏程:《再探中共"一大"闭幕日期》,《甘肃社会科学》2005年第4期。

的回忆出入甚大①,董必武甚至出现了前后两种不同的回忆(另一种说法为"第二天会议就改在嘉兴南湖继续开")。

(2)王会悟多次坚持"隔了两日"说。她作为大会最直接的具体安排者,又非大会代表,不用考虑会议讨论的内容,因此对该事情的记忆应更可靠。②

(3)如果李达、张国焘等已于7月31日决定8月1日续会,他们是不可能允许陈公博游杭州的,毕竟他是受陈独秀委托来开会,绝不可能错过最重要的闭幕会。即使续会决定是在陈公博请假后才做出的,李达等也完全能够在陈晚上9点离沪前通知到他。显然,陈公博是在会期不定的情况下赴杭州的。③

(4)《申报》记载的1日下午5时许狂风袭击嘉兴一事,其他代表的回忆中均未提及。王会悟回忆:"约五点钟左右,湖中游船已有五只了,并有一只小汽艇……到这时候,到处留声机唱京戏,湖中已热闹非常,到六点多钟,我们就离开了南湖准备回上海了。"张国焘回忆:"当我们离开这只画艇时,湖面上已是暮霭沉沉,渔火点点。大家赶上晚车回到上海,已是午夜了。"包惠僧回忆:"约在下午6时太阳还没有下山,我们的会结束了,当即乘车回沪,到达上海时间虽不很晚,已是灯火万家了。"这些回忆与5至6时狂风大作的记载不符。此外,南湖会议的议题繁多、议程紧,会议开始时又已近中午,在已知嘉兴回上海的夜快车是20点15分且又议程紧凑的情况下,绝不可能提前四五个钟头草草结束会议而上岸枯等火车,因此会议不可能在5点狂风到来之前闭会。④

(5)陈潭秋等关于天气阴雨的说法,只能说明会议召开的上午下过雨,但与8月1日下午5时许的狂风完全是两回事。⑤《申报》报道不是天气预报,它不会也不能对嘉兴天气进行即时播报;根据嘉兴方志,本地夏秋季节风雨交加是常见的天气现象。因而不能把有雨作为检验"一大"闭幕日的唯一标准。⑥

(6)假设"一大"在8月1日闭幕,第二天即8月2日,毛泽东和萧瑜有杭州之行。根据萧瑜的描写,"湖边的房舍,道路和公园构成一幅难以形容的美丽图

---

① 周子信:《党的一大闭幕日期是八月二日》,《教学与研究》1986年第3期。
② 程金蛟:《中共"一大"闭幕于8月3日》,《甘肃社会科学》2004年第6期。
③ 程金蛟:《中共"一大"不可能8月1日闭幕——答刘鹏程先生》,《天中学刊》2007年第6期。
④ 王相箴:《中共"一大"闭幕日期考订》,《党的文献》2001年第1期。
⑤ 程金蛟:《中共"一大"不可能8月1日闭幕——答刘鹏程先生》,《天中学刊》2007年第6期。
⑥ 丁进:《中共一大闭幕于8月3日考》,见中国共产党创建史研究中心编:《中共创建史研究》第2辑,上海人民出版社2017年版。

画",其游览线路大致是在西湖湖滨。而根据陈公博自述的游杭行程,8月2日这一天其游览线路(游三潭印月、高庄、刘庄、平湖秋月、公园、孤山、放鹤亭、西泠印社等13处),大致也是在西湖湖滨。那么毛泽东和陈公博在杭州的邂逅概率就非常高,毛泽东就曾经和刘仁静、高君宇在西湖相逢,但陈公博的回忆中并未述及此事。因此说明"一大"并非在8月1日闭幕。①

(三) 8月2日说的研究状况

1. 论据

(1) 王会悟回忆"两天以后才决定到嘉兴南湖船上去开",此后亦多次坚持"隔了两日"说。

(2) 陈公博回忆"我们打算一日游山,二日游水,三日回沪,四日附轮回广州。是夜抵杭,住在湖滨旅馆。……回上海第二日我们便附新宁轮船归粤,途中遇着飓风,在厦门湾泊了三天","归来上海之后,佛海来找我,才知道最后大会已经在嘉兴的南湖船上开过,会议算至结束"。

2. 论证

(1) 王会悟作为建议、安排"南湖续会"的当事人,而且当时并未参与"一大"会议内容的具体讨论,这使她对"一大"的某些细节,包括上海最后一次会议与"南湖续会"之间的相隔天数,保持较为详尽、清晰的印象,其回忆是可信的。②

(2) 根据相关回忆,当时各代表大都希望尽早结束会议。在当时复杂的形势下,8月1日作出"南湖续会"的决定,2日顺利结束"一大",应是最快的速度了。③

(3) 代表们当时分两批到达嘉兴,早班车7点35分发车,到嘉兴是10点25分;第二趟则是慢车,9点发车,12点30分到嘉兴;10点25分到12点30分中间只相隔2小时。虽然那时嘉兴城市不大,但从火车站到市中心的"鸳湖旅馆",需要先徒步至东门宣公桥,翻越宣公桥后才能乘黄包车进市区。王会悟在两小时中既要预订旅馆和游船,还要返回火车站迎候下一班次的其他代表,时间上计算

---

① 丁进:《中共一大闭幕于8月3日考》,见中国共产党创建史研究中心编:《中共创建史研究》第2辑,上海人民出版社2017年版。
② 王国荣:《中共"一大"结束日期新探》,《浙江学刊》1984年第3期;周子信:《党的一大闭幕日期是八月二日》,《教学与研究》1986年第3期。
③ 王国荣:《中共"一大"结束日期新探》,《浙江学刊》1984年第3期。

几乎没有可能。此外当时的轮船码头在嘉兴城北荷花堤。代表们后来从城东狮子汇渡口上船,意味着王会悟必须事先与船主商量好将船提前从荷花堤开到狮子汇渡口等候。如果代表们为同一天到达,王会悟根本就无法在如此短的时间内完成这些任务。假设就算王会悟马不停蹄地将这一切安排妥当,12 点 30 分才到达嘉兴火车站的其他代表又怎能在如此仓促的情况下召开南湖会议? 此外这一假设与"一大"代表回忆南湖会议在上午 11 点左右开始下午 6 时左右结束的史实严重不符。因此,真实的情况应该是前一天(8 月 1 日)王会悟和部分代表先行到达嘉兴并将会议安排妥当,第二天剩余代表们到达嘉兴。①

(4) 陈公博回忆"回上海第二日我们便附新宁轮船归粤,途中遇着飓风,在厦门湾泊了三天",经查证,1921 年 8 月 4 日《申报》中载有一则当日的船期消息,其中所列"今日午刻出口之船",第一艘就是太古公司的新宁轮,目的地是厦门、香港、广州。陈公博在船上待了个把星期,断不会把船名记错,报上发布的开船消息也绝不会有误。因此陈确实是 3 日回沪,而后被告知已开过南湖会议,从而证明南湖会议只能是在 1 日之后 3 日之前,即 2 日召开。②

3. 存疑

(1) 1981 年邵维正曾三次采访王会悟,据其称"她当时说得很不肯定,说象是隔了一天,又说象是隔了两天。我也访问过包惠僧和刘仁静,他们回忆说第二天就去南湖"。王会悟此说证据不够充分。

(2) 8 月 1 日风灾袭击嘉兴,南湖船翻人死,此后两天一直在善后,王会悟来租船不可能不闻其事,能否租到船亦是疑问。嘉兴满目灾情而与会诸人皆未提及,说明 8 月 2 日不可能开会。③

(3) 南湖会议这一天,第一批代表到达嘉兴的时间是 10 点 25 分,第二批代表到达嘉兴的时间是 12 点 30 分,中间相隔两小时。经(学者丁进)实地寻访,其中从嘉兴火车站到张家弄鸳湖旅馆旧址(现为人民剧院,勤俭路 76 号)步行约 15 分钟,坐三轮车仅仅 6 分钟;从嘉兴火车站到南湖老码头旧址,步行约 18 分钟,坐三轮车仅仅六七分钟。其中尽管有多年来城市变迁的因素,但嘉兴老城的变化并不大。因此,王会悟在两小时内完成预定旅馆和游船的工作同时返回火

---

① 陈伟平:《关于中共一大会议闭幕日期的再论证》,《浙江记忆》2013 年第 3 期。
② 王相箴:《中共"一大"闭幕日期考订》,《党的文献》2001 年第 1 期。
③ 苏东海:《中共"一大"闭幕日期外证一则》,《党史研究资料》1986 年第 10 期。

车站迎候下一车次代表,时间绰绰有余,不需要提前一天来嘉兴布置会务。①

(四) 8月3日说的研究状况

1. 论据

尚未有直接的证据。

2. 论证

(1) 根据陈公博游杭州的记载推知,陈公博回上海应是8月3日或4日(2日回上海的可能性有,但很小),因此南湖会议应是2或3日结束。而王会悟"两天以后才决定到嘉兴南湖船上去开"的记忆,其中"两天以后"应是指8月2日,即本日作出决定,3日赴南湖开会。②

(2) 有学者考证,陈公博是在8月2日夜晚坐夜快车回上海的,到沪时间是22点45分。如果是8月2日这天6点多钟南湖会议闭幕,那么根据当时的列车时刻,代表们只能乘晚20点15分的夜快车回沪,即和陈公博同一班车。试想以当年车次不多乘客也少的情况下,他们必将有3个多小时的车程和进出站时间可能邂逅陈公博,但事实上没有一个人提及此事,特别是会后曾经和陈公博见面并告知其"一大"闭幕消息的周佛海。所以"一大"闭幕日期只能是在8月3日。③

3. 存疑

尚未有研究者直接予以回应。

(五) 8月5日说的研究状况

1. 论据

(1) 驻赤塔赤色职工国际代表 Ю. Д.斯穆尔吉斯的信件提到"从七月二十三日到八月五日,在上海举行了中国共产党的代表大会"。

(2) 1921年下半年中共驻共产国际代表团档案的俄文稿《中国共产党第一

---

① 丁进:《再论中共一大的闭幕日期》,《浙江档案》2015年第3期。
② 程金蛟:《中共"一大"闭幕于8月3日》,《甘肃社会科学》2004年第6期;丁进:《中共"一大"闭幕日期研究》,见中共浙江省委党史研究室编:《中国共产党的创建暨红船精神学术研讨会论文集》,中共党史出版社2013年版。
③ 丁进:《中共"一大"闭幕日期研究》,见中共浙江省委党史研究室编:《中国共产党的创建暨红船精神学术研讨会论文集》,中共党史出版社2013年版。

次代表大会》:"……直到七月二十三日才到达上海,于是代表大会开幕了。……根据尼柯尔斯基同志的建议,我们决定打电报给伊尔库茨克,向他们报告代表大会的进程。"

(3)陈公博的回忆:"中国共产党第一次全国代表大会于1921年7月20日在上海召开。……这次大会持续了两周。"

2. 论证

(1)斯穆尔吉斯的信件是目前为止唯一的明确证据,且与中共驻共产国际代表团档案相印证。显然比回忆录更具说服力。①

(2)陈公博把实际开会的日期误认为7月20日,按两周计算,以此推算到的日期是8月2日。实际召开的准确日期则是7月23日,如按这个日期计算,"一大"结束日期恰好为8月5日。

(3)7月30日晚的搜查行动只是法租界警方有计划的持续行动的一部分。后来南湖游船上采取的一系列防范措施说明,如果没有因准备续会事宜而"连续多日"与警察密探们打交道的经验,代表们是不可能保持这种高度而持久的警惕性的。②

(4)萧瑜回忆中所涉及的相关情节是合情合理的(假如非毛泽东直接告知,萧瑜不可能到上海后直赴法租界环龙路,不可能知道博文女校正在放假、警察搜查会场、代表四散各处并受到警察跟踪等情况;他对于和毛泽东第二天早晨7点多乘车赴嘉兴及下车后入住旅馆整个过程的描述,也符合其他代表的回忆),这说明他对会议中断了几日的说法是可信的。③

3. 存疑

(1)该信件之材料来源不明,可靠性值得怀疑。代表们7月30日被迫停会后,希望尽早复会,不可能五天之久既不与马林联系,又不积极设法复会而无所作为、坐耗时日。并且尽管"一大"的当事者对7月30日会场被闯到南湖会议之间相隔时间的说法不同,但均认为在一二天,5日说与当事者的回忆不能吻合。④

(2)据陈公博的回忆推知,其8月2日傍晚游杭回沪,8月4日乘轮回广州。

---

① 曾长秋:《中国共产党成立时期若干史实新证》,《武陵学刊》1997年第5期;曾长秋:《对中共一大目前尚有争议的几个问题的考证》,《孝感学院学报》2001年第1期。
② 杨德勇:《中共一大8月5日闭幕商证》,《安徽理工大学学报(社会科学版)》2010年第2期。
③ 同上。
④ 沈海波:《中共"一大"8月1日闭幕考》,《上海党史》1990年第7期。

而他是在游杭回沪后(即3日)从周佛海处得知"一大"闭幕消息的,"一大"闭幕不可能晚于8月3日。① 此外,如果南湖会议于8月5日召开,代表们不可能不通知已回沪的陈公博参加最后一天的会议。②

(3) 包惠僧回忆,代表们由嘉兴返上海后,"张国焘、李达、周佛海、包惠僧、刘仁静留在上海部署中央的工作"。此后,他们一定会向马林、尼克尔斯基汇报"一大"会议及中央局会议的情况。而斯穆尔基斯的材料来自尼克尔斯基,二人很可能将"一大"闭会时间和选出的中央局成员在上海开会的时间混在一起了,所以5日闭幕说大概由此而来。③

综上所述,学界关于"一大"闭幕日期的看法存在较大差异,其根本原因即在于史料的稀缺单一和难于考证,无法形成完整严谨的证据链。囿于此,各论者在选择史料、解读史料以及由此展开的逻辑推理上就存在很大自主发挥的余地,也因此每一种观点往往都立论不充分,而存疑之处却相对较多。当然,经过长期的研究,学界在某些问题上亦越来越趋于共识,如:多数学者都认为单单依靠回忆录并不能作为确定"一大"闭幕日期的关键依据;列车时刻及天气因素等应成为此后取证分析的重点;五种观点中1日说、2日说、3日说逐渐占据主流;等等。因此,如何进一步开展史料的考证、研究工作并逐步扩大在某些关键问题上的共识,是今后须继续努力的方向。

## 三、回归史料原点,突破"一大"闭幕日期的研究

就目前而言,"一大"闭幕日期问题如要根本解决,最关键的还是要落脚到史料的二次发掘及考证上。可靠性的史料是建立"一大"闭幕日期问题完整及可信证据链条的必要前提。

在以往的研究中,学界已陆续发现并整理出版了一批具有重大影响的资料成果,然而我们也应客观认识到,在以下诸方面还有进一步拓展的空间。

在档案方面,1957年苏联移交中国的共产国际中共代表团档案、荷兰所藏

---

① 沈海波:《中共"一大"8月1日闭幕考》,《上海党史》1990年第7期。
② 沈剑勇:《也谈中共"一大"会议闭幕日期问题》,见中共"一大"会址纪念馆、上海革命历史博物馆筹备处:《上海革命史资料与研究》第11辑,上海古籍出版社2011年版。
③ 程金蛟:《中共"一大"闭幕于8月3日》,《甘肃社会科学》2004年第6期。

马林相关档案、美国所藏上海公共租界工部局警务处特别部档案、上海所藏法租界公董局警务处档案等一批高价值的一手文献,现虽已部分公开,但大部分仍未对外开放,这对于原本即所存文字极少的中共创建史的研究来说十分不利。目前,历史档案的开放实际已成为各国普遍的共识,国内相关责任者亦应具备敢于担当和尽职尽责的气度与胸怀,助力研究者推进档案的发掘利用,对国外档案资料的探寻工作也应发挥居间沟通作用,以助于澄清这段历史的重重迷雾。

除档案外,在报刊、日记、文史作品等方面,也应加大搜集的广度和深度。如《上海新报》《字林西报》《密勒氏评论报》等外文报刊的利用;上海、北京、广州、武汉、长沙等城市及周边地区的小报,如嘉兴人主办的《新乡人》《新桐乡》《平湖日报》《新塍半月刊》等报刊的利用;相关人物或该相关时期的日记、游记,如徐家汇藏书楼所藏耶稣会士的日记、游记等杂记或忆文的利用,均具有很高的学术价值,亦是研究当前该存疑问题的重要佐证。

除了新史料的挖掘,对现有史料的考证工作亦至关重要。只有在深挖细节中反复甄别并重构已有的资料体系和证据链条,才能确保今后研究工作的顺利展开。以往关于中共"一大"闭幕日期的研究中,"一大"代表的回忆往往是研究这一问题的重要参考。然而,回忆录毕竟不同于档案、报刊等其他一手资料,其回忆者因所持情感立场及记忆能力的不同,对该事件记忆的准确程度亦是不尽相同的,因此需要对其真实性加以考察。关于这一工作,目前史学界已取得丰硕成果。总体来说,对该类史料的利用应坚持就近不就远及重客观轻主观的原则,同时应注意不同人物不同回忆、同一人物不同回忆之间,回忆录与相关档案、报刊、日记等资料之间的相互参考,以反复确认该信息的可信度。如陈公博《十日旅行中的春申浦》是目前所知最早记载"一大"会议的回忆文字(1921年八九月间),其学术价值较高。在其记述中,曾论及"(从杭州)回上海第二日(8月4日)我们便附新宁轮船归粤,途中遇着飓风,在厦门湾泊了三天"①的行程,对此我们须通过广泛查阅当时的报刊、日记等来加以验证,是否8月4日这天有从上海开往广州的轮船?是否为新宁轮?该航班航行途中是否遭遇飓风,是否因此在厦门湾停泊三天?这些问题的依次查证可以反推陈公博回忆文章的可靠性,同时亦是检验以往研究中相关论证是否充分的重要依据。

---

① 公博:《十日旅行中的春申浦》,《新青年》1921年第9卷第3号。

除了对现有史料加以比对的"考证学"的研究,对史料内容的形成、编译、传播等"史料学"的研究亦应得到充分重视。"一大"问题相关的历史文献受特定时期语言习惯、政治环境、意识形态及通行见解等因素的影响,往往在形成、编译、传播的过程中生成各种不同的版本,且该衍生文本大都不同程度地对原始文本作了一定删改,从而使学者在研究过程中对该部分史料的利用常常是不完整的。因此,需要对其形成、传播的过程加以严谨甄别和分析,在求其本源中通过细致研究得出客观论断。如陈潭秋发表于1936年的《第一次代表大会的回忆》是研究"一大"问题的重要史料,然而其原文究竟如何,国内学术界从未发表,亦少有学者对其加以考证。该回忆录是陈潭秋为纪念中共建党15周年而作,最初发表在莫斯科发行的共产国际机关杂志《共产国际(中文版)》1936年第4/5期合刊上,《共产国际》除中文版外,还有俄文版、德文版、英文版等,也都刊载了陈潭秋此文。① 自此之后,直到1950年代初国内才重新刊载该回忆录,最早见于中宣部刊行的内部刊物《党史资料》第1辑上,但是该版本除了省略了部分原文外,与《共产国际》中文版的原文相比"不仅文体迥异,大会会期、代表人数等部分内容也有经过改动的痕迹"。② 如《共产国际》中文版中"一大代表"从各地来到上海的时间作"7月下半月",大会于"7月底"召开,但在《党史资料》版中,"7月下半月"被改为"6月的下半月",大会召开日期则被改作"7月初"。显然,这并非编排失误所致,而是意识到原文中这些方面与当时的通行见解(7月1日开幕)有抵触,从而出于政治考虑作了处理,以使其符合通行见解。③ 由此导致的结果是,一方面该版本经过多次转录后又进一步形成了多种不同的新版本,另一方面也直接影响到"一大"直接当事者的回忆,如李达直至逝世前一直坚称大会是7月1日开幕。对此,日本学者石川祯浩研究认为《党史资料》版并非录自《共产国际》中文版的汉语原文,而是将译成外语、刊载于其他外语版《共产国际》的回忆录重新译回汉语而成。此后尽管1980年刊行的《"一大"前后(二)》大体照录了陈潭秋回忆录的汉语原文,但实际上各种版本林立、学者引用混乱的状态仍在继续。因此,当前对待"一大"问题的研究,应最大限度地重返史料生成现场,在细

---

① [日]石川祯浩:《由考证学走向史料学——从中共"一大"几份资料谈起》,《中国浦东干部学院学报》2011年第5期。
② 同上。
③ 同上。

致梳理其错综复杂生成过程的工作中作实事求是的研究。

　　史料的考辨之外，亦应对以往已形成的重点论断或主要观点加强论证，不断增强该信息的可靠性或论据的说服力。以往的研究表明，列车时刻及天气问题是确定"一大"闭幕日期的两个最为重要的关键点。其一，"一大"代表当时参加南湖会议是分两批乘坐沪杭铁路的列车到达嘉兴的，但我们还须格外知道，他们是同一天还是分两天到达嘉兴？当时的列车班次究竟为数多少，是否满足如期到达嘉兴开会的时间？会议闭幕后返程列车的时刻能否顺利使各代表于当日返回上海？这些问题的查明直接关系到南湖会议于何时是否顺利召开。另据《申报》记载，1921年8月1日下午5时许，嘉兴曾发生暴风雨灾害，"南湖中之避暑游船，于风起时不及傍岸，被风吹覆者四五艘，一般游客因不谙水性，而溺毙者竟有三人，狂风约一小时始止"。① 那么除了1日这天，此后几日嘉兴、上海的天气如何，亦须重点考察，尤其应注意将查询的范围拓展到其他中外文报刊及地方人物的日记、游记等，以反复确定该相关日期的天气信息，这些亦是确定南湖会议何日闭幕的确凿一手资料，也是今后研究者须重点努力的方向。

　　总之，中共"一大"会议的闭幕时间问题亟待学界作进一步的突破性研究，除了仍须坚持执着的态度及不畏艰辛的苦干精神以加强对史料的发掘和考证工作外，突破以往研究的局限，加强学者之间的广泛交流亦格外重要，只有群策群力，通过对各问题的集中细致探讨，才能形成广泛共识，取得关于"一大"闭幕日期的可靠性结论。

（作者单位　嘉兴学院）

---

① 《狂风中之损失》，《申报》1921年8月3日，第12版。

# 中共一大南湖会议召开日期再考
## ——评《中共一大嘉兴南湖会议研究》[①]

邵 雍

2018年6月中共党史出版社出版了《中共一大嘉兴南湖会议研究》(以下简称《研究》),全书33万字,围绕着南湖会议进行了新的研究,发掘了一些新的史料,将中共创建史推进了一大步。

《研究》解决的问题有:(1)提供了1921年7至8月上海站经停嘉兴至杭州闸口站的往返火车时刻表(第102—103页);(2)经过实地勘察,从嘉兴火车站步行至鸳湖旅馆,单程需要21分钟;从鸳湖旅馆步行前往狮子汇渡口的距离为1 030米,步行需要17分钟(第156页);(3)搞清了"一大"期间,新宁轮往来上海的船期,确认了陈公博与妻子乘坐8月4日午刻出上海港的新宁轮返回广州(第168页)。但《研究》提出的8月3日南湖开会说,难以成为定论。

## 一、对周佛海1943年的回忆应该怎样理解

《研究》第160页转引了1943年周佛海回忆:7月31日"我们商量决定,鹤鸣夫人明日早车赴嘉兴,先雇一只大船等着,我们乘第二班车去,乘船游南湖。于是连夜分头通知各人。到了第二天,三三两两的到了北站上车,我也抱病前往。到了嘉兴,早有鹤鸣夫人在站等侯,率我们上船"。接下来,解释说"这段话明确说是分两天到嘉兴的",周佛海说"我们乘第二班车去"是商量时的决定,而"到了第二天,三三两两的到了北站上车"是实际行为,所以"第二班车"实际上是

---

[①] 原载《上海党史与党建》2018年第8期。

指第二天的早班车,不可能是同一天的第二班慢车,而且是指王会悟去嘉兴后的"第二天"。我们知道,在汉语词汇中,明日就是第二天,第二天与明日是同义语。《研究》一定要将此说成是两天,如此牵强附会何以服人?

## 二、周佛海 8 月 4 日在上海告诉陈公博会已在南湖开过了,就一定是 8 月 3 日开会说的证据吗

《研究》第 193 页提道,8 月 4 日周佛海对陈公博说"最后大会研究在嘉兴的南湖船上开过,会议算至结束",这只能说明"南湖会议是在 8 月 4 日之前召开的",并不能拿来作为 8 月 3 日开会说的证据链之一。根据汉语语法,周佛海的话是没有确切时间的泛指。8 月 4 日的昨天、前天、大前天都能解释会已开过了,为什么一定特指昨天(8 月 3 日)呢? 8 月 2 日、8 月 1 日不也是"在 8 月 4 日之前"吗? 另外 1971 年张国焘在《我的回忆》中说"一大"7 月 1 日开幕,7 月 10 日在南湖闭幕,时间固然有误,但会期十天没有错。从现在公认的 7 月 23 日"一大"开幕算起,第十天正好是 8 月 1 日。

## 三、不能排除上海方面发电报委托南湖方面预定游船的可能性

《研究》为了论证"一大"代表"分两批、分两天到嘉兴"的说法,在第 159 页至 160 页说:"至于发电报,事涉安全问题,代表都担心密探的跟踪,不会发电报自行暴露行踪的。因此,王会悟等人只能是提前一天到嘉兴雇好丝网船,才能在第二天把船停在狮子汇迎接代表上船开会。"首先,嘉兴当时是通电报的。正如《研究》第 104 页称,1884 年,嘉兴电报局成立;第 110 页说,1919 年 5 月 9 日嘉兴商界发起成立中华国货倡导会,制定章程,并就爱国学生被捕致电省政府。其次,在上海发电报委托嘉兴亲友预订游船为保证游客当天即可回沪省时之举,十分正常,凭什么说这样就一定会"自行暴露行踪"?

《研究》竭力否认王会悟委托孔另境预租游船。第 99 页说:"1964 年 4 月,孔另境与女儿孔海珠来到南湖边,指着湖边的房子对她说:'此地我熟悉,当年我就是到这儿来租船的。那时我在嘉兴二中读书,课余经常与同学来南湖游玩。帮助王会悟租船,由我出面去办很方便。'当然,这是孔海珠的转述,没有其他旁

证,孤证不立。"但同段前面明明有段旁证,沈雁冰的儿子韦韬、儿媳陈小曼在《我的父亲茅盾》中说:"党的一大召开时,临时把会址转移到嘉兴南湖,就是王会悟出的主意;而在嘉兴租借南湖的游船,则是父亲的内弟孔另境(当时他正在嘉兴中学念书)出力联系的。"《研究》也承认,"当时的孔另境与沈雁冰联系紧密,来往也很密切。……沈雁冰支持王会悟的建议,让孔另境去帮助租船也合乎情理"。

### 四、王会悟乘坐临时客车到嘉兴的可能性不能完全排除

1959年、1983年王会悟两次回忆均说当天上午乘火车"到嘉兴已八点多钟"("到嘉兴已是八点钟"),当天下午就在南湖开会。根据《研究》提供的火车时刻表,7时35分从上海北站开出的104次快车到达嘉兴车站的时间是10时13分,八点确实到不了嘉兴。因此我们认为王会悟乘坐早于104次快车的临时客车到嘉兴的可能性不能完全排除。如果这样"一大"代表"分两批、同一天到嘉兴"的说法(这也是多数当事人的回忆)就能成立。《研究》第148页提出,有制度规定,开行临时客车必须提前登报,但规定与实际操作并不完全是一回事。

### 五、8月1日午后5时许的风灾不会影响在此之前的南湖会议

《研究》第131页提出:"'8月1日开会说'有不能成立的事实根据,这就是1921年8月1日嘉兴发生了巨风灾害,8月3日、8月4日的《申报》都有报道。一些研究者早就注意到这一事实,认为假如嘉兴南湖会议8月1日举行,应该遭遇这场巨风,代表应该有深刻印象,但所有的代表回忆都没有谈及这场风灾,包括王会悟回忆过许多开会细节,也从未谈到遭遇过巨风。"但根据《研究》第132页,《申报》报道风灾开始的时间均为"一日午后五时许",而该书第120页提供的火车时刻表是:"下午从杭州到上海有两班火车。第一班车是下午……2时35分从杭州站开出,到嘉兴站是4时20分,到上海北站是6时50分。"因此不能排除"一大"代表们下午3时许就结束了会议,乘坐杭州始发、4时20分经停嘉兴的火车回上海的可能性。事实上南湖会议议程不多,是通过党的第一个纲领与决议,讨论党的成立宣言与选举中央局,其中党的纲领在上海的几次会上已充分讨论过,因此在下午3时许结束完全可能。1979年初包惠僧说过,南湖会议开

到下午4点。如果是这样,根本没有遭遇风灾的代表们自然不会对风灾有任何印象了。但好几位当事人如王会悟、陈潭秋、周佛海都回忆说南湖开会那天,天气先阴后雨,这与风灾来临前的征兆是吻合的。

## 六、"八一"风灾反证8月3日在南湖开会是不可能的

《研究》引用了不少《申报》的材料说明8月1日嘉兴发生了巨风灾害的具体情况。8月3日《申报》报道,1日傍晚的风灾将"年久失修之房屋,以及短墙草棚等,吹倒者不少。即居家之明瓦天窗,亦多吹去。此外农产物遭此狂风,受损颇多。最惨者,南湖中之避暑游船,于风起时不及傍岸,被风吹覆者四五艘,一般游客因不谙水性,而溺毙者竟有三人"。8月3日《申报》报道,1日傍晚的风灾将嘉兴东门外盐仓桥塊裕嘉缫丝厂之三十八间房屋,"吹倒三十六间,并压伤漆工一名,……北丽桥上之桥石,亦竟吹去大石两方,幸未伤人"。据《申报》1921年8月8日"地方通信"栏报道:"本月一号狂风大作,将近放茬之禾稻,吹折者颇多。"《研究》第159页说,8月1日嘉兴的巨风把铁路沿线的许多电话线杆都刮倒了,到8月3日晚还没有完全修复。第172页引用1921年8月12日的《申报》报道说,"嘉兴自本月一日狂风肆虐后,倒塌之民房船只等,尚未完全修复,讵六日起大风又作"。可见风灾过后嘉兴城内外自然景观遭到很大破坏,民房倒塌,游船倾覆,禾稻吹折,铁路沿线电话线杆刮倒,一般游客无心游湖。"一大"代表若在这种环境下强行前往南湖开会,失去掩护,极有可能暴露行踪。再说,如此严重的灾情,不会所有代表均未留下任何印象。

## 七、《研究》还存在的其他问题

《研究》第194页说,红色工会国际驻赤塔全权代表斯穆尔基斯写于1921年10月13日的信件,"是唯一一份明确记载中共一大开幕与闭幕日期的史料",接着"分析"说,"8月5日很可能是中央局会议结束的日子,斯穆尔基斯将此当作了中共一大闭幕的日期"。众所周知,"一大"选出的中央局一共只有三人,只有三人出席的工作会议不可能是斯穆尔基斯信中写的"中国共产党的代表大会"。三人会议无论如何与"代表大会"沾不上边。

《研究》第144页论及王会悟有无必要在当天晚上去上海北站"了解到嘉兴车的班次"时说："一种推测,认为李达他们都订有报纸,报纸上刊有火车时刻表,没有必要叫王会悟去车站了解火车班次,这是有道理的。8月1日的《申报》《新闻报》刊有沪杭甬铁路火车时刻表,8月2日刊载的是沪宁铁路的火车时刻表。但《民国日报》并不刊载火车时刻表。不过,李达他们当时订有什么报纸,已无从考证。"退一步而言,即便李达他们只订有《民国日报》,为了了解火车时刻表他们就不可以上街买份《申报》或《新闻报》吗?

《研究》根据王会悟嘉兴南湖会议开会时"城内某商户为儿子办满月酒"的回忆,仔细查阅了嘉兴市图书馆、嘉兴市档案馆、嘉兴博物馆收藏的家谱,寻找出生于1921年5—7月,有可能在8月初办满月或百日庆生酒的婴儿。结果尽管扩大范围,将双满月、100天都统计进去,符合条件的一个都没有。我们认为双满月特别是100天与"满月"不是一个概念,《研究》扩大范围搜寻是没有必要的。还有嘉兴城内商户1921年7月出生的男孩不会全部都上家谱;退一步说,即便如此,这些家谱也可能不在嘉兴市图书馆、嘉兴市档案馆、嘉兴博物馆的收藏范围之内。

总之,根据《研究》目前提供的资料,现在还不能说已经"还原了中共一大嘉兴南湖会议的全貌,解开了有关近百年前这一伟大历史事件的种种谜团"(《研究》第330页)。就现有资料来说而言,与其说8月3日"一大"在南湖继续开会,不如说8月1日在南湖开会。1929年12月31日董必武给何叔衡的信中说,在李汉俊住宅开会遭侦探袭扰后"隔了一日,我们到嘉兴东(南)湖船上,将会开完"。王会悟在1981年也说过"隔了一天"就在南湖续会。

(作者单位　上海师范大学)

# 海内外档案的收集、鉴别、翻译与解读
## ——以有关李汉俊的档案为例

李丹阳

众所周知,研究历史应尽量搜求第一手资料。比较而言,过往形成的档案记载的内容可靠性要高一些。近 30 年来,我和丈夫刘建一利用海内外档案,主要是英国档案,在中共起源史上进行了开拓性的研究,弄清了一系列问题。

在搜集和利用档案上,我们有以下体会:

(1) 首先须具备弄清历史真相的求真求实精神。如果满足于书本上现有的标准叙述和权威结论,人云亦云,那么似乎就不必去寻找什么档案了。

(2) 搜寻原始资料要有"上穷碧落下黄泉"的执着精神。一个档案馆内的案卷浩如烟海,须花费大量时间和精力去搜寻和阅读有关档案。厚厚一卷档案里,有时找到一两条有关信息就不错了;有时甚至读毕整卷也找不到。因人生有涯,我们的经验是,明确课题后,要缩小搜寻对象和范围。

(3) 所需档案找到后,需要翻译。译文的准确性十分重要,否则会闹笑话。譬如,上海公共租界工部局的一则警务日报的译文是,1922 年某月某日上海开了个会,出席者有李卜克内西和卢森堡等。有的外文译名,像谜一样,要花大工夫去找出到底是谁。

(4) 译好的档案,有的内容也不是直接拿来就能用的,要根据档案提供的线索去进一步探寻。档案记载还可能有错,须做去伪存真的鉴别、考证工作。我就曾盲目采信档案而犯过错。

(5) 即使档案记载和翻译准确,学者们面对同样的内容,也可能会作出不同的解读,要容许多家解读并存。譬如根据俄国档案编的《联共(布)、共产国际与中国国民革命运动》(以下简称"俄档")第一卷里提到的"革命局",中国学者就至少有几种不同解读,分别认为它是:中共上海发起组、社会主义者同盟领导机构、具有统一战线性质的机构和俄共在华组织。我们写了《革命局辨析》,认为它是共产国际东亚书记处所属负责中国革命运动的机构。这也是一家之言。

(6) 要勇于根据可靠的资料突破陈说,坚持真理。

我们根据档案和其他一手资料写成与以往叙述和结论不同的文章,在发表时常遇到阻力。譬如,关于1918年来华的苏俄使者波波夫的论文就被压了很久才得以发表;关于1919年来华的首任罗斯塔驻华分社经理霍多洛夫的文章曾被编辑批为"不可信";在我们发表《〈上海俄文生活报〉与布尔什维克在华早期活动》之前,一些新闻史、报刊史都写《上海生活报》是1921年白俄创办的,俄国著名学者舍维廖夫也告诉我该报是中立的。所以,撰写这类文章须秉持不唯上、只唯实的精神。

档案的解密、编辑和出版尽管可使史学界能更方便地利用来研究历史,但档案编辑、注释者、翻译者的某些疏忽或错误也会误导读者和研究者,造成以讹传讹。

为避免在利用档案时出现失误,学者需要参考其他相关一手资料来进行比对和辨析。

由于我们从1980年就开始收集中共"一大"代表李汉俊的资料,所以我想以他的档案为例来说明问题。

1994年俄档第一卷出版后,1997年出版了两个中译本:中共党史研究室译,北京图书馆版;李玉贞译,东大图书公司版。我认为北图版和东大版各有所长,各有缺陷。

俄档第2号维经斯基1920年8月报告中提到"《中国社会主义报》出版者李同志",说他是上海革命局成员。北图版中,下面注释说此人"指李震瀛";而俄文原版里,注释写的是不知此人是谁。这个"李同志"到底是何人,须考证。

在共产国际"二大"上,刘绍周发言说,5月1日"上海的社会主义党"的"周刊"上有"不劳动的不得吃""世界是劳动者的世界"的口号。据查,《星期评论》五一纪念号的中缝上恰有这两个口号。这说明,所谓《中国社会主义报》指的是《星期评论》,"李同志"应当是杨之华说的《星期评论》社"思想领导中心"李汉俊。

英国档案里有不少情报提到李人杰(李汉俊的字)。1919年10月一份情报说李人杰(Lee Jen Jehy)是两名居住于上海法租界的"中国布尔什维克"之一。

《中国社会主义报》② 出版者李同志③ 是我们上海革命局成员，他收到了沃兹涅先斯基从莫斯科发来的电报，要求给莫斯科邮寄他所出版的各期报纸。今天我们就把现有各期寄出。

附录：
1. 报道材料④

全宗495，目录19，卷宗193，第23—25页。
打字稿，副本。

① 电报没有找到。
② 原文如此，中文名称不详。
③ 指李震瀛。
④ [partially illegible] 东京来信；3.⋯⋯广州米诺尔的指示

图1　俄档第2号维经斯基1920年8月报告

Last February interesting information was received with regard regard to a dinner held at Wing On Restaurant, Shanghai, for the purpose of discussing the distribution of Bolshevik propaganda and the founding of a regular Bolshevik society. There were present, among others, the following:-
1. K.S.Lee, a leading member of the Korean Revolutionary Society.
2. Jue Gwoen, a Cantonese by birth, but believed to be an American citizen. He has for the last 20 years been working with Sun Yat Sen and is greatly interested in Indian affairs. He is a friend of Rash Bahari Bose, whom he met in Tokyo in 1916 and of Tarak Nath Das, whom he helped with money. He also published in Chinese a book about British misrule in India.
3. I.C.Lien Tsun, for several years a student in America and a strong supporter of Sun Yat Sen.
4. Jack Lizerovitch, a Russian in the employ of a British firm. He arrived in Shanghai three years ago and has previously made himself conspicuous by extreme views.
5. M.Chow, a former student of the Ohio University.
6. Moy, a personal attendant of Sun Yat Sen.
7. Lin Jen Jehy, formerly a student in Japan and reported in October of last year to be a Bolshevik. He is rather a mysterious person, being on friendly terms with many different parties, but he is also friendly with Sun Yat Sen.

图2　1920年2月的情报

1920年2月的情报记载①，在上海永安饭店一次餐会上，李人杰与其他"对先进的社会主义思想有所了解的中国人"与朝鲜人和俄国人李泽洛维奇，在某些"对中国怀有真正良好意愿的人"建议下，商讨组成一个布尔什维克式团体并创办《劳动者》月刊。无独有偶，同年3月日本驻沪总领事馆武官也报告：当地俄国人阿伽廖夫与中国人"李仁杰"和朝鲜人吕运亨等，计划发刊以俄汉两种文字出版的《劳动》杂志。

　　此计划中的《劳动周刊》未能及时出版，但已与俄国人有联系的《星期评论》，1920年的五一纪念号出了很多张。

　　此时的《星期评论》社，已成为中国先进分子聚集之处。4月，刚到《星期评论》社的俞秀松在一封信里写道："这里的同志，男女大小十四人，主张都极彻底。"英国情报也说："布尔什维克代理人在那里（上海）的活动集中于《星期评论》社，据说该报社聚藏着十四个男人和两个女人，确信他们都在为'事业'而工作。"还说李人杰与布尔什维克在华代理人有直接联系，并"预期在不久的将来会有惊人的发展"。什么"惊人的发展"？我认为是指建立中共。

　　1921年苏俄代理人波塔波夫将军从中国回到苏俄后在一份报告（俄档第7号）中说，他在上海时曾把苏维埃宪法等小册子给了 Ли Риение。注释里写不知此人是谁。然而，北图版译为"李××"，译者注里毫无根据地写"据查可能是李震瀛"；东大版则按音译写为"李林尼"。在东京大学李人杰的《在学证书》里，底部的"罗马字记名"写的是"Nen Je Lee"，与俄档和英档里李人杰姓名的拼写相似。

　　俄档第8号文件又写到"李同志"，东大版译者注"此人……可能是李汉俊"。译者的这个推测是正确的。

　　如果以后俄档中译本再版，我希望编译者能更正一些错误的注释。

　　多年来，我们在日本收集到一些关于李汉俊的档案及照片。从晓星中学《学籍簿》可见李汉俊曾用"李定"的名字。恰好《新青年》第九卷第五号刊登的"人民出版社通告"中有李定译《价值、价格与利润》。李汉俊在《马格斯资本论入门》序的末尾写到自己现在着手《价值、价格及利润》的翻译，大约不久就可以出版。故我推测李汉俊可能曾准备以曾用名"李定"来出版此译著。

---

① FO 228/3214，止于1920年4月8日的一周情报摘要。

47

Брошюру я передал Ли Риение*, который ее перевел на китайский язык и поместил в своих коммунистических изданиях вместе с добытыми мною статьями Л.Д. Троцкого.

А. Потапов.

Ф. 514, оп. 1, д .6, л. 34-35.
Машинописный текст, подлинник, подпись — автограф.

*Примечания*

1. С марта по июнь 1912 г. Тан Шаои являлся премьер-министром Китайской республики. В 1919 г. на мирных переговорах между Севером и Югом возглавлял делегацию кантонского правительства.

2. Лян Цичао — являлся советником китайской делегации на Парижской (Версальской) мирной конференции, проходившей с 18 января 1919 г. по 21 января 1920 г.

3. Партия Гоминьдан (Национальная партия) была основана в 1912 г., в 1914 г. переименована в Чжунхуа гэминдан (Революционную партию Китая), в октябре 1919 г. преобразована в Чжунго гоминьдан (Национальную партию Китая).

4. Достоверные сведения о партии Датундан (партии Великого единения) не обнаружены.

По утверждению А.С. Потапова, он состоял членом правления этой партии.

5. Имена и фамилии секретаря и казначея не установлены.

6. По-видимому, имеется в виду письмо Г.В. Чичерина Сунь Ятсену от 1 августа 1918 г. (См.: Документы внешней политики СССР. Т. I. М., 1957, с. 415-416).

В письме Г.В. Чичерину от 28 августа 1921 г. Сунь Ятсен утверждал, что получил от него только одно письмо — от 31 октября 1920 г. (См.: Сунь Ятсен. Избранные произведения. Изд. 2-е, испр. и доп. М., 1985, с. 298).

7. Название брошюры установить не удалось.

---

* Так в тексте. Личность не установлена.

图3 俄罗斯档案7号

30 聯共、共產國際與中國(1920～1925)

據8月17日（第一份也是最後一份）報告看，在中國工作情況是：上海建立了革命委員會，由5人組成：魏金斯基和4名中國革命者（其中有深孚眾望的社會主義報紙的出版者李同志）。❶

上海革命委員會有3個處：

1.出版處；2.情報鼓動處和3.組織處。中國所有大工業城市：北京、天津、廣州都正在建立（現在已經建立起來了）這樣的革命委員會。北京的革命委員由鮑立威和斯托楊諾維奇二同志領導。擬召開上海革命委員會的聯席會議，以統一工作。

目前有10多名俄國共產黨幹部負責在中國工作。

出版處在上海有自己的印刷所，而在北京，則由於一些工會的協助，使用著北京大學的印刷廠。

據8月份的報告可知，已經出版印行了16種翻譯的和原文的小冊子及傳單，其中有：

1.馬克思、恩格斯《共產黨宣言》❷ 2.《共產主義ＡＢＣ》——米寧著；3.《十月革命帶來了什麼？》；4.《論蘇俄的共產主義青年運動》；5.《蘇俄的教育》；6.《俄羅斯蘇維埃聯邦社會主義共和國憲法》；7.《兵士須知》（中國革命者撰寫）；8.工會知識和其他書刊。從8月22日起用中文定期出版《勞動界》（隨信附上上述書籍）。

情報處在上海組建了華俄通訊社，北京也建立了一個分社。華俄通訊社的消息已經供給31家中國報紙使用。

組織處在大學生中進行工作，力圖把他們的活動引向同工人和士兵建立聯繫並將學生們組織起來。為把革命學生聯合起來成立一個統一的社會主義青年團，已經做了大量的組織工作。由於我們在中國一些大城市裏召集了一系列學生的代表會議，結果於8月17日在北京舉行了北京、天津、漢口、南京這幾個城市的學生代表會議，會議最後成立了社會主義青年團。剛剛建立的青年團的代表參加了我們的革命委員會，這樣我們就有可能直接而積極影響學生運動，並且引導他們朝著務實的對工人和士兵進行工作的方向發展。我們在上海的那個處，就利用這種影響，從思想和組織上領導革命的學生運動，力圖使整個運動從思想上，同資產階級知識分子和商人們劃清界限，因他們在反對日本的經濟和政治勢力的鬥爭中，總是希望得到美國幫助。與這種親美

❶ 此人姓氏待查，可能是李漢俊。——譯者
❷ 見第2號文件注釋❸。

图4　俄罗斯档案8号

最近刚出版的中共一大纪念馆编《中共建党前后革命活动留日档案选编》和未收进此书的日本档案中有不少报告提到李汉俊，而且其中多是"李人杰"紧跟在陈独秀的名字后。日本情报人员报告李汉俊是"上海共产党副首领"，而写李达是"著作家、上海共产党干部"。① 李达本人和其他一些参与建党的人曾回忆陈独秀和李汉俊发起组织中共。包惠僧说的在中共成立之初，李汉俊"在党〈内〉的地位仅次于陈独秀"，是符合历史事实的。

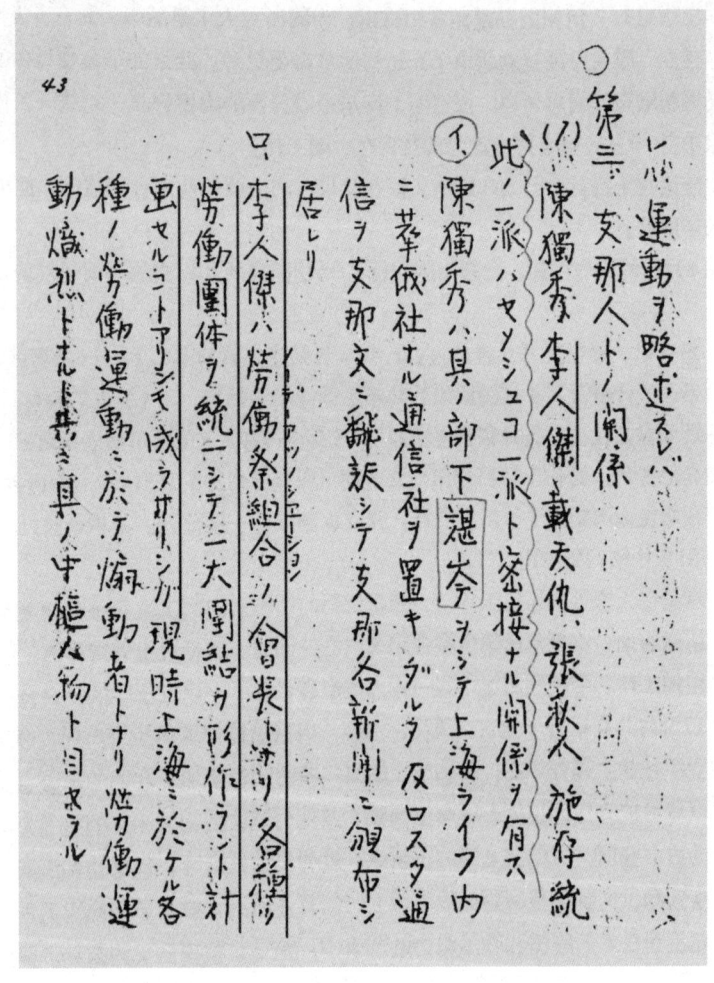

图5　1922年的一份日文档案

---

① 中共一大会址纪念馆编：《中共建党前后革命活动留日档案选编》，上海人民出版社2018年版，第176页。

1922年的一份日文档案①里提到陈独秀、李人杰等与《上海生活报》主编谢麦施科一派有密切关系。写到在1921年3月法租界的电车、电灯以及其他电气行业的罢工中,"李人杰是其主谋";从事电气业的朝鲜人和法租界的俄国人也声援李人杰。我曾读过李汉俊1921年3月就法租界电车罢工写的三篇文章。通过这个档案,我才知道,他其实是罢工的主要指导者。该档还说:"李人杰被选为纪念五一国际劳动节联合会的会长,他计划将各种工人团体统一起来,……他……在这炽烈发展的工人运动中,被视为核心人物。"

1921年4月上海公共租界工部局的一份警务日报证实了李汉俊曾参加新渔阳里6号举行的一次劳动节筹备会,在那次会上,筹委会组成各分会,并发出召开纪念五一节大会的通函。以后的警务日报显示4月29日新渔阳里6号遭到法租界巡捕房搜查。

据包惠僧回忆,这次搜查后,李汉俊决定暂停设在那里的(党和团的)机关部的活动,派他到广州找陈独秀商量如何进行下一步工作,或把临时中央迁到广州。包惠僧到广州汇报后,陈独秀说自己暂时不能回上海,党也不能搬到广州来,"目前请李汉俊暂呆在上海对各方面联系"。同年暑期,社会主义青年团团员袁同畴到广州见陈独秀,陈首先问他李汉俊在上海工作的情形。袁答:"李汉俊苦撑外国语学社(社会主义的活动中心)非常吃力。"这说明,在1921年五一节后李汉俊仍主持中共临时中央的工作。否则,马林6月来华不会向李汉俊而非其他人要"工作报告""工作计划和预算"。

在中共第一次代表大会上李汉俊到底表达了什么观点,与其他代表有哪些争论,以往有的学者仅凭一些当事者的回忆来复原。其实在一些原始档案中能得到更接近事实的答案。综合俄国保存的李汉俊和董必武写的关于"一大"的报告和台湾保存的李汉俊写的有关叙述,我们可以了解李汉俊的真实观点:他不赞同俄国人和陈独秀提出的党纲中写的"革命军队必须与无产阶级一起推翻资本家阶级的政权",认为应当先"支持孙中山先生的革命运动",以实现"民主政治";他反对关门主义的入党条款,提出"对知识分子要放宽些";针对"在党处于秘密状态时,党的重要主张和党员身分应保守秘密",党员"不得担任政府官员或国会议员"的条款,他主张"必须把公开的和秘密的工作结合起来",要"公开宣传

---

① 中共一大会址纪念馆编:《中共建党前后革命活动留日档案选编》,上海人民出版社2018年版,第170页。

我们的理论",建议"挑选党员做国会议员";针对张国焘和刘仁静提出的"尽先把产业工人组织起来,职业工人无关重要"的工运方针,李汉俊的意见是"容许职业工会"。李汉俊在"一大"表达的这些意见,反映出他有较高的理论素养和策略水平。

对此深有了解的共产国际代表马林在1923年6月给李汉俊的信(中央档案馆藏)中写道:"在第一次会议上,小组在上海对你的态度是错误的,在那时我已经表示了这种意见,并且自那时以后说过多次。现在,我们的同志都同意这种意见。"

尽管马林的信指出其他一些中共"一大"代表反对李汉俊的意见和对他采取的态度是错误的,中共"一大"的若干"左"倾错误也在"二大"和"三大"得到了纠正,但马林的信也无法使李汉俊改变脱党的决定,因为他自述自己1923年5月5日脱党的重要原因之一是"反对(中共)无条件接受第三国际津贴及命令"。

如此看来,以往在李汉俊研究上一些学者就若干问题的推测是不够准确的。

通过上述几个例子,我们可以知道,如要使历史文章言必有据,且证据可靠,应当尽量利用原始档案。此外,在使用一种档案时,须参考其他相关档案、当时报刊记录和当事人的回忆等一手资料,以便鉴别真伪,或互为补充,这样不仅可以避免误差,还有助于档案的解读。

(作者单位 中共创建史研究中心)

图书在版编目(CIP)数据

人物·思想与中共建党 / 苏智良主编. —上海：
上海教育出版社，2019.7(2021.4重印)
("上海：党的诞生地"系列研究丛书)
ISBN 978-7-5444-9161-7

Ⅰ.①人… Ⅱ.①苏… Ⅲ.①中国共产党—地方组织
—党史—上海—文集 Ⅳ.①D235.51-53

中国版本图书馆 CIP 数据核字(2019)第 109387 号

责任编辑　林凡凡
封面设计　郑　艺

人物·思想与中共建党　RENWU·SIXIANG YU ZHONGGONG JIANDANG
苏智良　主编
姚霏、张玉菡　副主编

| 出版发行 | 上海教育出版社有限公司 |
| --- | --- |
| 官　　网 | www.seph.com.cn |
| 地　　址 | 上海永福路 123 号 |
| 邮　　编 | 200031 |
| 印　　刷 | 昆山市亭林印刷有限责任公司 |
| 开　　本 | 700×1000　1/16　印张 13.75　插页 1 |
| 字　　数 | 225 千字 |
| 版　　次 | 2019 年 7 月第 1 版 |
| 印　　次 | 2021 年 4 月第 3 次印刷 |
| 书　　号 | ISBN 978-7-5444-9161-7/D·0116 |
| 定　　价 | 58.00 元 |

如发现质量问题，读者可向本社调换　　电话：021-64377165